2,—

Walburga Ludwig

Einfach souverän werden

Der Code für die 7 Kräfte Ihrer Persönlichkeit

1. Auflage

D1726396

Haufe Group
Freiburg · München · Stuttgart

Bibliografische Information der Deutschen Nationalbibliothek

Die Deutsche Nationalbibliothek verzeichnet diese Publikation in der Deutschen Nationalbibliografie; detaillierte bibliografische Daten sind im Internet über http://dnb.dnb.de/ abrufbar.

Print:	ISBN 978-3-648-14135-9	Bestell-Nr. 10547-0001
epub:	ISBN 978-3-648-14136-6	Bestell-Nr. 10547-0100
ePDF:	ISBN 978-3-648-14137-3	Bestell-Nr. 10547-0150

Walburga Ludwig
Einfach souverän werden
1. Auflage 2020

© 2020 Haufe-Lexware GmbH & Co. KG, Freiburg
www.haufe.de
info@haufe.de

Bildnachweis (Cover): tonktiti, Adobe Stock; Fotos im Innenteil: Stefan Brandstetter

Produktmanagement: Jürgen Fischer
Lektorat: Barbara Buchter, extratour, Freiburg

Inhaltsverzeichnis

1 Einleitung

Souverän sein, in allen Lebenslagen leicht und locker reagieren, wer wünscht sich das nicht? Wissen, was wir wollen und wie wir es erreichen, sich erklären und verteidigen können, spontan und kreativ sein, Ideen und Pläne verwirklichen, das Leben mit all seinen Möglichkeiten leben.

Zugegeben, es gelingt – aber nicht immer, nicht in dem Maße, wie wir es gerne wollen, und manchmal fehlt uns diese Souveränität schmerzlich. Souveränität ist ein lebenslanger Lernprozess, sagen die einen. Souveränität hat man einfach, sagen die anderen. Ist sie einem nun in die Wiege gelegt oder kann man Souveränität lernen?

Ich sage: beides! Wir nehmen unsere Ausgangssituation und unsere Fähigkeiten und lassen uns von den sieben Elementen des Souveränitäts-Codes einen Weg zeigen, den jede und jeder gut und leicht gehen kann. Doch seien Sie vorbereitet, dieser Übungsweg kann auch leicht sehr tief gehen. Er wird Sie in jedem Fall beflügeln.

Der Anstoß, sich für Souveränität zu interessieren, kommt meist aus Situationen, in denen man erlebt, dass sie fehlt. Es sind individuelle Erlebnisse. Wir sind unzufrieden über unsere Reaktion in für uns wichtigen Situationen. Wir erleben ähnliche Situationen öfter und fragen uns nach den Hintergründen. Wir erleben uns gehemmt und möchten uns anders, frei im Leben bewegen. Wir stehen vor aufwendigen Verhandlungen und wissen, dass selbstbewusstes Auftreten neben unserer Fachlichkeit die halbe Miete wäre. Selbst wenn uns unsere Interessen klar sind, was ja die erste Voraussetzung ist, lässt unsere Überzeugungskraft zu wünschen übrig. Wir fragen uns: Woher kommen diese Hemmungen und wie können wir sie überwinden? Und es gibt auch die andere Seite: Wir schießen über das Ziel hinaus, treten laut und klar und fordernd auf und laufen gegen Wände. So also auch nicht.

Doch die Sehnsucht nach mehr Souveränität muss nicht aus einem Mangel heraus entstehen. Oft ist es die Ahnung, da ist noch mehr mit mir und meinem Leben möglich. Ich kann und ich will wachsen in allen Belangen. Wir stehen vor einem wichtigen beruflichen Schritt, haben uns für eine neue Aufgabe und Funktion entschieden und möchten sie mit voller Kraft starten und gestalten. Souverän durchs Leben zu gehen, Souveränität auszustrahlen scheint die Königsdisziplin für beruflichen und privaten Erfolg zu sein – was auch immer Erfolg für Sie konkret bedeutet.

Je mehr die Situation um uns herum als unklar, als verwirrend, manchmal sogar als bedrohlich erlebt wird, desto mehr brauchen wir die Stabilität in uns. Ebenso, wenn wir das Leben anpacken und gestalten wollen.

In umfassenden Krisen wie der Corona-Pandemie im Frühjahr 2020 brechen für viele Menschen Sicherheit gebende Vertrautheiten weg. Gewohnte Abläufe des Alltags waren von heute auf morgen nicht mehr vorhanden. Nach der ersten Notwendigkeit, berufliche und private Belange zu regeln, tauchten schnell Fragen auf wie: Warum lebe ich meinen Alltag so, wie ich ihn lebe? Was ist uns jetzt wichtig? Was ist wirklich wichtig? Was macht mich aus? In den Familien und in den sozialen Medien war schnell ein sehr grundsätzlicher Dialog zu ganz wesentlichen Aspekten des Lebens im Gange. Was so ein kleines Virus doch auslösen kann!

Angenommen, es gäbe eine Möglichkeit, alles, was Ihre Souveränität ausmacht und was sie wachsen lässt, für Sie sichtbar, hörbar und spürbar werden zu lassen. Würden Sie sich auf den Weg machen? Mit großer Wahrscheinlichkeit, denn sonst hätten Sie nicht dieses Buch in die Hand genommen. Also, seien Sie zuversichtlich: Auch wenn Sie es noch nicht genau fassen können – das, was Souveränität für Sie ausmacht, ist bereits im Raum. Sie haben eine Ahnung, Ihre Ahnung von Ihrer Souveränität. Zusätzlich gibt es einen reichen Schatz an kollektiven Bildern, die uns Souveränität in all ihren Facetten erleben lassen. Und es gibt einen Weg, mit dem Sie Ihre Ahnungen mit Wissen, Erfahrung und Erleben in Verbindung bringen werden. Dieser Weg liegt mit diesem Buch in Ihren Händen.

Das vorliegende Buch ist ein Praxisbuch zur Erkundung Ihrer Souveränität. Es kommt aus meiner mehr als 30-jährigen Praxis als Organisationsberaterin und Coachin. Natürlich wäre es nicht entstanden, wenn»Souveränwerden« nicht auch mein eigener Lebensweg wäre. Es ist aus verschiedenen Elementen entstanden: aus meinen Erfahrungen im Umgang mit den Dynamiken in Organisationen, aus einer einzigartigen Verschmelzung von Methoden der Individualpsychologie, der sozialen Arbeit mit Gruppen, aus Aufstellungsarbeit mit Strukturaufstellungen für Organisationen und aus der Arbeit mit Metaphern und Märchen als Reifungshilfen. Auch wenn ich weder Archetypen noch Aufstellungsarbeit erfunden habe, so ist doch ein ganz neuer und eigener Ansatz für die Entwicklung der Persönlichkeit, für die Entwicklung einer soliden und lebendigen Souveränität entstanden. Über Jahre erprobt, ist ein profundes Konzept gereift, das der Vielfältigkeit der einzelnen Persönlichkeiten gerecht wird.

Mit diesem Buch gebe ich Ihnen nicht nur den Schlüssel zu Ihrem Souveränitäts-Code in die Hand, sondern zeige Ihnen einen Übungsweg auf, den Sie gut für sich selbst gehen können. Geht jemand mit, wird das Ihre Erfahrung stärken. Das heißt, die Übungen eignen sich gut, sie mit einer zweiten Person im Wechsel zu erforschen. Den Einsatz und die Wirkung des Souveränitäts-Codes mithilfe einer Gruppe zu erleben, ist natürlich die stärkste Form.

So fundiert das Konzept des Souveränitäts-Codes auch ist, so überzeugt ich nach seiner Erprobung und inzwischen jahrelangem Einsatz bin, eines ist klar: Der Wert dieses Buches entsteht für Sie nur aus dem Wert und dem Raum, den Sie Ihrer Souveränität und damit den Übungen geben. So können Sie sich nach jedem Kapitel überlegen: »Der Wert, den dieses Kapitel für mich hat ist, ...«

Doch souverän sein ist nicht nur eine Frage für den einzelnen Menschen, sie stellt sich auch für Teams und ganze Organisationen. Betrachten wir Organisationen als Organismen, gelten die Regeln für lebende und vernetzte Systeme. Sind diese mit all ihren Kräften gut aufgestellt? Agieren sie mit all ihren Funktionen wie ein intelligenter Schwarm? Gibt es Schutz und Orientierung nach innen wie nach außen? Kann ein Team oder eine Organisation den Markt erobern, sich selbst gesund aufstellen und zusätzlich zu dem Druck des Alltagsgeschäfts Ideen und Visionen für die Zukunft entwickeln? Was braucht es dazu und wie funktionieren diese Mechanismen? Diese strategische Arbeit kommt in Unternehmen im Alltagsgetriebe oft zu kurz. Dann sind es doch wieder die Krisen, die einen Stopp und ein genaues Hinsehen erzwingen.

Waren es bislang visionäre Köpfe oder Krisen, die den Anstoß für Unternehmen gaben, sich neu zu orientieren und eine Neupositionierung zu finden, so sind wir im Frühjahr 2020 durch die weltweite Verbreitung des Coronavirus in eine Situation gekommen, die unsere ganze Gesellschaft ergriffen hat. Denn eines ist in diesem Fall anders als in vielen bisherigen Wirtschafts- und Gesellschaftskrisen: Es trifft alle, und das zeitgleich, wenn auch in unterschiedlichem Maße, und nicht nur einzelne Gruppierungen. In der Folge ist eine differenzierte Bandbreite an Reaktionen und ein unterschiedlicher Umgang damit entstanden. Wir können Ausmaß, Bedeutung und Auswirkungen noch nicht einschätzen, eines wird jedoch besonders sichtbar: Jeder Einzelne ist auf sich selbst geworfen, nimmt sich selbst mit seinen Bezügen und Belangen wieder deutlicher wahr.

Der Souveränitäts-Code ist nicht für die Corona-Krise geschrieben worden. Doch der Umgang mit Umbrüchen zeigt im Kleinen wie im Großen bestimmte Muster und Prinzipien. In unruhigen Zeiten zeigt sich, wer souverän ist. Dann brauchen wir souveränes Handeln ganz besonders. Krisen können ein Entwicklungsschub für Souveränität werden. Neben all der Belastung und den Unsicherheiten, die jeder für sich stemmen muss, möchte sich dieses Buch auf den Aspekt der Chance konzentrieren, die jede Krise beinhaltet.

Souveränität in unserer agilen Welt
Die Digitalisierung erzeugte bereits v or ihrem Boom im Zuge der Corona-Krise umfangreiche Umbrüche, forderte neues Lernen und hatte massive Auswirkungen auf unsere Arbeitswelten. Diese digitalen Entwicklungen wurden durch die Anforderungen eines Lockdowns aufgrund der Pandemie stark befeuert. Was bisher für viele noch etwas abstrakt klang, war plötzlich präsent: New Work, eine neue Art der Arbeit durch die plötzlich verordnete Verlegung des Arbeitsplatzes ins Homeoffice. Das fordert neue Verhaltensweisen und stellt die Mitarbeiterinnen und ihre Fähigkeiten ebenso wie die Arbeit im Team in den Mittelpunkt – mit mehr Freiraum für Mitarbeiter, aber auch der Notwendigkeit zu Eigenmotivation und Selbstorganisation.

Auch die Welt der Führungskräfte änderte sich massiv hin zu den bereits bekannten, aber noch lange nicht überall genutzten agilen Arbeitsformen. Teams und ganze Organisationseinheiten in Unternehmen sollten in sogenannten »swarms« als selbstgesteuerte Schwarmorganisationen agieren.

Mit der Einführung von agilen Formaten in Unternehmen erleben wir ein Aufbrechen bisheriger Führungsbilder. Wohin wandern die Teilaspekte bisheriger Führung? Wie entsteht Orientierung und wie gestaltet sich Verantwortung neu? Wenn Aspekte der Führung von Führungskräften zu Mitarbeitern diffundieren, was geschieht dann in Teams und was bei jedem Einzelnen? Welche ganz persönlichen Anforderungen und Auswirkungen haben diese neuen Anforderungen der Arbeitswelt an das Individuum? Wie kommt jede Einzelne, wie kommen *Sie* mit den neuen Anforderungen zurecht?

Je mehr sich äußere, orientierungsgebende Strukturen und Regeln auflösen, desto mehr brauchen wir Stabilität in uns selbst. Erst sich selbst zu erkennen und zu kennen, mit seinen Fähigkeiten, Bedürfnissen und Werten, ermöglicht eine klare und offene Kommunikation mit sich selbst und dann mit anderen. Je mehr die funktionale Macht der persönlichen Autorität weicht, desto größere Bedeutung bekommt eine souveräne Persönlichkeit.

Ja, Organisationen und die Menschen in ihnen müssen und wollen sich verändern. Changemanagement allein, also mit wohlgeplanten Schritten von A nach B zu kommen, genügt nicht mehr. Es wird von Transformation und von Transition gesprochen, also den Veränderungen in den Organisationseinheiten und vom Wechsel der Organisationsform selbst.

Als Organisationsberaterin und Coach liegt mein besonderes Augenmerk auf den Wechselwirkungen von Strukturen in Organisationen und der in ihnen wirksamen Individuen. Es ist mir sehr wohl bewusst, dass dies keine Gegensätze sind und sie auch nicht getrennt beachtet werden können. Da jedoch in den vergangenen Jahrzehnten die wissenschaftliche Aufmerksamkeit und die des Managements überwiegend auf der Seite der Organisation lag, möchte ich mit diesem Buch die explizite Aufmerksamkeit der Entwicklung persönlicher Souveränität widmen.

Betriebsanleitung für dieses Buch
In meiner Schreibweise benutze ich wechselweise die weibliche und die männliche Form. Es sind jedes Mal Frauen wie Männer gleichermaßen angesprochen. Kommen Sie beim Lesen ruhig das ein oder andere Mal ins Stolpern und erleben Sie, wie häufig Frauen verbal ausgeschlossen sind. Es ist eine Einladung zu einem Perspektivwechsel. Beobachten Sie bei sich, was er bei Ihnen bewirkt.

Das Buch ist in insgesamt neun Kapitel gegliedert. In Kapitel 2 steigen Praktikerinnen ein. Es erwarten Sie sieben Fallgeschichten, wie sie das Leben schreibt. Wer Lust auf Lösung hat, wird sofort in Kapitel 6 weiterlesen.

Kapitel 3 eröffnet eine Annäherung an den Begriff Souveränität. Kapitel 4 öffnet für Neugierige die Tür zum schnellen Einstieg in den Souveränitäts-Code selbst. Kapitel 5 leitet mit Übungen zur Selbsterkundung an, für alle, die es gepackt hat. Kapitel 7 hält Interviews mit souveränen Menschen und damit Einblicke in gelebte Souveränität bereit.

Für Analytikerinnen und Theoretiker, die Spaß an Definitionen und theoretischen Hintergründen haben, ist Kapitel 8 eine Fundgrube. Hier finden sie ihr Futter. Kapitel 9 öffnet die Türe für den Einsatz des Souveränitäts-Codes in und für Organisationen.

Und jetzt wünsche ich Ihnen eine inspirierende Reise zu sich selbst, tanken Sie und leben Sie Ihre Souveränität.

Eurasburg, im Mai 2020
Walburga Ludwig

2 Deep Dive – Souveränität schmerzlich vermisst

2.1 Alles im Griff – oder der übergriffige König

Frankfurt, Bankenviertel. Herr Franzen nahm sich selten Zeit, über die abendliche Skyline zu blicken. Die Rushhour ebbte langsam ab, nicht aber das Dröhnen in seinem Kopf. Das war heute ein kurioser Workshop mit dem gesamten Managementboard. »Sind wir fit für die agilen Welten?!«, war der Titel. Ja, seine Bank war bereits vor einem Jahr in diese agile Welt aufgebrochen. »Agile Zukunft«, wie sie es nannten. Zuerst gab es leidenschaftliche Diskussionen über agile Arbeitsgruppen, dass die doch so viel besser wären, weil schneller und motivierter. Die Innovationskraft der Mitarbeiter*innen soll eingeladen werden. Schnellere Entscheidungen in Projekten, eine immense Leistungssteigerung, Marktgeschwindigkeit, Attraktivität als Arbeitgeber und, und, und. So viele Schlagwörter sind heute gefallen. Einen Teil seiner Kollegen, besonders die jüngeren, erlebt er in den Diskussionen wie in einer Goldgräberstimmung, richtig euphorisch. Diese neuen Arbeitsformen sind einfach der Hit. Sie entsprächen der jetzt jungen und leistungsfähigen Generation. Bedenken anzumelden war gar nicht hip.

Der IT-Bereich hatte, wie viele in der Branche als Erster begonnen, mit Scrum-Teams anstelle der bisherigen Projektorganisation Projekte zu bearbeiten. Die Stimmung war durchwachsen. Es war auch viel Unmut bei den Mitarbeitern spürbar, oft resultierend aus der Unklarheit darüber, wie das jetzt wirklich laufen soll. Er selbst als Divisionsleiter hatte da allerdings schon einige Vorteile festgestellt – verstand er sich doch als Kunde des IT-Bereiches, und er musste zugeben, dass in letzter Zeit mehr Bewegung in die Projekte gekommen war. Mitarbeitende aus unterschiedlichen IT-Bereichen waren jetzt häufiger auf seinem Stockwerk zu sehen. Manchmal wunderte er sich darüber, denn es ging doch noch gar nicht um die Einführung der neuen Systeme. Aber es wurde viel gelacht. Wenn die nur mal ordentlich Arbeit leisten ... Außer diesen Beobachtungen hatte er sich nicht weiter um die Thematik gekümmert. Die Steuerung des Alltagsgeschäfts forderte ihn mehr als genug. Die jahrelange Nullzinspolitik hatte tiefe Spuren in der Bankenwelt hinterlassen. Das Bausparen war fast zum Erliegen gekommen, die Onlinebanken schnappten sich ordentlich Marktanteile weg. Das alles hatte massiv Einfluss auf seine Geschäftsentwicklung und jetzt sollte er auch noch agile Teams aufbauen – so zumindest die Aufforderung des Geschäftsführers am Ende des Tages. Er war müde, und das nicht nur von diesem heutigen Tag. Er empfand es als sehr mühselig, den Einsatz und die Auswirkungen neuer Organisationsformen wirklich zu durchdenken. Und waren sie denn wirklich neu? So manche Formate hatten einen neuen Namen und waren inhaltlich etwas aufgepeppt, aber die verschiedenen Canvas-Formate z. B. kannte er bereits aus der Uni. Zugegeben, nicht so perfekt aufgemacht und vieles hatte noch kein eigenes Copyright, aber strukturiertes Arbeiten war ihm wahrlich nicht neu.

Der Beschluss des heutigen Management-Workshops war nun, dass jede Division agile Arbeitsgruppen gründen sollte, wo und wie sie jeweils arbeiteten, war ihm als Leiter freigestellt. Er scrollte noch mal durch das Protokoll. Das stand inzwischen umgehend in der Cloud. Wie waren die Kriterien gleich noch mal?

Im nächsten Führungskräftemeeting seiner Division berichtete er aus dem Management-Workshop, erläuterte die Grundprinzipien von agilen Teams anhand des Protokolls und legte seinen Führungskräften die hauseigene Broschüre »Agile Zukunft« ans Herz. Er hatte sie extra aus dem Bereich Organisationsentwicklung kommen lassen. Zusätzlich verwies er auf ein paar gute Links zum Thema, die er für diese Besprechung selbst aus dem Internet recherchiert hatte.

»Um jetzt konkret zu werden, nehme ich die agilen Grundprinzipien wie sie im Protokoll stehen. Auf die Protokolle der Managementrunde haben ja alle Führungskreise inzwischen Zugriff«, ließ er verlauten. »Auch so eine neue Entwicklung für mehr Transparenz. Dafür stehen die kritischen Dinge nicht mehr drin, denn wir können ja nicht mehr kontrollieren, wie die Informationen verbreitet werden. Ich werde Sie als meine verantwortlichen Führungskräfte zukünftig mündlich mit ins Boot holen.«

Herr Franzen erläuterte diese agilen Grundsätze, die für alle seine Bereiche anzuwenden wären:

- »Grundprinzip 1: Wir gehen Schritt für Schritt vor. Als Erstes benennen Sie in Ihren Bereichen Mitarbeitende, die aus Ihrer Sicht in solch eine agile Gruppe passen könnten. Ob Sie die richtig freistellen können für eine neue Aufgabe, überlasse ich Ihnen. Auf jeden Fall sollen die sich dann selbst organisieren.
- Grundprinzip 2: Wir leben Selbstorganisation. Das bedeutet, wir lassen den Mitarbeitenden den Freiraum, sich selbst zu organisieren. Die werden das schon schaffen und dann auch erkennen, was das alles erfordert.

- **Grundprinzip 3: Wir kommunizieren offen.** Das ist mir auch sehr wichtig. Bei diesem neuen Experiment möchte ich in jedem Meeting Rückmeldung zum Verlauf. Sagen Sie mir, wenn Sie meine Hilfe brauchen, denn wir werden nur aus den Erfahrungen lernen. Das ist auch eines der Grundprinzipien.
- **Grundprinzip 4: Wir klären Rollen und Erwartungen.**
- **Grundprinzip 5: Wir lernen aus Erfahrungen.**

Also was halten Sie davon? Ich sehe da schon Chancen, bei dem einen oder anderen Mitarbeiter wieder mehr Freude an der Arbeit zu ermöglichen. Wir brauchen ja auch mehr Ideen für unser schwieriges Geschäftsfeld.«

Es entstand eine lebendige Diskussion und es kam zum Austausch von Erfahrungen mit den ersten agilen Arbeitsgruppen im Haus. Eine Bereichsleiterin berichtete von einer Xing-Konferenz zu New Work Experience, kritische Stimmen wurden laut, der Sinn des Ganzen wurde hinterfragt, aber man war sich einig, eine Vorgabe wie diese wie immer anzugehen.

In den folgenden Wochen hörte Herr Franzen nur wenig, manche Mitarbeiter sprachen ihn begeistert in der Kantine an. Er hörte Lästereien, also ging es wohl mit der Bildung der Teams voran. Hilfe wurde keine angefragt und Rückmeldungen gingen wegen der ständig überfüllten Agenda zum Tagesgeschäft unter. Doch dann, unerwartet, explodierte der Konflikt.

In der monatlichen Sitzung der Geschäftsführung gab es plötzlich einen Antrag von seinen Mitarbeitern. Unter Umgehung aller Regeln und Abläufe lag eine Entscheidungsvorlage auf dem Tisch, die alleine schon von der Form her vor Fehler strotze – ganz zu schweigen, dass er, Franzen, sie nie vorher gesehen hatte. Es gab keine Risikobeurteilung, dafür angeblich eine Markterkundung, von »Personas« war die Rede, keine Qualitätsprüfung … Ist da schon was an die Kunden raus gegangen? War das gegenüber dem Bafin sicher? Ging bereits etwas an die Öffentlichkeit? Ob an der Idee etwas dran war, konnte er in dem Moment nicht prüfen.

»Herr Franzen, da scheint ja etwas völlig schiefgelaufen zu sein mit ihren agilen Teams«, meinte der Vorsitzende. »Rufen Sie gefälligst Ihre Mannschaft zurück!« Für Herrn Franzen war es klar: »Nein, das ist wahrlich nicht in meinem Sinne. Ich denke, agile Arbeitsformen sind nichts für unser Bankgeschäft. Wir unterliegen zuvorderst der Bankenaufsicht und müssen Gesetze und Spielregeln einhalten.

Dafür halte ich am Ende ja auch meinen Kopf hin. Ich werde die Arbeitsgruppen umgehend auflösen.«

Herr Franzen wusste, die agilen Teams organisierten sich über ein hausinternes Trelloboard zur Abstimmung von Terminen, Arbeitsorten und besonders über die Inhalte. Er ließ umgehend von seiner Sekretärin die nächsten Termine für die Arbeitstreffen ausfindig machen. Wie, sechs solcher Arbeitsgruppen hatten sich gebildet? Hatte er jetzt sechsmal solche freien Radikale in seinem Verantwortungsbereich? Ohne Ankündigung erschien er bei der ersten dieser AGs.

»Guten Tag in die Runde. Sie sind ja bereit, noch spät am Abend zu arbeiten. Ich schalte mich heute persönlich in diese agile Arbeitsgruppe ein, denn es sind Entwicklungen aufgetreten, die ich so in unserem Managementboard nicht verantworten kann. Ob an Ihrer Idee etwas dran ist, konnte ich noch nicht einmal prüfen. Aber Ihren Antrag haben Sie offensichtlich nicht mit Ihren direkten Vorgesetzten besprochen. Er ging auch nie über meinen Schreibtisch. Ich danke für Ihr Engagement und löse diese Arbeitsgruppe hiermit auf.«

Betretenes Schweigen, dann löste sich ein Sturm der Entrüstung. Franzen meinte schon noch den Respekt, den die Mitarbeiter vor ihm hatten, zu verspüren, aber die Vorwürfe waren wirklich hanebüchen. Er hätte Motivation verbrannt, die Teams unter falschen Voraussetzungen losgeschickt, hätte wohl nicht verstanden, was agiles Arbeiten bedeutet, Old-School-Führungskraft … Es war starker Tobak, mit dem er konfrontiert wurde. Seine Antwort:»Ich bleibe dabei, agile Arbeitsgruppen scheinen nicht der richtige Ansatz für unser Geschäft und unsere Arbeitsabläufe zu sein. Ich beende damit dieses Experiment.«

Herr Franzen verließ den Raum. In seinem Büro im 20. Stock stellte er sich ans Fenster. Ihm schwirrte der Kopf und im Magen saß ein ganz ungutes Gefühl. Er erinnerte sich an den Abend nach dem letzten Management-Workshop. Auch an diesem Abend vor ein paar Monaten hatte er dieses diffuse, ungute Gefühl gehabt. Jetzt hatte er die Antwort darauf. Er sah sich bestätigt in seiner Einschätzung und er sah ebenso den Scherbenhaufen. Das ließ sich nicht mehr so leicht reparieren. Er sinnierte noch länger und spürte sehr deutlich, dass hier etwas Größeres ins Rutschen gekommen war. Das war mehr als ein schlecht gelaufenes Projekt.

Dann war ihm plötzlich klar, was sein nächster Schritt sein musste. Er griff zum Handy und rief seine Coachin und Sparringspartnerin an.

2.2   Auf der Schwelle zum Quantensprung getötet – oder der Krieger ohne Biss und Schwert

Wow, die neue Imagebroschüre seiner Firma liegt vor ihm. Gut gemacht, sehr edel. Ja, die Kolleginnen vom Marketing haben schon was drauf. »Die Firma Masterplan ist international tätig und mit rund 3.000 Mitarbeiterinnen und Mitarbeitern führend mit Engineering- und Consulting-Dienstleistungen.« Technische Zeichnungen, edle Bilder, freundliche Menschen – natürlich alle Hautfarben, wie es heute alle weltoffenen Firmen zeigen.

Samuel Solaro, Freunde und Arbeitskollegen nennen ihn nur Sam, blättert bis ans Ende der Broschüre. Die Geschäftsführer präsentieren sich ebenfalls. Von einer kraftvollen Strategie ist die Rede, Expansion im unternehmerischen Stil, na ja, das muss sich jetzt erst beweisen. In den letzten Jahren glich die strategische Ausrichtung eher einem Schleudergang. Mit voller Kraft in das eine Projekt, um in kürzester Zeit mehrfache Kehrtwendungen zu vollziehen. Seine beiden Geschäftsführer sind für ihn der Prototyp von Machtspielern. Ihre gegenseitigen Anfeindungen hatten ihm und seinen Mitarbeitern schon sehr viel Ärger eingebracht … und jetzt sind sie Hand in Hand hier abgelichtet. Sollte er an neue Zeiten glauben?

Zurzeit schien sich allerdings tatsächlich eine klarere Richtung in der Firmenstrategie zu entwickeln und er, Sam, würde eine entscheidende Rolle darin spielen. Ja, er ist wirklich stolz darauf. Es ist eine Aufgabe nach seinen Wünschen und Vorstellungen. Endlich kann er zeigen, was wirklich in ihm steckt. Man hat ihm das bedeutendste Projekt der ganzen Firma übertragen.

Seine Firma steht gewissermaßen an der Schwelle zu einem Quantensprung. Sollte es gelingen, die »Gesamtanlagefähigkeit«, d.h. nicht nur wie bislang einzelne Gewerke, sondern die gesamte Produktionsstraße, für den Kunden zu realisieren, würde man endlich in die obere Liga der Ingenieursdienstleister aufsteigen. Klar, der Großteil der Aufgaben liegt in seinem Geschäftsbereich, da ist es naheliegend, die strategische Projektleitung in seine Hände zu legen. Andererseits könnte es als das erste firmenübergreifende Gesamtprojekt auch im Bereich Consulting angesiedelt werden. Dieses Projekt fordert eine firmenweite Kooperation, wie es in diesem Ausmaß bei Masterplan noch nie realisiert wurde. Ein so hochbrisanter politischer Auftrag wäre sogar direkt bei der Geschäftsleitung am besten platziert.

Sam Solaro ist wie elektrisiert. Er spürt seinen Tatendrang. Seine Gedanken schweifen in die Zukunft. Er brilliert beim Vorstand. Er lenkt das Projektteam. Er verhandelt mit dem Kunden. Seine Mitarbeiter sind begeistert von seiner Führung … Wenn dieses Projekt fliegt – und warum sollte es nicht –, dann könnte man sich von der Muttergesellschaft lösen und die Möglichkeiten des Marktes aktiver gestalten. Er wird Anteile kaufen und sich finanziell freischwimmen. Warum sollte er sich nicht auch den Geschäftsführerposten vorstellen? Jetzt wird er seine schlummernden Fähigkeiten aktivieren und es allen beweisen.

Bei den Vertragsverhandlungen war er nicht dabei gewesen. Das ist die Spielwiese der Geschäftsführer. Wie üblich hatten sie dem Kunden gegenüber große Versprechungen gemacht, Großzügigkeit und maximale Geschwindigkeit in Planung, Entwicklung und Inbetriebnahme der Anlage versprochen. Klar, auch das Budget würde auf jeden Fall eingehalten und man hätte die besten Entwickler an Bord. Vor vier Monaten knallten in der gesamten Geschäftsleitungsrunde mit allen oberen Führungskräften die Champagnerkorken. »Solaro, Sie legen sofort los«, Herr Kalner, der Sprecher der Geschäftsführung grinste Solaro breit ins Gesicht. »Das ist die Chance für Masterplan und vor allem, es ist Ihre Chance!«

Doch jetzt knallt die geballte Faust des Geschäftsführers auf den Tisch. »Sind Sie nicht in der Lage, Ihre Leute im Zaum zu halten? Die sausen wie wilde Hühner durch die Gegend, melden eigenständig Themen beim Kunden ab und ich weiß nichts davon.« Max Kalner tobt. Sein Hals ist wieder einmal verdächtig rot. »Ich habe dem Kunden ›in time and budget‹ zugesagt und Sie sagen mir, dass unsere Planungen nicht zu halten wären! Wie stehe ich denn da? Vergangene Woche habe ich Ihren Mitarbeiter angewiesen, die geforderten Sonderlösungen des Kunden wieder aufzugreifen, das muss doch drin sein.«

Sam Solaro weiß, dass er diese Brüllorgie erst über sich ergehen lassen muss, bevor er selbst zu Wort kommen kann, wenn überhaupt. Die Kollegen in der Geschäftsleitungsrunde schweigen oder feixen unverhohlen. Sam Solaro kann sich ausrechnen, wer jetzt das Wort ergreifen wird.

Herbert Pitscher, Leiter der Stabsabteilung Einkauf. Der Liebling und Duzfreund von Kalner. Statt als interner Dienstleister das Gesamtprojekt zu unterstützen, nutzt er jede Gelegenheit, auf fehlende Prozesse und die daraus folgende Notwendigkeit von

Richtlinien hinzuweisen. Die Linienbereiche der Firma sollten sich an die Vorgaben von Planung, Controlling und Einkauf halten und ihr Eigenleben aufgeben. Den Einwurf von Sam und seinen Führungskräften, dass dann das Projekt ob der erzeugten Langsamkeit bereits tot wäre, kontert Pitscher mit der in seinen Augen erforderlichen Disziplin für das gesamte Unternehmen. Mit dieser Haltung trifft er immer wieder die Meinung von Max Kalner. Auch jetzt kann er sich darauf verlassen, dass der Geschäftsführer die Steilvorlage aufgreift. Und Kalner poltert auch gleich weiter. Schon wieder eins zu null für Pitscher.

Ja, die gesamte Firma ist mit der Neuaufstellung überfordert. Aber das ist das Letzte, was man sich eingestehen würde. Den strukturellen Umbau verantwortet Friedhelm Seichtner mit seinem Geschäftsbereich. Auch er kann sich gegen die ständige Hauruckpolitik von Herrn Kalner nicht durchsetzen. Seichtner ist ein Mann der ersten Stunde. Er hat diese Firma mit aufgebaut und beim Kunden zu sein war schon immer seine Prämisse. Er, Seichtner, steht für Verlässlichkeit, aber bei Kalner galt im nächsten Kundengespräch schon nicht mehr, was gestern besprochen wurde. Er hasst auch diese ständigen Alleingänge von Kalner, von wegen Doppelspitze. Doppelzüngig waren sie als Firma Masterplan unterwegs. Kalners Aktionen brachten die gesamte Firma an den Rand des Abgrundes. Kalner hatte das Projekt im Alleingang für die Firma geholt, ohne Rücksicht auf ihn als zweiten Geschäftsführer, ohne Abgleich mit der Strategie, ohne Planung, was es für die gesamte Organisation bedeuten wird. Das Projekt war noch nicht solide berechnet, da hatte er bereits eine Komplettlieferung versprochen. Seichtner war so müde, aber er würde es ihm schon noch beweisen.

Sam schluckt trocken. Mit diesem Wutausbruch des Vorsitzenden sind er und seine Träume tot. Alle Augen richten sich auf ihn. Noch vor Tagen fühlte er sich wie ein Feldherr, der stolz für seine Firma eine strategisch einmalige Chance realisieren wollte. Doch jetzt kommt er sich vor wie ein kleiner Soldat, in die Ecke gebrüllt, ist er nicht einmal der Lage, sein Schwert zu ziehen. Es macht auch keinen Sinn. Er kennt solche Situationen zuhauf. Ein Kontra würde die Situation nur noch mehr anheizen, eine Versachlichung würde nicht angenommen werden, keine Reaktion zu zeigen, ließe ihn gänzlich als Verlierer aus dem Raum gehen. Es ist die totale Sackgasse für ihn. In seinem Magen fühlt er einen Knoten wachsen. Auf der Schwelle zum Quantensprung – getötet.

Sam fragt sich im Nachhinein: »Warum stocke ich in solchen Situationen immer wieder? Wohin verschwindet meine Souveränität, die ich sehr wohl leben kann? Ich wäre so gerne ein handlungsfähiger Feldherr. Wie schaffe ich das für mich? Für dieses und in diesem Projekt will ich anders mit mir und solchen Situationen umgehen, das schwöre ich mir!«

2.3   Die unsichtbare Künstlerin

Felice hatte ihren international anerkannten Abschluss »Bachelor of Arts« frisch in der Tasche. Sie konnte es immer noch nicht glauben. Aus einem kleinen Dorf in Hessen kommend, wollte sie nach dem Abitur unbedingt in die Hauptstadt der Innovation. Bisher fest in ihrer Familie eingebunden, war es für sie ein schwieriger Schritt der Loslösung. Dennoch, ihr Sog in die Welt war stärker. Sie wollte etwas Kreatives machen. Berlin war ihr Traum. Felice schaffte die Aufnahmeprüfung an der Design Akademie Berlin. Wie ausgehungert stürzte sie sich in alles Neue. Die Stadt mit all ihren Angeboten, eine total beengte Wohnsituation in einer chaotischen Wohngemeinschaft, inspirierende Vorlesungen, Museumsbesuche, Ausstellungen, es war eine so neue Welt. Wer waren die wirklich guten Dozentinnen? Wie erkämpfte man sich im Technikstudio einen Arbeitsplatz für seine Semesterarbeiten? Sie musste erst lernen, mit diesem riesigen Angebot an Möglichkeiten zurechtzukommen.

Neben all den grundlegenden Theoriefächern belegte sie Kurse für Porträtfotografie. Sie fand schnell einen Zugang zu den Menschen vor ihrer Kamera. Den Modebereich erlebte sie eher abstoßend: Ihr gelang es nicht, die Seele der Models einzufangen, wie sie es nannte. Im Kurs Werbefotografie ging es ihr ähnlich. Sie rettete sich, indem sie sich auf technisch perfekte Aufnahmen konzentrierte. Darin wurde sie mit der Zeit ziemlich gut. Nach dieser Erfahrung kämpfte sie sich nur noch aus Vernunftgründen durch den Kurs Produktfotografie. Dieser Themenbereich wäre das Brot- und-Butter-Geschäft für eine Tätigkeit später. Doch oft hatte sie den Eindruck, die falsche Veranstaltung gewählt zu haben.

Erst als es um Reportagen, um Aktionsfotografie und die Zusammenarbeit mit Reportern ging, fand sie wieder Spaß in ihrem Studium. Ihre Porträtserie »Gesichter Marzahns« wurde sogar in eine Ausstellung aufgenommen. Es war eine Fotoserie von Menschen im Kiez, Alltagssituationen, Momentaufnahmen. Sie wurden als sehr ausdrucksstark kommentiert.

Ja, die vergangenen drei Jahre an der Design Akademie Berlin waren eine anstrengende und verrückte Zeit für sie gewesen. Aufgrund ihrer besonderen Leistungen bekam sie ein Stipendium für ein zusätzliches Semester im IED – Istituto Europeo di Design in Rom. Sie hätte gerne künstlerische Fotografie als vertiefende Kurse genommen, entschied sich aber aus praktischen Gründen für neue Bildmedien wie digitales Layout und Virtual & Augmented Reality. Das wird bzw. ist die kommende Technik, wurde ständig betont.

Aus dem halben Jahr in Italien hätte ein ganzes Jahr werden sollen, denn zum Abschluss wollte sie Arbeiten mit Reisen verbinden. Felice war überzeugt, Aufträge zu finden, vielleicht sogar in ihrem Fachgebiet. Doch im Kontakt mit vielen anderen ausländischen Studenten bekam sie ihre mühseligen und erfolglosen Anstrengungen um Jobs bestätigt. Sie hatte sich kein Bild davon gemacht, wie viele junge Menschen in Italien nach Arbeit suchten. Einfach nur die Zeit zum Reisen nutzen, das gestand sie sich nicht zu. Nachdem sie wieder einmal mit ihrer Familie gechattet hatte, brach sie ihre Reise ab und kehrte nach Deutschland zurück.

Wieder in Berlin, fiel Felice in ein tiefes Loch. Ihre Freunde aus dem Studium waren verstreut. In der Wohngemeinschaft gab es zu viele neue Gesichter für sie. Sie musste Geld verdienen, denn für ihr Zusatzsemester war ihr letztes Erspartes dahin geschmolzen. Sie wollte mit ihrem Abschluss Fuß fassen. Nur in welche Richtung? Sie suchte nach Stellen in Werbeabteilungen größerer Unternehmen, scheiterte jedoch in den Bewerbungsgesprächen. Sie startete in einer Werbeagentur, nachdem ihr hier ein unbezahltes Praktikum angeboten wurde. Sie wurde nicht übernommen und die Absage traf sie sehr. Sie sei nicht wirklich überzeugend. Ein Freund bot ihr an, in einem kleinen Büro für Grafik- und Webdesign-Aufträge zu übernehmen. Das hielt sie neben ihrem Kellnerjob einigermaßen über Wasser.

Sie hatte sich in ihrem Studium immer wieder an den praktischen und pragmatischen Themen orientiert. So oft hatten ihr die Dozenten vermittelt, dass hier die beruflichen Chancen lägen. In dieser Situation klangen die Lobpreisungen der ehemaligen Dozenten wie Hohn: »Ihr Absolventen habt vielfältige Karrieremöglichkeiten als Creative und als Art Director, als Spezialisten für Fotopublishing in der Industrie und im Kunstbetrieb, als Manager für Fotoarchive.« Eine Tätigkeit bei der Presse oder einem Verlag oder gar bei einer Film- oder Fernsehproduktion – für Felice lag dies gefühlt außerhalb ihrer Galaxie.

Nach einem wieder einmal langen Arbeitstag in ihrer Kneipe klagte Felice ihrer Freundin Maren ihr Leid. Sie war wirklich verzweifelt:»Welche Rückmeldung hat dich am meisten getroffen?«, fragte Maren. »Dass ich nicht wirklich überzeugend wäre, das, was die von der Werbeagentur so lapidar hingeworfen hat«, war Felices enttäuschte Antwort. Maren erklärte weiter:»Meine Erfahrung ist, dass in dem, was uns am meisten verletzt, wahrscheinlich ein wahrer Kern steckt. Was bedeutet dir das, ›überzeugend zu sein‹? Du musst endlich aus dieser Situation rauskommen. Du warst eine der Besten in deinem Jahrgang. Hast du schon mal an ein Coaching gedacht?«»Aber ich habe doch kein Geld«, meinte Felice nur noch müde.

»Du, ich habe da eine Idee. Ich habe dir doch erzählt, dass ich gerade eine Fortbildung zum Souveränitäts-Code mache. Vielleicht gibt es hier eine Möglichkeit im Rahmen unserer Übungsgruppe. Ich kann mir das gut vorstellen, es stellt dich wieder auf die Beine. Lass mich das einfädeln, o. k.?!«

2.4   Wer oder was ist hier krank? – Burn-out einer Heilerin

Carla Zehn arbeitet seit über zwanzig Jahren in einem Unternehmen der Automobilbranche. Ihre berufliche Karriere startete sie in einem damals noch kleinen Tochterunternehmen. Start-up-Stimmung, überwiegend junge Kolleginnen und Kollegen, beseelt von einer völlig neuen Geschäftsidee. Da ging es nicht um spektakuläre ingenieurstechnische Entwicklungen, nein, Autos bauen konnte der Mutterkonzern. Es war die Herausforderung, Mobilität gänzlich neu zu denken und zu definieren. Wie kommen Menschen von A nach B und C, ohne ein eigenes Auto zu benutzen und trotzdem effektiv mobil zu sein? Für Carla war es damals *der* ökologische Auftrag für die Gesellschaft.

Die Offenheit im Umgang miteinander und der Leistungswille, etwas völlig Neues zu schaffen, war über Jahre hinweg ein inspirierendes Arbeitsklima für sie. Für Carla war es eine wichtige Zeit, in der sie selbst viele kreative Ideen entwickeln und neue Wege im Marketing gehen konnte. Hier ging sie ihre ersten Schritte in die Welt der Führung. Sie absolvierte eine solide, mehrteilige Qualifizierung und nutzte diese Impulse intensiv. Sehr schnell kombinierte sie ihr Gespür für ihr Team mit dem neuen Wissen und entwickelte rasch eine starke Analysefähigkeit. Bei der Übernahme von neuen Aufgaben hatte sie ein gutes Händchen, diese mit ihren Mitarbeiterinnen anzugehen. Das rasante Wachstum ihrer Firma forderte von ihr, oft Umstrukturierungen zu gestalten und die Neuausrichtung auf die ebenso wachsenden Ziele anschlussfähig zu halten. Sie schaffte es immer wieder, Ideen und Engagement der Kollegen miteinzubinden und bei allen schnellen Umbrüchen leistungsfähig zu sein. Zu ihrer Fachlichkeit entwickelte sie eine sehr gute Fähigkeit, Strategien zu entwickeln, Hindernisse zu erkennen und die Umsetzbarkeit realistisch einzuschätzen. Genial war außerdem ihre Vorgehensweise bei der Umsetzung. Pragmatisch, klar, mit einer erstaunlichen Fähigkeit, bei Schwierigkeiten Planänderungen mit ihren Mitarbeiterinnen zu realisieren.

Einmal gefragt, was denn ihren Erfolg ausmache, meinte Carla, sie sehe ihr Gegenüber und die Situationen im Voraus, könne sich sehr gut in sie hineinversetzen und Lösungen vorbereiten. All dies kam nicht von ungefähr. Dahinter standen eine große Disziplin und viel Selbstreflexion. Immer mehr setzte sich Carla mit sich und ihrer Verantwortung als Führungskraft auseinander. Fragen der Haltung, der Ethik beschäftigten sie ebenso wie die Bedingungen für gute und klare Kommunikation. Die Frage, wie man auch in Konfliktsituationen wertschätzend bleibt, stand oft im Mittelpunkt. Was für sie deutlich wurde, setzte sie auch in ihren Konzepten um. Wie müssen Vorgehensweisen für Marketingaktionen vorbereitet werden, damit sie in dreistufigen Märkten angenommen werden? Kniffelige Fragen, lange Diskussionen und systematisches Arbeiten mit den Ideen der Beteiligten wurden zu ihrem persönlichen Markenkern. Zugegeben, manchmal war es sehr zäh. Die Geduld und Kraft für die dritte Runde auch noch aufzubringen, kostete sie viel. Jedoch die Quartalsergebnisse stiegen, und das nicht nur vorübergehend. Sie hatte sich ein starkes und verlässliches Team aufgebaut und war gut im Unternehmen vernetzt.

Carlas erfolgreiche Marketingkonzepte wurden im Mutterkonzern sehr wohlwollend registriert. Es war eine Frage der Zeit, bis sie vom Mutterunternehmen abgeworben wurde. Es folgte ein größerer Aufgabenbereich und mehr Verantwortung. Schnell hatte sie ein solides Vertrauensverhältnis mit ihrem neuen Vorgesetzten aufgebaut. Er nahm sie in die Bereichsrunden und zum Reporting zum Vorstand mit. Er gab ihr »lange Leine«, wie es im Konzern hieß, und überließ ihr Themen seines eigenen Aufgabengebietes – zusätzlich zu ihren eigenen Aufgaben. Es folgten Jahre immenser Arbeitsbelastung. Natürlich ging es Carla um Anerkennung. Sie war stolz auf ihre Leistungsfähigkeit und sie sah auch den Preis, den sie dafür bezahlte. Sie war sich ihrer eigenen Motivation und ihres Anteils an dem Rad, das hier gedreht wurde, sehr wohl bewusst.

Um das alles leisten zu können, war ihr die Familie wichtig. Oftmals war die Zeit für sie jedoch zu knapp. Sie war auch einigermaßen diszipliniert mit ihrem Sport. Gelegentlich zog sie sich in ein Kloster zu einer Meditationswoche zurück. Sehr hilfreich war für sie die sporadische Arbeit mit einem Coach. Mit dieser neutralen Sparringspartnerin konnte sie sich fokussieren, nachspüren, was im Alltag zu kurz kam, und sich selbst wieder ins Lot bringen. Trotz oder gerade wegen dieser Sorgfalt im Umgang mit ihrem Verantwortungsbereich und mit sich selbst entwickelte sich ein blinder Fleck. Sie konnte nicht wahrnehmen, dass sie langsam, aber sicher in die totale Überforderung ging.

Eine deutliche Wendung in ihrem Arbeitsumfeld entstand dadurch, dass sich der Wind im Unternehmen im Laufe der Zeit gedreht hatte. Das Marktumfeld und die allgemeine Wirtschaftslage wurden schwieriger und volatiler. Ihr Vorgesetzter geriet selbst immer mehr unter Druck. Die Marketingstrategie setzte immer mehr auf digitale Kanäle. Diese wurden vielfältiger und immer weniger kontrollierbar. Personal wurde abgebaut, Führungsebenen verkleinert. Carla sah, wie ihr Vorgesetzter kämpfte, wie er unter Beschuss kam. All die Werte von Kooperation und Wertschätzung wurden zu Makulatur. Sie hatte viel Verständnis für ihn, selbst als er den Druck eins zu eins an sie weitergab. Anblaffen, widersprüchliche Ansagen, Hü und Hott waren inzwischen an der Tagesordnung. Carla konnte es ihm nicht mehr recht machen, denn er definierte »richtig« nach seiner persönlichen Laune. Aber ihren Vorgesetzten, mit dem sie jahrelang freundschaftlich und fair zusammengearbeitet hatte, konnte sie nicht konfrontieren. Ihr Verständnis von Fairness verbot es ihr, konfrontativ zu werden. So schluckte sie – viel, zu viel.

Überlastung stand im Raum und wurde von Carla auch wahrgenommen, jedoch mit den gleichen Bewältigungsstrategien beantwortet, die zur Entstehung beigetragen hatten. Belastung und Übermüdung wurden mit noch mehr Sport, mit noch mehr Selbstreflexion beantwortet. Immer öfter hatte sie das Gefühl, auftanken zu müssen, aber ihre Batterien hielten die Energie immer weniger. Langsam, aber unaufhörlich rutschte sie an den Abgrund. Wie hoch ihr Anspruch an sich selbst und damit auch an ihre Umgebung war, konnte sie nicht realisieren.

Es war im Rahmen der alljährlichen großen Herbsttagung. Noch mehr als in den vergangenen Jahren war sie mit viel Hektik und Druck von der Stabsabteilung vorbereitet worden. Lange Arbeitstage waren normal in dieser Phase, jetzt kamen Nachtschichten dazu. Carla sollte Präsentationen kurz vor knapp noch verändern,

Geschäftszahlen wurden hinterfragt und geändert. Sie wusste, dass sie geschönt wurden. Ihr Vorgesetzter bügelte ihre Einwände ab. Er gab ihr zusätzliche Aufgaben, die in dieser Phase nicht wirklich relevant waren. War das Ergebnis da, wollte er doch etwas anderes.

Der Druck der allgemeinen Geschäftsentwicklung stand im Raum, als Carlas Vorgesetzter seine Jahresergebnisse präsentierte. Als der Vorstand kritisch nachfragte und die Ergebniszahlen hinterfragte, drehte sich Carlas Vorgesetzter zu ihr um, meinte vor den versammelten Konferenzteilnehmern:»Carla, Sie haben mir die falschen Zahlen geliefert.« Carla saß wie versteinert an ihrem Platz. Ihr Körper entlud sich wie eine Batterie bei Kurzschluss – Tiefenentladung. Sie war zu keiner Reaktion mehr fähig, obwohl sie alles um sich herum wahrnehmen konnte.

2.5   Chaos im HR-Team – oder der Visionär ohne Purpose

Der Bereich Human Ressource Management, verantwortlich für alle Personalfragen der leitenden Angestellten eines internationalen Konzerns, wurde in den vergangenen drei Jahren mehrfach umstrukturiert. Nicht nur die Tatsache der ständigen Veränderungen von Zuständigkeiten und Aufgabenbereichen, sondern auch die Art und Weise, wie diese ohne Vorwarnung und Erläuterungen an das Team herangetragen wurden, hatte zu starkem Unmut und zu Verunsicherung geführt. Da eine weitere umfangreiche Umstrukturierung bevorstand, wollte sich die inzwischen verantwortliche Bereichsleiterin dieses Mal im Vorfeld mit ihrem Team im Rahmen eines Workshops auf die erneuten Herausforderungen vorbereiten. Ziel war, sich bewusst eine Auszeit von der Arbeitshektik zu nehmen und die erneute Transformation auf der Arbeits- und auf der sozial-emotionalen Ebene bewusst zu klären und zu gestalten. Für Führung und Mitarbeiter war schnell deutlich, dass es nicht nur um die erneute Klärung von Aufgaben und Verteilung von Zuständigkeiten ging.

Die Funktion als Personalmanagerin erfordert ein hohes Maß an Engagement. Die Mitarbeiter investierten sehr viel Zeit und Aufmerksamkeit in die Kontakte ihrer Fachbereiche, sie bauten Vertrauen auf, Bindung und Verbindlichkeiten entstanden. Sie arbeiteten sich intensiv in die Fragestellungen der unterschiedlichsten Fachbereiche ein, um deren Metier zu verstehen. Dies alles erzeugte eine fachliche *und* emotionale »Investition«, die bei schnellen Umbrüchen als »umsonst investiert« erlebt wurde. Denn das Wissen um die Belange der jeweiligen Bereiche, die so entstandene Identifizierung und Kollegialität verpufften bei häufigen Veränderungen. Im besten Fall ließen sie sich teilweise in die neuen Zuständigkeiten mitnehmen, sodass Erfahrung und Engagement gesichert werden und neu zur Wirkung kommen konnten. Doch das war oft nicht wirklich möglich. Der Workshop wurde mit der Leitung und den Mitarbeitern vorbesprochen und war gut strukturiert. Folgende Themen standen unter anderem auf der Agenda:

- Was lernen wir aus den bisherigen Umstrukturierungen für eine konstruktive Vorgehensweise bei den jetzt erneuten Herausforderungen?
- Was haben wir aus der bisherigen Arbeit in unseren Verantwortungsbereichen gelernt – wie ist jeder mit seinen Aufgaben gewachsen?
- Wie halten wir unsere Professionalität bei der Fülle der Aufgaben?
- Wie organisieren und unterstützen wir uns im Team?
- Welche Regeln helfen uns im Umgang mit unseren Fachbereichen?

Es herrschte eine warme und freundschaftliche Atmosphäre, das war zum Einstieg schnell spürbar. Es wurde viel gelacht, konzentriert zugehört. Jeder war aktiv dabei. Die Leitung war geschätzt und kritische Fragen wurden konstruktiv gestellt. Da eine Mitarbeiterin krankheitsbedingt schon länger ausfiel, wurde für sie symbolisch ein Stuhl mit in die Runde gestellt. So war sie mit dabei. Es wurde ihre vermutete Meinung mit aufgenommen.

Im ersten Teil des Tages gab es einen Rückblick. Was waren herausragende Ereignisse, die sich eingeprägt und das gesamte Team weitergebracht hatten? Was waren persönliche Highlights und was war die jeweilige Besonderheit? Welchen Bedeutungszuwachs hat das Team in der Organisation geschafft und durch welchen Gestaltungsspielraum wird das deutlich? Was war die Leistung der Führungskraft in diesem Zusammenhang und was war das Zutun jeder Einzelnen? Es war ein munterer Austausch, nachdenklich, kritisch mit Schlussfolgerungen für die nächsten Herausforderungen. »Welches besondere Erlebnis würde Enia hier berichten, wenn sie nicht krank wäre?«, »Was hat sich nicht alles für Enia entwickelt, die hat doch einen sehr großen Bereich übernommen?« Immer wieder wurde auf die erkrankte Kollegin Bezug genommen, bei der, soweit eine Kollegin wusste, Burn-out diagnostiziert worden war.

Als das Team nach der Mittagspause in den Seminarraum zurückkam, saß Tanja am Laptop und tippte hoch konzentriert in die Tasten. Eine Kollegin fragte:»Tanja, hast du keine Mittagspause gemacht? Und was arbeitest du, wir wollten uns doch heute eine Auszeit von unseren Alltagsdingen nehmen?« Tanjas Antwort war ernüchternd:»Ach, das hilft mir nicht, ich muss noch die Liste für die Gehälter überprüfen. Sie wurde von der Geschäftsleitung früher angemahnt als abgesprochen.« Daraufhin brach ein Sturm der Entrüstung los, alle redeten durcheinander:»Sollen wir alle früher abliefern?« –»Das war aber anders vereinbart, die können doch nicht die Personalprozesse einfach umwerfen.« –»Doch, können sie schon, ist die Geschäftsleitung.« –»Gerade haben wir über unser Standing in der Organisation gesprochen, wenn wir alles erfüllen, dann sind wir nur noch Handlanger.« –»Unter Professionalität verstehe ich, dass wir auch für Regeln und saubere Abläufe sorgen. Wenn du jetzt schon ablieferst, dann können wir keine gemeinsame Qualitätskontrolle mehr durchführen.« –»Die kann ich mir schon länger nicht mehr leisten bei unserem überbordenden Aufgabenzuwachs.« –»Aber wir müssen doch kooperieren und wir leben doch gegenseitige Unterstützung.« –»Auch das schaffen wir nicht mehr. Mal ehrlich, wann hatten wir zuletzt unsere Runde für die kollegiale Beratung? Das war ein so guter Ablauf, uns gegenseitig unsere kniffligen Situationen vorzustellen und dann die Einschätzungen und Hinweise aus der Runde dazu zu bekommen … Länger als ein halbes Jahr mindestens.« –»Enia hatte mich in den vergangenen Wochen auch immer wieder angesprochen, aber beim besten Willen, ich hatte keine Zeit. So wertvoll dieses Unterstützunggeben ist, ich schaffe es nicht mehr, das belastet mich zusätzlich.« –»Aber was heißt das jetzt, wenn wir wieder umstrukturiert werden, wenn wir uns wieder in neue Fachbereiche einarbeiten sollen? Unsere mühsam erarbeiteten Abläufe und Regeln sind noch lange nicht stabil. Wir wollten die Wissensdatenbank endlich aufbauen, wir wollen mehr mit der Rechtsabteilung zusammenarbeiten, wir wollen und sollen und …« –»Dann müssen wir halt …« –»Nein, so einfach ist das nicht …« –»Wir brauchen eine strategische Ausrichtung …« –»… Schwerpunkte …«

An dieser Stelle intervenierte die Moderatorin:»Was für ein krasser Unterschied zu der wohlgeordneten Rückblende des heutigen Vormittags. Und jetzt scheint eure gesamte Belastung mit all ihren Dimensionen auf dem Tisch zu liegen. Euren Druck kann ich förmlich spüren. Mir scheint, dass Enia mit ihrer Erkrankung nur ein Symptom der Situation ist.« Es entstand ein nachdenkliches Schweigen. Mit Blick zur Bereichsleiterin fragte die Moderatorin:»Welche Fakten zur neuen Umstrukturierung gibt es denn bereits? Wer möchte was mit dieser Umstrukturierung ermöglichen?

Welches Problem soll damit gelöst werden? Welche Ziele werden damit verfolgt? Gibt es Aussagen dazu, für welche Organisationsbereiche Sie zukünftig zuständig sein werden? Verändern sich Kooperationspartner?«

Die Bereichsleiterin zuckte mit den Schultern:»Leider habe ich nur ein paar wenige Fakten. Eines zeichnet sich ab, auch ich werde diesen Bereich verlassen … Es besteht die Vorstellung, auch aus diesem Team eine agile Arbeitsgruppe zu machen, wie sie vielfach gerade eingeführt werden. Ihr werdet eure Ausrichtung selbst finden müssen.«

Mit einem Schlag saß ein Teil des Teams wie gelähmt in der Runde, andere diskutierten vehement weiter, bis alles ins Stocken kam. Wo sollten sie jetzt anfangen?

2.6   Wissen als Fallstrick eines Beraters – oder ein Weiser ohne Weisheit

Alexander ist ein erfahrener Trainer und Berater und seit mehr als 30 Jahren im Geschäft. Aus dem Lehrerberuf kommend, hatte er Wirtschaftspädagogik studiert und sich über die Jahre mit all den gängigen theoretischen und methodischen Entwicklungen seines Berufsfeldes beschäftigt. Bei Kollegen galt er als wandelndes Lexikon und konnte aus dem Stand heraus die angesagtesten Autoren zitieren.

Was nicht so flott lief, war seine Auftragslage. In letzter Zeit brachen ihm Kunden weg oder vermittelten ihm, dass er als Einzelberater trotz seiner Kompetenz nicht mehr gefragt war. Generalanbieter und große Beratungsgesellschaften wurden bevorzugt. So kam es immer öfter vor, dass er über Wochen keinen Auftrag hatte. Nach vielen Jahren des Arbeitens vom heimischen Schreibtisch aus hatte Alexander sich ein Büro in einem dieser modernen Co-Working Spaces gemietet. Die Factory, wie sie sich nannte, lag wirklich toll für ihn in Berlin-Mitte. Er wollte wieder mehr Kontakt zum beruflichen Treiben. Hier arbeiteten die verschiedensten Berufe und Gewerke parallel. Auf Kommunikation trainiert, registrierte Alexander die Unverbindlichkeit im Umgang miteinander. Genial war jedoch, dass er sich um keine Technik kümmern musste. WLAN, Drucker, Telefon, alles wurde für ihn geregelt.

Am anderen Ende der Etage hatte sich eine kleine Start-up-Beratergruppe eingemietet.»AGIL Coaches und der Laden fliegt« nannten sie sich. Jeden Morgen sah er sie in ihrem Bürobereich im Kreis stehen und spielen. Abklatschkreis und ähnliche Dinge.

Es erinnerte ihn an seine Zeit bei den Pfadfindern. Der Begriff Warm-up flog ihm zu, was immer das war, auf jeden Fall hatten sie viel Spaß. Was ihr wirkliches Business war, blieb ihm unklar.

Heute zog er sich in einen der »silence rooms« zurück, er musste sich konzentrieren. Endlich war wieder eine Anfrage im Raum. Ein Kollege hatte ihn ins Spiel gebracht und er sollte ein Angebot erarbeiten. Es gehe um PiGeP (*Programm der integrierten Geschäftsprozesse*), also ein Softwareprogramm, das alle Abläufe eines handeltreibenden Mittelständlers bearbeiten kann. Laut vorliegenden Unterlagen sollten alle Bereiche der Firma auf die neue Kundendatenbank zugreifen können und auch verantwortlich sein. Oha, er roch den Braten. Da hatte wohl das Marketing ein anderes Interesse als der Verkauf, die Disposition ein anderes als der Einkauf, die Buchhaltung und der Betriebsrat. Die Einführung der Software selbst würde eine versierte IT-Firma leisten. Das geforderte Angebot sollte eine Vorgehensweise beschreiben, wie Führungskräfte und Mitarbeiter auf die Veränderungen vorbereitet werden können. Alexander rieb sich die Hände. Da konnte er in die Vollen greifen. Aus Erfahrung wusste er, solch eine Software stellte die gesamten Gewohnheiten auf den Kopf. Hatten Mitarbeiter bislang für ein optimales Arbeitsergebnis für ihre eigene Abteilung gearbeitet, mussten sie jetzt an die Auswirkungen ihres Handelns insgesamt denken. Die gegenseitigen Abhängigkeiten würden plötzlich am Computer sichtbar werden. Daten, die an der einen Stelle nicht korrekt eingegeben wurden, würden an einer anderen Stelle Chaos produzieren. Arbeitsabläufe würden sich verändern, müssten neu gelernt werden. Alexander hatte noch keine Einführung eines solchen Digitalisierungsprojekts erlebt, mit dem nicht auch Effizienzen geschaffen werden sollen. Auch so eine hochtrabende Managementsprache. Personal soll eingespart werden, das ist zumindest ganz schnell als Befürchtung von den Mitarbeitern zu erwarten.

Alexander dachte sich immer tiefer in die Situation hinein. Er recherchierte zur betreffenden Firma, analysierte das auf der Homepage so heroisch formulierte Leitbild und versuchte sich ein Bild der Unternehmenskultur zu machen. Er sah große Umwälzungen auf den Mittelständler zukommen. Da wäre es doch am besten, mit den Dilts'schen Ebenen[1] zu arbeiten, also vom beobachtbaren Handeln der Mitarbeiter bis zur Sinnsuche der Firma oder umgekehrt. Am besten, er bot eine fundierte

---

1   Zu Robert Dilts siehe: https://www.agil-werden.de/themen-archiv/dilts-pyramide (Abrufdatum: 03.01.2020)

Strategiearbeit an. Er könnte auch nach dem Graves-Value-System[2] arbeiten. Oder sollte er gleich zu Nagel und Wimmer[3] und ihren Modellen der systemischen Strategieentwicklung greifen? Bei Alexander sprühten die Funken. Er war ganz in seinem Element. Er feilte lange an einem sehr differenzierten Powerpoint-Vortrag, beschrieb Sachverhalte für Veränderungen und ergänzte immer wieder Details. Es wurde sehr spät, aber für den morgigen Pitch, wie sich so ein Wettbewerb um einen Auftrag nannte, sah er sich wohlgerüstet.

Zugegeben, er fühlte sich übernächtigt, als er beim Kunden begrüßt wurde. Den einleitenden Worten der Geschäftsführerin konnte er nicht ganz konzentriert folgen, hatte er doch seinen Vortrag vor Augen und wie er in der gegebenen Zeit möglichst viel von seinen Inhalten rüberbringen könnte. Und hoffentlich funktionierte die Technik. Es saßen vier weitere Personen mit am Tisch.

»Ja, herzlichen Dank für Ihre Einladung und die Chance, Ihnen meine Herangehensweise erläutern zu dürfen. Ich habe ausführlich zu Ihrem Unternehmen recherchiert, denn ich will Sie ja verstehen. Sie haben Großes vor. Dafür möchte ich Ihnen in meiner folgenden Präsentation verschiedene Spielarten der systemischen Strategieentwicklung aufzeigen und Ihnen deutlich machen, wie wichtig auch ein Werteprozess für Sie sein wird. Ich meine, Sie verändern mit der Einführung von PiGeP die Grundfeste Ihres bisherigen Kooperationsverständnisses für das gesamte Unternehmen. Es wird auch die normale Kommunikation erheblich verändern. Mir ist das aus den verschiedensten Changebegleitungen vertraut, denn ich durfte große Konzerne begleiten und ich ...«

Alexander registrierte Unruhe auf der anderen Seite des Tisches, schluckte und merkte an: »Habe ich zu schnell gesprochen? Ich kann auch langsamer, damit Sie wirklich alles verstehen. Also Professor Rudolf Wimmer ist Aufsichtsratsvorsitzender der osb, ich konnte viele Fortbildungen bei ihm besuchen, und Herr Dr. Nagel, also der ...«. »Dürfen wir Ihnen etwas zum Trinken anbieten«, meinte der anwesende Betriebsrat. Alexander reagierte konsterniert: »Also ja, gerne. Ich komme auf Professor Dr. Rudolf Wimmer zurück ... oder soll ich Ihnen mehr über die Stufen der integralen Evolution erzählen, denn es wird wichtig sein herauszuarbeiten, auf welcher Stufe

---

2   Siehe dazu: Bär, Martina/Krumm, Rainer/Wiehle, Hartmut (2008).
3   Siehe dazu: Nagel, Reinhard/Wimmer, R Rudolf (2006).

Ihr Unternehmen steht und was es braucht, in die nächste Stufe der Leistungsfähigkeit ...«, er stockte. Die Geschäftsführerin griff zu ihrem Handy. »Also wahrscheinlich sind Sie auf Stufe 4 oder auch 4,5. Ihre Organisation ist sicher gut strukturiert und Ihre Bereiche sind als Spezialisten aufgestellt. Längerfristig werden Sie als Firma nur überleben, wenn alle, und ich betone alle, Mitarbeiter sich als ein gesamtes Team verstehen. Solche Veränderungen müssen von den Vorgesetzten vorgelebt werden. Ich habe auch eine Ausbildung zum integralen Coach und vielleicht ist es ja für Sie angesagt, dass wir mit einem Coaching der Führungskräfte beginnen. Denn das ist auch meine Überzeugung, die Veränderungen werden nur erfolgreich sein, wenn Sie von Ihnen selbst getragen werden. Also ich habe noch weitere 20 Folien vorbereitet, ich kann Ihnen noch mehr Hintergründe zu meinem Vorgehen erläutern ...« »Herzlichen Dank«, unterbrach ihn die Geschäftsführerin, »aber für Details scheint es mir heute noch zu früh.« »Also ich wollte demonstrieren, dass ich Sie bestens begleiten und beraten kann. Ich bin so etwas wie ein Geburtshelfer für Sie, ja, und das wäre ich wirklich gerne.« Alexander blickte in die Runde und sah teils freundliche, teils abweisende Gesichter. »Ich danke für Ihre Aufmerksamkeit und die interessante Diskussion. Bis wann werden Sie sich denn entscheiden?«

»Ich danke Ihnen für Ihre Ausführungen«, meinte die Geschäftsführerin. »Da scheint ein solides theoretisches Wissen vorhanden zu sein. Unser Auswahlprozess läuft noch bis Ende der nächsten Woche. Wir können Ihnen also bis in 14 Tagen Bescheid geben. Kommen Sie gut nach Hause und herzlichen Dank für Ihre Vorbereitungen.«

Alexander war am Boden zerstört, als er nach mehrfachem Nachfragen nach vier Wochen die dürftige Information erhielt, man habe sich anderweitig entschieden. Er hatte sich selten so gut vorbereitet und in seinen Augen auch sehr gut performt. Er hätte diesen Auftrag wirklich gut gebrauchen können.

In den Tagen darauf sprach ihn einer der jungen Leute von »AGIL Coaches und der Laden fliegt« an. Ob sie bei einer Tasse Kaffee mal was besprechen könnten. Sie hätten, meinte der junge Kollege, da einen großen Auftrag an Land gezogen. »Jetzt merken wir aber, dass uns die Akzeptanz bei den oberen Führungskräften fehlt. Wir sind denen zu jung. Und ehrlich gesagt, wissen wir nicht wirklich, wie wir so ein großes Projekt strukturiert angehen sollen. Wir haben viele flotte Methoden und die waren wohl ausschlaggebend. Aber jetzt zeigen sich bereits die ersten Widerstände und wir wissen nicht, wie wir das handhaben sollen. Also das Projekt heißt PiGeP und es geht um ...«

2.7 Es lebe die junge Wilde – oder die freie Wilde ohne Furcht und Anschluss

Susanne hatte ihr Studium als Wirtschaftsingenieurin als Jahrgangsbeste abgeschlossen. Von Firmen, die am Ende der Studiengänge direkt in den Universitäten rekrutierten, lagen zwei sehr lukrative Angebote vor. Zum Entsetzen, aber nicht zur Überraschung ihrer Eltern schlug sie beide Optionen aus und trat nach dem Prinzip Work and Travel eine Weltreise an. Nicht wie so viele nach Australien oder Neuseeland. Nein, sie startete in Kasachstan, ging dann nach Usbekistan, Kirgisien und Tadschikistan. Es war eine Phase, in der ihre Offenheit für Neues und ihre Fähigkeit, unvoreingenommen auf Menschen zuzugehen, Gold wert war. Sie recherchierte vor Ort mögliche Firmen und Wirtschaftsvereinigungen, fand Kontakte beim Institute of World Economics and Politics (IWEP) und eine Assistentenstelle zur Vorbereitung des XII. Astana Wirtschaftsforums in Nursultan in Kasachstan. Ihr Begleiter hatte bereits nach ein paar Wochen diese Reise abgebrochen. Ihm war es zu wild, wie er es nannte. Ständig in neuen Situationen zu stehen und heute nicht zu wissen, wie es morgen weitergeht. Susanne hingegen blühte auf. Sie war sehr überrascht über diese »Alles geht«-Haltung, über die Aufbruchstimmung in den Organisationen in diesen Ländern. Die Kontakte waren getragen von einer Offenheit und Gastfreundschaft, die sie aus Deutschland nicht kannte. Die Art und Weise, wie über neue Industrien und Technologien sowie die globalen Herausforderungen diskutiert wurde, wünschte sie sich auch für ihr Heimatland. Es ging um neue Wege für nachhaltiges Wachstum, um die Förderung von Innovationen, um den Zusammenhalt der Gesellschaft und die Verantwortung der Wirtschaft hierbei. Susanne knüpfte auf ihrer weiteren Reise immer mehr Kontakte und kam als Frau in diesen Ländern auch mit brenzligen Situationen gut zurecht.

Es wurde ein Jahr voller Begegnungen, inspirierender Herausforderungen, harter Phasen der Unsicherheit, des Lernens, in unkomfortablen Situationen nicht klein beizugeben, und besonders ein Jahr, in dem sie ihre Haltung, »Es geht immer mehr, als du denkst« nachdrücklich leben und erleben konnte.

Wieder zurück in Deutschland, brauchte es doch so einige Wochen, um sich wieder an die deutsche Mentalität und die deutschen Gepflogenheiten zu gewöhnen. Sie frischte ihre Bewerbungskontakte auf und hatte sehr schnell, in ihren Augen zu schnell, eine interessante Stelle in einer Stabsstelle für Corporate Strategy and Sustainability. Mit der ihr typischen Geschwindigkeit arbeitete sie sich in die verschiedenen Fragestellungen ihres neuen Aufgabenfeldes ein. Es ging um Nachhaltigkeit im Materialeinkauf und um Umweltfragen in der Produktion. Das Unternehmen hatte bereits vor einiger Zeit begonnen, Themen und Ziele dafür zu erarbeiten. Jetzt sollten die dazugehörigen Maßnahmen definiert und Messgrößen für ihre Wirkung benannt werden. Die Diskussionen in den Arbeitsgruppen mündeten jedoch sehr schnell in politische Machtkämpfe. Man verlor sich in Definitionskämpfe, was denn mit den Themen wirklich gemeint wäre und ob die Messgrößen denn wirklich als Messgrößen gelten könnten. Susanne verstand recht schnell, dass anfänglich getroffene Aussagen und Vereinbarungen immense Veränderungen von und in den Abteilungen fordern würden, wenn man sie ernst nehmen würde.

Sie hörte so viele Abwehrstrategien und sehnte sich nach dieser »Es geht«-Haltung zurück. Obwohl neu im Unternehmen, kam sie häufig mit Ideen und Vorschlägen, ließ sich von den gesetzten Herren nicht einschüchtern und äußerte unverblümt ihre Meinung in den Runden. Wirklich etwas bewegen konnte Susanne allerdings nicht, wenn sie ehrlich war. Einmal schnappte sie ein Gespräch zweier Kollegen auf, als sie nach hitziger Diskussion den Konferenzsaal verließ. »Die ist echt anstrengend«, meinte der eine und streifte Susanne im Vorbeigehen mit einem Blick. »Aber kämpfen kann sie«, erwiderte ein anderer, »auch wenn sie hier nichts bewegen wird.«

Auch bei einem anderen Thema verlief es eher zäh. Hinter dem hochtrabenden Begriff der Corporate Social Responsibility verbarg sich ein Stadtteilprogramm, bei dem die Firma die Verantwortung für verschiedene soziale und kulturelle Veranstaltungen übernommen hatte. Susanne stellte bald fest, dass aus diesem Programm nach der anfänglichen medialen Euphorie die Luft raus war. Wirkliches Engagement aus ihrem Unternehmen konnte sie nicht erkennen. Sie forschte nach den Anfängen und las sich in die Konzepte ein. Sie setzte sich mit der zuständigen Projektleiterin zusammen, lieferte Ideen, besuchte die ins Leben gerufenen Stadtteilaktionen und stieß auf eine Handvoll ehrenamtliche Helfer, die zynisch von den großartigen Ankündigungen berichteten. Nach diesen Erlebnissen reichte es für Susanne. Sie suchte das Gespräch mit dem verantwortlichen Abteilungsleiter, schilderte ihre Erlebnisse und Eindrücke und forderte ihn auf, Stellung zu beziehen und für mehr Verantwortung und Zugkraft in seinem Bereich zu sorgen.

Eine Woche später hatte Susanne eine Einladung zu einem Gespräch in der Personalabteilung. Sie war verwundert. Bei diesem Termin wurde ihr vermittelt, dass sie als junge und sehr ehrgeizige Mitarbeiterin erlebt werde und ihre vielen Ideen sehr wohl gesehen würden. Jedoch würde sie mit so einigem sehr isoliert dastehen. Sie hätte wohl Schwierigkeiten, sich in die Gepflogenheiten eines großen Konzerns einzufügen. Ihr Gegenüber lobte ihre Unerschrockenheit, meinte aber, sie würde nach Einschätzung ihres Vorgesetzten jedoch immer wieder übers Ziel hinausschießen. Sie wäre eher wie eine »freie Radikale«, um diese Metapher zu bemühen, meinte die Personalreferentin.

In Susanne rebellierte es gewaltig. Ihr gesamtes Engagement, ihre Hoffnung, bei wesentlichen Veränderungen mitgestalten zu können, ihr Glaubenssatz »Alles geht«, das alles wurde mit »freier Radikalen« abgetan. »Dann kündige ich halt«, war ihr erster Gedanke. Im letzten Moment verkniff sie sich, es auszusprechen. Nicht dass sie es sich nicht getraut hätte. Aber hatte sie auf ihrer Reise nicht auch wiederholt ganz verzwickte und aussichtslose Situationen erlebt!? Hatte sie nicht immer wieder für sich einen Weg gefunden!? Eine Stimme in ihr war ganz klar: »Keine Schnellschüsse, kündigen kannst du immer noch. Sieh dir die Sachlage mit Distanz an und entscheide dann.«

Sie hatte für einen Moment die Aufmerksamkeit für das Gespräch verloren. Ihr Gegenüber registrierte es und wiederholte: »Auch wenn gerade scheinbar eine Welt zusammenbricht, ich empfehle, es als Lernfeld zu betrachten. Da die Probezeit bereits beendet ist, schlägt das Unternehmen ein Coaching vor.« Susanne sollte das ruhig als Chance sehen, denn das Unternehmen investiere nur in gute Leute.

Für das Wochenende nahm sich Susanne eine lange Bergtour vor.

2.8   Woran souverän sein meist scheitert

Die in den letzten Abschnitten dargestellten Beispiele sind sieben Fälle aus meiner Praxis, die sich so abgespielt haben. Änderungen der Rahmendaten, wie Namen, Orte und Zeitraffer, wurden nur vorgenommen, um Personenschutz zu gewährleisten.

In welchen Situationen haben Sie sich wiedergefunden? Welche haben Sie besonders angesprochen? Woran Souveränität oft scheitert oder zumindest nicht voll gelebt wird, das kennen die meisten Menschen aus ihrem eigenen Erleben. Es ist eine Mischung verschiedenster Aspekte und unterschiedlicher Dimensionen.

Abb. 2.1: Gefühlswelten

Hinter all den Erscheinungsformen der reduzierten Souveränität stehen die verschiedenen Formen der Angst. Aber wer spricht heute, besonders im beruflichen Leben, schon gern von Angst? Wie ich weiter unten ausführen werde, ist Angst ein wichtiger Signalgeber, wenn wir lernen, mit ihr umzugehen. Wird Angst verdrängt, kommen ihre Schattenseiten zum Tragen.

Unsere Ängste können sich gut verkleiden, oder wir verstecken
uns hinter unseren Ängsten.

- Hinter übermäßiger Anpassung und zu großer Bescheidenheit steht die Angst vor der Unzulänglichkeit. Wir verleugnen uns selbst, unsere Kraft und unsere Fähigkeit, aus Angst, nicht zu genügen.
- Wir übertreiben die Selbstlosigkeit, bezichtigen uns selbst, aus Angst, für wertlos gehalten zu werden. Wir retten uns in eine Märtyrerhaltung, denn diese wird nicht angegriffen.
- Wir geben uns aufopfernd bis zur Selbstaufgabe, denn leben wir für andere oder für die so wichtige Aufgabe, können wir unsere Angst vor der eigenen Lebendigkeit dahinter verstecken. Das kann bis zur Selbstsabotage führen.

- Zeigen wir uns wild entschlossen und gehen verbissen an unsere Aufgaben heran, können wir unseren Starrsinn als Durchsetzungskraft kaschieren und unsere eigene Angst vor dem Unberechenbaren und unserer Unberechenbarkeit verstecken.
- Immer mehr zu fordern, von uns selbst und von anderen, ist in unserer Leistungsgesellschaft gang und gäbe. Wir sind unersättlich in unserem Leistungsanspruch und übersehen, dass hinter diesem oft gierigen Verhalten die Angst vor Mangel steht. Die Angst, dass »es« nicht genügt, dass wir nicht genügen.
- Zwischen Souveränität und Selbstgefälligkeit liegt ein entscheidender Unterschied. Stolz auf sich, seine Leistung oder Erkenntnis in ruhiger Gelassenheit zu sein, ist ein Aspekt der Souveränität. Wenn Stolz allerdings von Hochmut geprägt ist, schwingt immer auch Abwertung des anderen mit. Was wir dahinter verstecken, ist die Angst, verletzt zu werden.
- In Bewerbungsgesprächen nach den eigenen Schwächen gefragt, kommt in den meisten Fällen die kokette Antwort, man wäre ungeduldig. Das passt so gut in unsere Leistungsgesellschaft und man suggeriert, es ginge einem nicht schnell genug. Ungeduldig zu sein – oder waghalsig als eine weitere Variante davon –, beinhaltet immer auch die Angst vor Versäumnissen.

Zu erkennen und zu verstehen, was uns selbst bewegt, was uns treibt und was uns zieht, wird zu unserem Erkenntnisweg der Souveränität. Beides zu sein: ganz bei sich und gleichzeitig mit der Welt verbunden sowie in seiner persönlichen und beruflichen Umwelt verankert zu sein und sich selbst mit seinen Möglichkeiten zu leben, ist die Balance, die wir immer wieder anstreben.

Machen Sie sich mit den folgenden Kapiteln auf den Weg.

3 Ausprägungen von Souveränität

3.1 Souveränität – eine Annäherung

Suchmaschinen präsentieren Ihnen zum Begriff »Souveränität« als Erstes die Souveränität von Staaten als völkerrechtliches Konstrukt, gefolgt von der Staatssouveränität als Regierungshandeln und der Datensouveränität. Daran schließen sich Definitionen von Souveränität des Individuums an. Auch wenn sich die inhaltlichen Themen immer wieder ändern und unterschiedliche Dimensionen beschreiben, die Prinzipien der Souveränität sind in jeder Kategorie erkennbar.

Bei der Staatssouveränität geht es um einen Herrschaftsanspruch, mit dem Staaten nach außen und nach innen gekennzeichnet sind.[4] Mit der Definition der eigenen Grenzen kommen die Grenzen anderer (Staaten) in den Blick. Der Raum dazwischen wird der Kooperationsraum. Somit bedeutet Souveränität nicht uneingeschränkte Handlungsmöglichkeit oder willkürliches Agieren. Es geht darum, die eigenen Rechte zu kennen, zu wahren und ggf. zu verteidigen. Ohne die Anerkennung der Souveränität und damit der Rechte anderer (Staaten) außerhalb des eigenen »Territoriums« ist dieses Denkgebäude unvollständig.

3.1.1 Souveränität als völkerrechtliches Konstrukt

In einer Rede zur Corona-Pandemie forderte die EU-Kommissionschefin Ursula von der Leyen die EU-Staaten auf, die Folgen der Grenzschließungen und wirtschaftlichen Einschränkungen gemeinsam in der Europäischen Union anzugehen und sich durch gegenseitige Hilfestellungen zu unterstützen.[5] In diesem Zusammenhang tauchen Aspekte der Souveränität von Staaten als völkerrechtliche Fragestellung auf.

---

4   Siehe dazu: Marti, Urs (2003) Souveränität und Globalisierung. In: Marti, Urs/Kohler, Georg (Hrsg.), S. 165–188. UZH Hauptbibliothek Zürich. https://doi.org/10.5167/uzh-80820 (Abrufdatum: 17.06.2020)
5   Schmitt-Roschmann, Verena (28.03.2020): Corona-Krise: Von der Leyen warnt vor neuer Kluft in der EU. Stimme.de. Online verfügbar unter: https://www.stimme.de/deutschland-welt/politik/dw/Corona-Krise-Von-der-Leyen-warnt-vor-neuer-Kluft-in-der-EU;art295,4339335 (Abrufdatum: 30.03.2020)

In den genannten Forderungen von der Leyens zeigen sich wesentliche Aspekte von Souveränität:

- Zusammenhalt der Kräfte
- Fürsorge für die Mitglieder der Staatengemeinschaft
- Strategische Ausrichtung suchen und definieren
- Sich nach Krisen neu erfinden

3.1.2 Souveränität im politischen Sprachgebrauch

Im Zusammenhang mit dem Thema »öffentliche Streitkultur« und der Frage, wie sich das Kommunikationsverhalten im digitalen Zeitalter auf gesellschaftliche und politische Auseinandersetzungen auswirkt, sprach Norbert Lammert, der zwölf Jahre lang Präsident des Deutschen Bundestages war, über »Souveränität und Geradlinigkeit im Umgang mit einer Verrohung der Sprache«.[6] In dem genannten Artikel geht es um die Wahrung der Verfassung und der Geschäftsordnung des Parlaments.

Was ist in diesem Zusammenhang mit Souveränität gemeint? Er spricht davon, klare Vorstellungen zu haben von Erträglichkeit und Unerträglichkeit, Angemessenheit und Unangemessenheit, gerade wenn die Ernsthaftigkeit einer Diskussion anerkannt wird. Souveränität schließt unmissverständlich mit ein, dass ein System von Regeln besteht und auch angewendet wird.

In diesem Anspruch zeigen sich weitere wesentliche Aspekte von Souveränität:

- Klare Vorstellungen haben
- Regeln, die gelten, und
- Regeln, die eingefordert und umgesetzt werden
- Angemessenheit des Erträglichen und seine Grenzen

Damit verbunden sind eine hohe Klarheit, ein schnelles und präzises Erfassen von Situationen und eine schnelle Reaktionsfähigkeit. Denn auch innerhalb der Grenzen müssen die Vertreter der Souveränität als höchste rechtliche Autorität anerkannt werden, so seine Aussage.

---

6   Bauchmüller, Michael/Lipkowski, Clara (05.03.2020): Gelassenheit alleine reicht nicht. SZ online. Online verfügbar unter: https://www.sueddeutsche.de/politik/lammert-bundestag-afd-interview-1.4831450?reduced=true (Abrufdatum: 03.06.2020).

3.1.3   Datensouveränität

Der Begriff Datensouveränität rangiert derzeit bei einer Suchmaschinen-Anfrage im Internet mit an oberster Stelle. Die Berliner Initiative D21 e.V. definiert Datensouveränität als: »... Autonomie des Datengebenden [...], welcher reflektiert und durch seine Fähigkeiten selbstständig in der Lage ist, sich informationell selbst-bestimmt in der ›Daten-Welt‹ zu bewegen. Die Folge daraus ist, dass es im Datenschutz neben der Einhaltung der Rechtsvorschriften auch darum geht, die NutzerInnen mit Kenntnissen und Instrumenten zur Reflexion ihres Handelns aktiv abzuholen und zu befähigen.«[7]

Somit tauchen hier weiterer wichtiger Aspekt für Souveränität auf:
* Autonomie
* Eigenständigkeit und Selbstbestimmtheit
* Kontrolle und Herrschaft über sein Eigentum

3.1.4   Souveränität des Individuums

Souveränität wird somit in unterschiedlichen Zusammenhängen verwendet. Sie ist ein Modell und erklärt eine politisch-rechtliche Ordnung, innerhalb derer sie als Norm für die Kriterien einer legitimen Machtausübung gilt. Sie steht nicht zuletzt als Synonym für Handlungsfähigkeit und ist damit Voraussetzung für Selbstbestimmung.

Wenn wir jedoch beachten, dass all die großen Begriffe und Vorstellungen letztlich die Summe souveränen Handelns einzelner Personen sind, rückt der Blick auf die Souveränität des Individuums in den Mittelpunkt.

Hier geht es um die Selbstdefinition als Person, so wie ich bin und sein will. Dieser Halbsatz birgt den gesamten Stoff der persönlichen Souveränität. Denn wie bin ich denn? Wie bin ich das geworden? Will ich so sein oder möchte ich in bestimmten Aspekten anders agieren? Wenn ja, in welchen? Wie kann ich das entwickeln?

---

7   Initiative D21 (16.05.2019): Denkimpuls Innovativer Staat: Datensouveränität – Datenschutz neu verstehen. Online verfügbar unter: https://initiatived21.de/app/uploads/2019/05/denkimpuls_datenschutz_neu_verstehen.pdf (Abrufdatum: 03.06.2020).

Daran schließen sich weitere Fragen zur eigenen Lebensgestaltung an: Weiß ich um meine Fähigkeiten, Talente und Möglichkeiten und kann ich sie optimal für mich und für andere einsetzen? Sorge ich für ihre Weiterentwicklung? Weiß ich, wo ich im Leben oder zumindest in der nächsten Phase hin will und kann ich mich bei Schwierigkeiten und Krisen wieder neu ausrichten? Habe ich klare Vorstellungen von Regeln und Werten, die mir wichtig sind und kann ich sie leben und einfordern? Kann ich meine Grenzen wahren und gegebenenfalls verteidigen? Kann ich mich eigenständig definieren, ohne mich von der Zustimmung anderer abhängig zu machen? Habe ich die Kontrolle beziehungsweise die Gestaltungshoheit über mein geistiges und materielles Eigentum?

Wenn wir den Blick hier so intensiv auf uns selbst richten, schließt das mit ein, dass wir immer in der Dualität von »Ich und die anderen« leben. Es geht also bei der Souveränität des Individuums immer um den Selbstbehauptungswillen und die Fähigkeit, im »Rechtsstreit der eigenen inneren Instanzen« zu entscheiden und mit den äußeren zu verhandeln. Wir müssen unsere eigenen inneren Instanzen kennen und die äußeren mit ihren Belangen und Auswirkungen auf uns handhaben. Souveränität ist die Gewissheit, die eigenen Belange regeln zu können

3.1.5 Souveränität in globalisierten Zeiten

Souveräne Menschen sind jedoch keine Einsiedler, sondern eher Solitäre, die mit ihrer Umgebung verbunden sind. Wir sollten den Blick daher nicht nur auf uns richten, wie im obigen Abschnitt fokussiert, sondern unsere Aufmerksamkeit auch dem zuwenden, was in unserem Umfeld Einfluss auf uns hat. Denn die Welt, in der wir leben, hat im Kleinen wie im Großen Auswirkung auf unsere Handlungen.

Als Erstes kommt da der engere Kreis von Familie, Partner und Freunden in den Blick. Das berufliche Umfeld, unsere Arbeitssituation, prägt uns ebenfalls, und auch die wirtschaftlichen Bedingungen, in denen unser Arbeitsfeld liegt. Schnell sind wir bei den lokalen und internationalen ökologischen und politischen Entwicklungen und Ereignisse, die mal global und weit weg und mal sehr direkt Einfluss auf unseren Alltag nehmen können.

Wenn wir uns der relevanten Einflüsse im Kleinen wie im Großen bewusst sind, stellt sich die Frage, ob wir uns als Spielball dieser Ereignisse erleben oder diese für uns einordnen können. Denn je vielfältiger und reicher, je unruhiger und unklarer, je turbulenter und unsicherer die Welt um uns herum ist, desto mehr braucht es eine Verankerung in uns selbst.

Jede Zeit und jede gesellschaftliche Entwicklung fordert die Souveränität des Menschen auf ihre Art und Weise. Das folgende kurze Schlaglicht auf aktuelle Themen mit ihrer jeweiligen Dynamik ist ein Beispiel für solche Einflüsse, denen wir ausgesetzt sind.

In einem Gespräch zwischen Peter Unfried und Bernhard Pörksen, Professor für Medienwissenschaft, geht es um die gesellschaftlichen emotionalen Wallungen, die angesichts der erneuten Flüchtlingskrise, dem Corona-Virus, dem Klimawandel und den Krisen politischer Parteien sich in den Medien niederschlagen.[8] Auch wenn der Artikel mehr auf die aktuelle gesellschaftliche und politische Situation und den Umgang damit in den Medien zielt, so liefert er eine gute Beschreibung der individuell vielfach erlebten Überforderung des Einzelnen durch diese Umbrüche und Krisen. Ob wir wollen oder nicht, wir sind von diesen Turbulenzen berührt und gefordert, in irgendeiner Weise damit umzugehen.

Pörksen stellt das so dar: »Wir, die Bewohner einer privilegierten Welt, sind in einer Atmosphäre der totalen Gleichzeitigkeit eingetreten, sehen alles, leiden unter einer Überdosis Weltgeschehen, schwanken zwischen Erregungserschöpfung, Panikschüben, Mitgefühl, Ignoranz-Sehnsucht. Dieses Gefühl der Überforderung ist das Stimmungsschicksal vernetzter Gesellschaften, die einen klug dosierten Umgang mit ihren Affekten noch nicht beherrschen.«

Somit taucht hier ein weiterer Aspekt der Souveränität auf:
• Der klug dosierte Umgang mit Gefühlen

3.1.6 Souveränität im Kontext der wirtschaftlichen Gegebenheiten

Da der Schwerpunkt der Betrachtungen zur Souveränität in diesem Buch auf dem Individuum und seiner Arbeitswelt liegt, greife ich hier die Situation in und für Unternehmen auf. Denn auch hier gilt die Hypothese: Je unruhiger die Zeiten, desto mehr braucht der Einzelne Stabilität in sich selbst.

---

8   Taz am Wochenende (07./08.03.2020): Wir träumen in Geschichten. Online verfügbar unter: https://taz.de/Medienexperte-ueber-Krisen-Erzaehlungen/!5665993/ (Abrufdatum: 26.06.2020)

Wenn wir das oben Gesagte auf unsere Arbeitswelt herunterbrechen, dann erleben wir ganz ähnliche emotionale Phänomene. Wir erleben die Gleichzeitigkeit so vieler Ereignisse, von denen wir uns getrieben sehen und die wir nur scheinbar oder auch objektiv betrachtet nicht beeinflussen können. Seit Jahren und Jahrzehnten sind sowohl Arbeitnehmer als auch Selbstständige damit konfrontiert, dass sich Aufgabenfelder oder ganz Berufe sowie die damit verbundenen Anforderungen immer schneller verändern. Strukturen lösen sich auf, Vertrautes verschwindet von heute auf morgen. Die Digitalisierung erfordert es, mit neuen Softwareprogrammen und Abläufen zu arbeiten. Briefe, Anträge, Bestellungen, Informationsbeschaffung, Rechnungen und Berechnungen, Entwürfe – fast alles hat sich schon lange vom Papier gelöst und bilden sich inzwischen in der digitalen Welt ab. Selfservices blühen. Wir verwalten unsere Personalakte vielfach inzwischen selbst. Die Mitarbeiterin meiner Bank ist schon länger durch einen Online-Service ersetzt. Kommunikationsmöglichkeiten vervielfältigten sich durch interne und firmenexterne soziale Medien und Kollaborationsmöglichkeiten. Arbeitszeiten als fest erkennbare Grenze lösen sich auf. Bearbeitungsabläufe und damit ganze Abteilungen sind verschwunden und in anderer Form neu entstanden. Teams, denen wir uns zugehörig fühlten, verwandeln sich in agile Arbeitsgruppen mit neuen Regeln. Ganze Organisationen werden umgebaut, Branchen bilden sich um.

Für all diese Situationen immer neu einen souveränen Umgang zu finden, sich immer wieder neu zu justieren, Vereinbarungen wieder und wieder zu modifizieren, die Hintergründe zu verstehen, das kann mürbe machen. Bei vielen Mitarbeitern in Unternehmen und Einrichtungen macht sich Erschöpfung breit, man flüchtet in Ironie oder Ignoranz. Diese Erschöpfung wird dann nicht als Überlastungssyndrom erkannt, sondern zum Problem des Einzelnen deklariert.

Mit diesen Überlegungen zur Situation innerhalb von Unternehmen rückt auch die Frage der guten Führung in den Blickpunkt. Führungskräfte sind ja selbst all diesen Bedingungen ausgesetzt und müssen einen Umgang damit finden.

Manch eine Führungskraft erklärt inzwischen nicht mehr die Strategie ihres Unternehmens, um Orientierung zu geben, sondern fordern ihre Mitarbeiterinnen auf, sich flexibel zu zeigen, sich prinzipiell auf ständige Veränderungen und Überraschungen einzustellen. Das Kooperationsverständnis in Unternehmen verändert sich. Mit dem Anspruch, agile Organisationsformen und damit selbstständig agierende Arbeitsgruppen zu implementieren, verändert sich auch die Anforderung an die Führung. Entscheidungsspielräume verschieben sich und damit die bisherigen Befugnisse. Dazu in Kap. 9 mehr.

Wenn Ihre Realität zumindest teilweise mit diesen Beschreibungen übereinstimmt, werden Sie zwei weitere Aspekte von Souveränität erkennen:

- Orientierung und Ausrichtung finden
- Wissen, was jeweils wirklich wichtig ist

Orientierung zu finden, setzt voraus, in dem beschriebenen Strudel nicht gänzlich unterzugehen, setzt voraus, nach Normalität und Norm zu fragen, zu entscheiden, was für einen selbst »normal« sein soll. Es setzt voraus, zu prüfen, ob man in der Bewegung des Mainstreams agieren will oder nicht – und wenn ja, dann aufgrund einer klaren Entscheidung.

Orientierung und Ausrichtig finden   !

Um uns selbst immer wieder Orientierung und Ausrichtung zu verschaffen und uns auf die kleinen und großen Sinnsuchen in unserem Leben zu machen, können einige Fragen hilfreich sein:

- Macht das, wofür ich gerade arbeite, für was ich mich engagiere, eigentlich Sinn und wenn ja, welchen?
- Woran erkenne ich diesen Sinn und woran mache ich ihn fest?
- Was sind die kleinen und großen Leitlinien in meinem Leben?
- Habe ich für mich einen Weg, eine Methode oder einen Ort gefunden, mit dem bzw. an dem ich für mich diese Orientierung immer wieder finde?
- Was zaubert mir ein Lächeln auf die Lippen?
- In welchen Aufgaben kann ich so richtig aufgehen?
- Welche Tätigkeit lässt mich meine volle Energie spüren?
- Wen oder was würde ich auf eine einsame Insel mitnehmen?
- Was möchte ich für die nächste Generation ermöglichen?
- …

3.2 Souveränität – eine Verdichtung

Souveränität definiere ich als das Zusammenwirken verschiedener Fähigkeiten und die Lebenskunst, diese Kräfte generell und in akuten Situationen präsent zu haben. Diese Fähigkeiten werden durch die bildhafte Beschreibung von Archetypen in Kap. 4 verständlicher und nachvollziehbar. Der Kontext bestimmt, in welchem Ausmaß die Kriterien gelebt werden wollen – von der Staatssouveränität bis zur persönlichen Souveränität.

- Wie eine gute Königin, ein guter Herrscher:
    - Für Zusammenhalt der Kräfte sorgen
    - Fürsorge für die Mitglieder der Gemeinschaft
    - Klare Vorstellungen haben
    - Regeln setzen, die gelten
- Wie eine starke Visionärin, ein weitsichtiger Visionär:
    - Sinn im Leben suchen und definieren, sich nach Krisen neu erfinden
    - Orientierung und Ausrichtung finden
    - Wissen, was wirklich wichtig für mich ist
- Wie eine starke Kriegerin, ein schlagkräftiger Krieger:
    - Regeln einfordern und umsetzen
    - Kontrolle und Herrschaft über sein Eigentum haben
- Wie eine Heilerin, ein fürsorglicher Heiler:
    - Dafür sorgen, dass ein lebensbejahendes Miteinander gelebt wird
    - Sich für das direkte Wohl aller einsetzen
- Wie eine freidenkende Künstlerin, ein Künstler:
    - Die Eigenständigkeit und Selbstbestimmtheit verteidigen
    - Neue und kreative Wege gehen
- Wie eine kluge Weise, ein bodenständiger Weiser:
    - Im klugen Umgang mit Gefühlen das Innen und Außen lenken
    - Die eigenen Gefühle und die der anderen kennen
    - Wissen mit Einfühlungsvermögen einsetzen können
- Wie eine unabhängige Wilde, ein Wilder:
    - Seine Autonomie leben und wahren
    - Der eigenen Inspiration vertrauen

Sind das nicht faszinierende Bilder? Entsteht hier nicht die Sehnsucht nach mehr Freiheit und Eigenständigkeit? Nur, wie können wir so Großes leben?!

Ob Beispiele aus aktuellen Ereignissen oder in der Literatur – in einem sind sich die verschiedenen Abhandlungen einig:

> *Souveränität ist keine genetische Veranlagung. Sie ist eine Kunst, die jede und jeder für sich entwickeln kann, gleich einer Meisterschaft fürs Leben.*

Menschen, die wir mit Gestaltungs- und Durchsetzungskraft erleben, vereinen Selbsterkenntnis und Selbstachtung mit dem Mut zum selbstverantwortlichen Handeln. Da taucht kein »Ich muss halt« oder »Die Situation lässt mir keine andere Wahl« auf. Souveräne Menschen verantworten ihre Taten, sie stehen dazu, sagen *Ja*, wenn sie ja meinen, und *Nein*, wenn sie nein meinen.

Souveränen Menschen ist bewusst und sie akzeptieren, dass es noch andere Wirklichkeiten gibt, dass ihre Welt, ihre Werte und ihre Sicht der Dinge nicht die einzige Wahrheit sind. Dazu gehört es, Spannungen auszuhalten, die scheinbare Unvereinbarkeiten in einem erzeugen. Solche Spannungen entstehen z. B.,

- wenn der Lebensweg scheinbare Grenzen aufzeigt,
- wenn eigene Vorstellungen mit anderen kollidieren,
- wenn eigene Erfahrungen und Vorstellungen verletzt werden,
- wenn Verantwortung auf einem lastet und Lösungen nicht in Sicht sind.

Souveränität bedeutet, in spannungsgeladenen Situationen ohne Angriff die Klärung zu suchen. Souverän ist, wer keine Kränkungen austeilen muss, weder an andere noch an sich selbst. Wir nennen das »verletzungsfrei kommunizieren«. Je mehr wir die Perspektive unseres Gegenübers sehen und verstehen und die gegenseitige Abhängigkeit und Wechselwirkung unseres Handelns beachten, desto mehr können wir die Bedürfnisse der anderen befriedigen. »Aber will ich das?«, werden Sie sich fragen. Eine Antwort kann sein: Ja, immer dann, wenn Sie mit Ihrem königlichen Anteil unterwegs sind und zur Wahrung Ihrer eigenen Interessen für andere sorgen.

3.2.1   Souveränität und die Bedeutung von Gefühlen

Sich auf den Weg der eigenen Souveränität zu machen, beschreibt Evelin Kroschel als »einen ständig neu zu gestaltenden Prozess der Wahrnehmung und

Kommunikation«[9]. Damit ist es eine Fähigkeit, die wir erlernen und üben können. Stéphane Etrillard findet ähnliche Worte[10]. Für Souveränität braucht es Intelligenz, die sich als Quotient (IQ) messen lässt. Aber nur in Kombination mit Emotionaler Intelligenz (EQ) entsteht wahre Souveränität.

Wir brauchen unsere Gefühle, um zur Vernunft zu kommen.

Stéphane Etrillard

Gefühle geben unseren Werten Orientierung. Wir sagen auch »Das fühlt sich für mich richtig an« und dann liefern wir die für uns rationale Begründung hinterher. »Die Vernunft ist das Vermögen des Menschen, Einsichten zu gewinnen, Zusammenhänge zu erkennen und sein Handeln danach zu richten.«[11]. Ein emotional reifer Mensch kennt die Facetten seiner Gefühlswelt und kann sich selbst steuern. Dann zeigen wir Freude und können sie für andere nachvollziehbar machen, dann benennen wir unsere Betroffenheit, ohne in Lähmung zu verfallen. Wir können auf die Gefühle der Menschen, für die wir verantwortlich sind, eingehen und bewegen uns sicher im Umgang mit ihnen. »Ein emotional intelligenter Mensch ist in der Lage, aus sich selbst heraus und im richtigen Augenblick das Richtige zu tun, er kann auf die gegebenen Situationen und seine Umwelt adäquat reagieren und versteht es, mit destruktiven oder ungeeigneten Handlungsimpulsen angemessen umzugehen.«[12]

In uns selbst entsteht diese Souveränität durch Achtung unseres eigenen Wertes, durch Selbsterkenntnis und Anerkennen der Wirklichkeiten anderer. Dazu brauchen wir eine geschulte Wahrnehmung für Ereignisse in uns und um uns herum.

Wir brauchen die Fähigkeit zur Reflexion und dann den Mut zum Handeln.

Die Entwicklung der eigenen Autorität hat sehr viel mit Wahrnehmungs- und Kontaktfähigkeit zu tun, mit der Offenheit, Möglichkeiten und ihre Chancen zu erkennen, zuzupacken und zu handeln. Die Entwicklung von Souveränität ist gleichzusetzen mit einer Meisterschaft im Leben, besonders wichtig für Führung, wie immer sie sich in Unternehmen verteilt.

---

9   Kroschel, Evelin (2008), S. 50
10 Etrillard, Stéphane, (2014)
11 Ebd., S. 154
12 Ebd., S. 155

In ihrem Buch »Die Weisheit des Erfolges« nimmt Evelin Kroschel[13] Anleihe bei der traditionellen japanischen Vorstellung von Herrschaft. Dafür stehen drei Symbole: Spiegel, Perle und Schwert. Sie sind die Insignien der japanischen Sonnengöttin Amaterasu omi kami. Sie stehen nicht für Wissen, Reichtum und Gewalt, wie wir mit unserem westlichen Denken schnell übersetzen würden. Vielmehr stehen sie für das Wesen der Macht. Der Spiegel steht für die Selbsterkenntnis und Selbstachtung. Dazu gehören die Fragen: Was will ich und was kann ich, was macht mich unabhängig von anderen? Wir lernen uns selbst zu achten, wenn wir unsere eigenen Belange beachten.

Die Perle steht für Erkenntnis und Achtung fremder Wirklichkeiten. Die Fähigkeit, mich auf die Situationen und Emotionen eines Gegenübers wirklich einstellen zu können, schult mein intuitives Erkennen fremder Bedürfnisse. Es bleibt meine freie Entscheidung, diese Bedürfnisse zu beantworten. Neben vielem betriebswirtschaftlichen und juristischen Managementwissen, oft als Hard Facts verstanden, hat die Schulung der Selbst- und Fremdwahrnehmung auch in die europäische Managementausbildung Einzug gehalten. Den eigenen Anteil in seiner Wechselwirkung im gesamten Gefüge zu verstehen, hat mit der systemischen Weltsicht zu tun.

Das Schwert steht für den Mut zum entschiedenen selbstverantwortlichen Handeln.[14] Da geht es nicht mehr um ein bisschen ausprobieren, nicht mehr um andeuten und so tun, als ob. Hier ist es die klare Kraft der Entscheidung, das Schwert aus der Scheide zu ziehen, schnell, kraftvoll, zielsicher den Schnitt zu vollziehen und die Konsequenzen zu tragen.

Somit ist Wahrnehmung der Schlüssel zur Selbsterkenntnis, ich erkenne und kenne mich selbst – mich, meine Fähigkeiten und meine Werte. Wenn ich diese beachte, entsteht Achtung – Selbstachtung.

> *Gebt mir einen Hebel, der lang genug, und einen Angelpunkt, der stark genug ist,*
> *dann kann ich die Welt mit einer Hand bewegen.*
> Archimedes (287–212 v. Chr.), griech. Mathematiker und Physiker

---

13 Kroschel, Evelin (2008)
14 Ebd., S. 39

Wahrnehmung ist somit der Hebel zu unserer Souveränität, zu unserem sicheren Umgang mit unseren Fähigkeiten, Werten, Grenzen und unserer Lebendigkeit. Dies ist nicht nur ein Lebensgewinn für jedes Individuum, sondern eine Herausforderung in der modernen sogenannten VUCA-Welt (*volatility* = Volatilität, *uncertainty* = Unsicherheit, *complexity* = Komplexität und *ambiguity* = Mehrdeutigkeit). Dieses Akronym ist ein verbreiteter Begriff für die schwierige Situation in der Unternehmensführung geworden. Aber auch als Individuen erleben wir Menschen die ständigen Neuerungen, Veränderungen und die tausend Möglichkeiten als anstrengend, irritierend oder manchmal sogar bedrohlich. Es besteht ein Mangel an Orientierung im Überfluss.

Wo und wie finden wir Halt und Ausrichtung, wenn nicht in uns selbst? Was wie ein Widerspruch klingt, kann gelingen, wenn wir uns selbst beim Denken und Fühlen zusehen. Dafür braucht es einen Schritt zur Seite, raus aus Routinen, Hektik und Überlastung. Bleiben wir im Arbeitsmodus, sind wir wie ein Vogel, der emsig und eifrig am Boden nach Nahrung sucht, die Regenwürmer aus der Erde zieht und richtig schuftet. Fangen wir an, über uns nachzudenken, wären wir der Vogel, der in die Lüfte steigt, sich das Gelände ansieht und sich selbst dort auf der Erde sehen kann. Diese Metapher ist an Gunther Schmidt[15] angelehnt, einem Arzt und Pionier der systemischen Therapie. Er hat unserer Fähigkeit der Wahrnehmung schließlich noch einen dritten Vogel dazugesellt – es ist der Vogel, der uns zusieht, wie wir uns selbst beobachten.

Abb. 3.1: Beobachtung der Selbstbeobachtung

---

15   Siehe Schmidt, Gunther/ Müller-Kalthoff, Björn/Dollinger, Anna (2010)

Die Achtsamkeit, die wir dazu brauchen, ist das volle bewusste Gegenwärtigsein gegenüber der eigenen Person, den umgebenden Personen, den Gegenständen und Umständen. Mit eingeschlossen sind Dinge und uns umgebende Strukturen. Es ist das volle Gegenwärtigsein im Jetzt. Gemeint ist wirklich die aktuelle Minute, in der Sie diese Zeilen lesen. Natürlich hat die Vergangenheit einen prägenden Einfluss, aber sie soll uns nicht binden. Gleichzeitig entwerfen wir eine mögliche Zukunft, verpflichten uns innerlich jedoch nicht. Die Achtsamkeit ist die Grundlage eines erkennenden Lebens und ermöglicht uns Abstand und Freiheit von inneren Bildern und Begriffen, von denen wir uns bislang abhängig sehen. Achtsamkeit ermöglicht uns differenziertes Wahrnehmen von Gefühlen und Gedanken und damit klares und folgerichtiges Denken.

Diese Zeilen entstanden im März 2020. Die Kurven der COVID-19-Pandemie zeigten zu diesem Zeitpunkt steil nach oben. Wir konnten uns dabei beobachten, wie wir aus unseren bisherigen Denkmustern und Sicherheiten herauskatapultiert wurden. In welchem immensen Ausmaß das Corona-Virus für uns zum Lehrmeister der Reflexion werden wird, kann zum Zeitpunkt des Entstehens dieses Buches noch niemand erahnen.

Niemand kann wirklich einschätzen, welche gesellschaftlichen, sozialen, politischen, wirtschaftlichen und damit emotionalen Folgen sich daraus entwickeln werden. Die Anforderungen an jeden Einzelnen, sich in den aktuellen Geschehnissen zurechtzufinden, potenzieren sich. Gerade in solchen Krisensituationen braucht es souveräne Menschen. Je unruhiger und aufgeregter die Ereignisse um uns herum, desto mehr Informationen wollen eingeschätzt, neu bewertet und verarbeitet werden. Bewusstes Sich-selbst-Erkennen und -Erkennenwollen sind die Hebel.

Souveränität ist: Selbstbewusstsein + Selbstachtung + Selbstvertrauen +
Selbstliebe + Selbstermächtigung + Selbstverwirklichung

3.2.2   Souveränität entsteht aus dem Selbstwertgefühl

Ohne Selbstwert keine Potenzialentwicklung. Sehr viele Menschen unterschätzen die Möglichkeiten der Selbstentwicklung und damit ihre Chance, ihren Potenzialen die nötige Nahrung zu geben. Souveränität entwickeln wird nicht als Schulfach gelehrt. Im Gegenteil, leider zu oft rauben die schulischen Bedingungen wertvollen Selbstwert bei Kindern und Jugendlichen. Leistungsdruck und Anpassung an vorgeschriebene Lerninhalte lassen zu wenig Spielraum, um sich auszuprobieren. Wo ist der Freiraum bei der Entdeckung von Neigungen und Fähigkeiten?

Da unser Selbstwert auch ohne unser bewusstes Zutun irgendwie so geworden ist, wie er ist, machen wir uns als Erwachsene erst auf den Weg, wenn etwas in demselbigen liegt – in Bezug auf unsere Souveränität. Sicher, es ist nicht alles Tragik und Jugendlichen standen und stehen heute Möglichkeiten des Sicherprobens in allen möglichen Facetten offen. Ob wir uns aktiv um unsere Souveränität bemühen oder nicht – sie ist ein menschliches Grundbedürfnis, das wir erst wirklich registrieren, wenn es zwickt in unserem Leben.

Unser Selbst hat seinen eigenen Entwicklungsdrang. So wie unser Körper gemäß seiner DNA, des biologischen Erbgutes, in Kombination mit den mehr oder weniger nährenden Umfeldbedingungen, bis zu einer definierten Größe wächst, so will sich auch das Selbst entwickeln. Mit einem wichtigen Unterschied: Es gibt keinen biologisch bedingten Wachstumsstopp. Ein Selbst ist nie ausgewachsen. Es kann auch nicht zu groß werden.

Souverän im Leben zu stehen, ist die immer wiederkehrende Erfahrung, dass wir uns unserem Leben gewachsen fühlen, dass wir mit seinen Herausforderungen zurechtkommen. In dieser Definition ist die Formulierung »gewachsen fühlen« Hoffnung und Auftrag zugleich. Denn Souveränität kann wachsen, sie ist keine genetische Veranlagung, mit der wir determiniert sind. Wir können für dieses Wachsen aktiv werden und es wird damit ein »Besitz«, den wir uns erarbeiten können. Zugleich geht es mit »fühlen« einher. Um zu wachsen, ist es erforderlich, die eigenen Gefühle differenziert zu kennen und mit ihnen umgehen zu können, sodass wir sagen können »Ich habe Gefühle« und nicht »Meine Gefühle haben mich«. Das zeigt den erwachsenen, reifen Umgang mit unseren Gefühlen.

Ich muss mir von mir selbst nicht alles gefallen lassen.

Viktor Frankl

Souveränität erwächst aus der Erfahrung, uns auf unser Denken, unser Handeln und auf die Wahrnehmung unserer Gefühle verlassen zu können. Diese Erfahrung etabliert sich durch aktives Tun und seine Reflexion. Unser Vertrauen in unser Denken und Fühlen wird zum Selbstverstärker unserer Souveränität. Damit wächst und stabilisiert sich unser Selbstvertrauen. Wir können uns auf uns selbst verlassen, wir werden selbstmächtig. Wir lösen uns von realen und vermeintlichen Abhängigkeiten, erkennen unsere Selbstverantwortung und definieren damit unseren Gestaltungsraum.

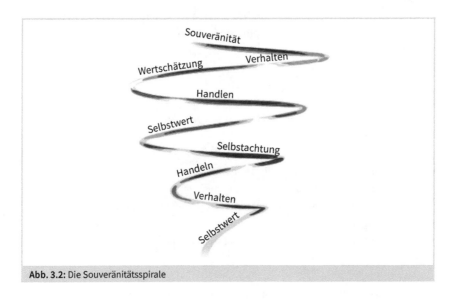

Abb. 3.2: Die Souveränitätsspirale

Der Sinn eines stabilen und gesunden Selbstwertgefühls sollte nicht nur sein, dass wir ein besseres Lebensgefühl haben, sondern dass wir besser leben. Besser dadurch, dass wir Chancen und Herausforderungen anpacken, für uns nutzen und für uns und andere in Verantwortung gehen.

Somit verkörpert der Selbstwert nicht nur Werte für mich, sondern, da wir soziale Wesen sind, auch den Wert, den ich für andere ermögliche. Einige Beispiele:

- Habe ich eine gute Stimme, konnte ich sie ausbilden und empfinde ich eine tiefe Freude, wenn ich singe, dann ist es ebenso ein Wert für andere, die sich an diesem Gesang erfreuen können.

- Habe ich technisches Know-how und eine wahre Tüftlergabe, dann bestärke ich mich selbst, indem ich Lösungen für kniffeligste Aufgaben finde, aber auch, indem ich diese Fähigkeit anderen zur Verfügung stelle.

- Kann ich gut zuhören, dann erfahre ich durch den Raum, den ich anderen in meiner Aufmerksamkeit gebe, viele interessante Perspektiven für mich. Ebenso gewinnt mein Gegenüber, indem es sich selbst durch mich zuhören kann.

- Bin ich offen und extrovertiert und damit eine geniale Netzwerkerin, so ermögliche ich meinem Umfeld viele inspirierende Begegnungschancen.

Was macht Sie wertvoll für sich selbst, für Ihre direkten Mitmenschen, für Ihre Arbeit?

In meiner Praxis als Organisationsberaterin und Coach sind Auswirkungen einer gesunden Souveränität deutlich erkennbar. Sie zeigt sich

- in einem faktenorientierten Vorgehen,
- beim Abwägen verschiedener Realitäten,
- bei der Art und Weise, wie flexibel gedacht und gehandelt wird,
- in der Fähigkeit, mit Veränderungen umzugehen,
- im Wohlwollen und der Fehlertoleranz, sich selbst und anderen gegenüber,
- in der Kooperationsbereitschaft,
- in der Fähigkeit, eigene Fehler zu erkennen, zuzugeben und die Verantwortung dafür zu übernehmen.

Ein geringes Selbstwertgefühl lässt uns dagegen eng werden im Denken, starr statt flexibel im Handeln, oft übermäßig in Anpassung oder in die Rebellion gehen. Der mögliche Aktions- und Gestaltungsspielraum wird nicht genutzt, geschweige denn ein neuer erobert. Es gibt nicht zufällig einen positiven Zusammenhang zwischen der Anzahl von Mitarbeitern mit Selbstwertgefühl und dem Wert eines Unternehmens.

Aus der Perspektive Einzelner entsteht ein gesundes Unternehmen aus der Summe souverän agierender Mitarbeiter, die miteinander kooperieren. Das ist unabhängig davon, ob es sich um Profit- oder Non-Profit-Organisationen handelt. Unternehmen können nicht prosperieren und agieren in Krisen unklug, wenn jede Einzelne nicht in sich stark ist. Jedes Unternehmen kann sich wertvoll schätzen, wenn es Mitarbeiterinnen hat, die sich selbst wertschätzen, ihren Wert kennen und gerne aktiv sind.

Aus der Perspektive von Unternehmen macht es wiederum Sinn, Mitarbeiter Wertschätzung erfahren zu lassen. Die Betonung liegt auf »erfahren lassen«. Damit sind keine Sonntagsreden an die »lieben Mitarbeiter« gemeint. Die Beachtung des Selbstwertes und die Wertschätzung der Mitarbeiter fließt so in die Unternehmensbilanz ein.

Das Bewusstsein unseres Bewusstseins ist Selbstbewusstsein.
Heinz von Förster, Kybernetiker

Personen mit einem stabilen Selbstwertgefühl suchen die Herausforderung. Scheitern spornt sie an, andere Wege zu suchen, und der Erfolg stärkt wiederum die Souveränität. Der psychologische Ausdruck hierfür ist die selbsterfüllende Prophezeiung, denn worauf wir unsere Aufmerksamkeit lenken, das wird wachsen. Bei einem geringen Selbstwertgefühl werden wir das immer wieder bestätigt bekommen. Wir sehen eher die Nicht-Chancen, die Nicht-Beachtung, die vermutete Ablehnung, wir sehen mehr unser Unvermögen und glauben genau dieses von unserer Umwelt gespiegelt zu bekommen. Henne und Ei können wir nicht auseinanderhalten. Und so kommt es dann auch.

Ja, dann glauben wir halt einfach das Positive, dann wird sich die Spirale schon nach oben wenden. Wenn es so einfach wäre! Meist liegen tief in uns verborgen hinderliche Glaubenssätze, welche die Tür zur Selbstachtung noch geschlossen halten. Es lohnt sich, sie zu finden.

Im positiven Sinne funktioniert diese Aufmerksamkeitslenkung ebenso. Bin ich mir meiner Werte und damit meines Selbstwertes bewusst, nehme ich auch die Bestätigung stärker wahr.

! Positive Aufmerksamkeitslenkung

Wer kennt nicht Tage wie diese:

Heute bin ich lauter gut gelaunten Menschen begegnet und selbst schwierige Aufgaben gingen locker von der Hand. Es ging schon los mit einem flotten Spruch auf meinem Kalenderblatt, vor lauter Lachen hatte ich die Zahnpasta am Spiegel. Von meinem Mann bekam ich einen extra dicken Kuss und der Nachbar war heute wohl besonders gut aufgelegt. Weiß gar nicht mehr, ob er mich oder ich ihn zuerst begrüßte. Irgendetwas lag heute in der Luft, denn im Aufzug kam mir ein freundliches »guten Morgen« als Antwort entgegen. Die Kollegin, meinte ich, wäre heute so besonders locker und konstruktiv unterwegs. Dabei sind die mir bei dieser kniffeligen Sache doch so entgegengekommen ... und die haben ja wirklich alle was drauf.

Mit der Selbstachtung ist zugleich die Grundlage für die Achtung anderer gelegt. Die Aufwärtsspirale verstärkt sich so von allein. Erfolg im weitesten und direkten Sinn liegt nicht nur deutlich vor Augen, er stellt sich ein.

Selbstverwirklichung bedeutet in diesem Zusammenhang, meine Potenziale zu erkennen, sie zu erproben und mich nicht von emotionalen Beschränkungen reduzieren zu lassen. Da dieser kurze Satz viel Stoff bietet, werde ich auf Kompetenzen und den Umgang mit unseren Gefühlen noch besonders eingehen. Ein großes Ziel der Entwicklung unserer Persönlichkeit ist, persönliche Integrität zu leben. Das ist gegeben, wenn wir ehrlich zu uns sagen können: Meine Werte, meine Ideale und meine Möglichkeiten stimmen mit meinem Handeln im Alltag überein.

3.3 Souveränität – eine Auflösung

Der vorangegangene Abschnitt hat deutlich gemacht, wie zentral die Wahrnehmung unseres Selbstwertes für unsere Souveränität ist, wobei Wahrnehmung im doppelten Sinne verstanden werden sollte. Sie umfasst zum einen das Gewahrwerden und zum anderen das aktive Annehmen von Selbstwert, also unseren Selbstwert zu leben, indem wir aktiv sind. Und wir haben festgestellt, dass unser Selbstvertrauen in dem Maße wächst, in dem wir erleben, den Anforderungen an uns gewachsen zu sein. Es entsteht eine Aufwärtsspirale unseres Wissens über das, was wir können, was wir beherrschen, wir entdecken unsere Kompetenzen.

3.3.1   Kompetenzen – Bausteine zur Souveränität

Unter Kompetenz verstehen wir die Fähigkeit, auf der Grundlage von Wissen, Erfahrung und Können auch bei neuen Herausforderungen zu agieren, zu kombinieren und neue Lösungen zu generieren. Besonders in nicht routinemäßigen Situationen registrieren und erleben wir unsere Kompetenzen.

Es gibt verschiedene Kategorien und Beschreibungen für Kompetenz, die z. T. aus den Lern- und Erziehungswissenschaften kommen. Eine hilfreiche Einteilung sind Kategorien wie:

* Persönliche Kompetenzen
* Handlungskompetenz
* Fach- und Methodenkompetenz

Mit unseren *persönlichen Kompetenzen* bewegen wir uns in unserem sozialen Umfeld. Wir können kommunizieren, d. h. uns inhaltlich verständlich ausdrücken und auf Kritik eingehen. Wir sind kontaktfähig und kontaktfreudig. Wir können uns in andere hineinversetzen, sind empathisch und integrieren Belange anderer. Wir können kooperieren, weil wir unser eigenes Denken und Tun als Bestandteil des Ganzen sehen und uns nicht mehr Bedeutung geben als anderen. Wir können Konsequenzen ziehen, wenn wir uns der Informationsgrundlagen klar sind und daraus Folgerungen ziehen. Wir können Entscheidungen allein und mit anderen treffen und umsetzen. Wir sind selbstkritisch, wenn wir unsere Tätigkeiten und Erfolge mit den Augen anderer betrachten können. Persönliche Kompetenz ist auch immer auf unser Gegenüber gerichtet und hat damit eine soziale Komponente. So können wir Rücksicht nehmen und kennen unseren Toleranzspielraum – und wir können verzeihen.

Handlungskompetenz bezeichnet unsere Tatkraft, unsere Umsetzungsstärke, unsere Bereitschaft zum Handeln. Ihr liegt ein gesundes Maß an Lust an Leistung zugrunde, die in Verbindung mit Zielstrebigkeit ein Vorhaben durch alle Herausforderungen hindurchmanövriert. Dem geht voraus, dass Ziele konkret genug entworfen werden, damit sie Kraft entwickeln und wir konzentriert daran arbeiten können. Wenn Leistung für uns einen eigenen Wert hat, ziehen wir Befriedigung aus den erreichten Ergebnissen. Die soziale Komponente der Handlungskompetenz ist, dass unsere Leistung nur im Abgleich mit anderen erlebt werden kann. Nur durch Kooperation können wir oft mehr schaffen als aus eigener Kraft, sodass persönliche Kompetenzen, die Kooperation ermöglichen, hier in Wechselwirkung stehen.

Fach- und Methodenkompetenz umfasst alles, was wir uns durch Schule, Ausbildung, Studium, berufliche Erfahrung und in Eigeninitiative an Fachwissen aneigneten – egal, ob es sich um Medizin, IT-Wissen, Technik, Sozialwissenschaften, Physik, Finanzen, Kultur, Geschichte und weitere unendliche Wissensgebiete handelt. Es geht um das Denken nach den Regeln eines schrittweisen, sachbezogenen Vorgehens mit den dazugehörigen fachspezifischen Methoden und Denkweisen. Dazu gehört eine organisierte Arbeitsweise, die auch intuitive und emotionale Impulse in ein methodisches Vorgehen münden lässt. Dazu gehört die Fähigkeit, sich jeweils einen Überblick über Aufgaben, Strukturen und Bedingungen der Organisation verschaffen zu können, in der wir wirksam sein wollen. Gekrönt wird unsere Fachkompetenz, wenn wir die emotionalen Aspekte bei einer Vorgehensweise oder Bewertung bewusst, also sach- und aufgabenorientiert integrieren können.

Abb. 3.3: Vielklang der Kompetenzen

Alle Kompetenzen, die sozialen, emotionalen wie auch die rationalen, haben sich auf der Basis unserer biologischen Veranlagung und deren Förderung durch Familie und Umfeld ausgeprägt. Wir kommen nicht mit einem fertigen Gehirn auf die Welt. Seine biologische Anlage bei der Geburt entwickelt sich weiter. Unsere Gehirnstrukturen sind formbar bis zu unserem Lebensende. Auch wenn das wichtigste Lernen in den ersten sieben Lebensjahren geschieht, so bleiben unsere Nerven und Synapsen doch im Lern- und Wachstumsmodus. Wir sind allerdings keine neutrale Festplatte, die durch Fütterung mit Daten neue Ordnerstrukturen anlegt und von allein wächst. Unser Lernen und damit unsere Kompetenzen sind auf das Engste mit der Entwicklung unserer Gefühle verwoben. Von daher ist es ganz wesentlich, sich der Bedeutung unserer Gefühle bei der Entwicklung von Kompetenzen und damit von Souveränität zu widmen.

3.3.2 Gefühle – Grundstein unserer Souveränität

Erinnern Sie sich an eine Situation, in der Sie sich so richtig souverän fühlten? Holen Sie sich dieses Bild näher heran. Wow, was für ein angenehmes Gefühl! Wie stehen oder sitzen Sie? Wie atmen Sie? Woran machen Sie dieses souveräne Gefühl fest, woran erkennen Sie es? In welchen Situationen sagen Sie das zu sich selbst oder könnten es sagen? Um was geht es in solchen Situationen? Was ist Ihr Anteil daran? Was ging dem voraus?

Bevor Sie weiterlesen, sollten Sie dieses Gefühl in vollen Zügen genießen!

Deutlich wird dabei vermutlich eines: Souverän zu sein hat viel mit unserer Gefühlswelt zu tun. Wir sagen auch:»Ich fühle mich souverän.« Bevor wir beschreiben was Souveränität ist, können wir ihr ein Gefühl zuordnen. Und gleichzeitig, ist es nicht unser Bild von souveränen Menschen, dass sie immer und jederzeit ihre Gefühle unter Kontrolle haben? So müsste doch der Umgang mit Gefühlen an erster Stelle im Zusammenhang mit dem Blick auf unsere Souveränität stehen. In der Tat, Gefühle steuern unsere Souveränität und wir steuern unsere Gefühle, zumindest versuchen wir es. Diese Gefühlswelt ist eine ganz eigene Welt und doch ist sie in uns. Ob wir unsere Gefühle bewusst wahrnehmen oder nicht, ob wir uns ihnen widmen oder sie verdrängen, sie spielen eine gewichtige Rolle in unserem Energiehaushalt.

Mit Gefühlen meine ich hier alle Ausdifferenzierungen unserer grundlegenden emotionalen Empfindungen wie Freude und Neugierde, Überraschung und Furcht, Ekel und Angst und die Fähigkeit, Traurigkeit zu empfinden. Ohne diese Gefühle wäre der Mensch als Spezies nicht mehr auf diesem Planeten, denn Gefühle haben im direkten Sinne eine lebensnotwendige Funktion. Angst ist für die Evolution des Menschen ein überlebenswichtiger Mechanismus. Ohne Angst wären wir vor Gefahren nicht gewarnt, stünden unsere Überlebensreflexe nicht zur Verfügung.

Die Psyche ist evolutionsbiologisch das älteste, zum Überleben notwendige
Alarmsystem. Es drückt sich über Körpersymptome aus.
Ulrich Jürgen Heinz

Ohne Freude und Neugier würden wir nichts Neues entdecken, uns keine neuen Nahrungsquellen erschließen. Überraschung lässt uns stutzen, dadurch entsteht die notwendige Aufmerksamkeit für die Situation. Unser Gehirn selektiert in Nanosekunden, ob wir uns auf etwas zu- oder wegbewegen sollen.

Furcht lässt uns vorsichtig sein. Sich vor etwas zu ekeln, hat die Menschheit schon immer vor ungenießbarem oder verdorbenem Essen gewarnt. Heute signalisiert uns Ekel, wenn etwas nicht zu uns passen könnte. Angst ist ein sehr verpöntes Gefühl. Als Erwachsene steht es mir nicht gut, Angst zu haben. Das erlaube ich mir selbst nicht, das will ich in der Öffentlichkeit nicht zugeben oder zeigen und im beruflichen Umfeld schon gleich gar nicht. Aber halt: Angst hat in unserem Psychosystem eine wichtige Warnfunktion. Jetzt liegt es an dem erwachsenen Teil in mir, sinnvoll mit dieser Angst umzugehen. Das geschieht, wenn ich das Signal der Angst ernst nehme, es nach seiner Botschaft befrage, also vor was genau die Angst besteht, vor was sie mich warnen will. Wir prüfen den Realitätsgehalt der Angstbotschaft. Bleibt ein realistischer Teil Gefahr übrig, werden wir uns gegen sie wappnen.

So bliebe noch die Traurigkeit. Die haben wir im Zusammenhang mit Verlustsituationen gelernt. Verlustängste gehören zu den stärksten negativen Emotionen. Wir verspüren sie, wenn wir glauben, (Lebens-)Wichtiges zu verlieren. Hier können wir ungeahnte Kräfte entwickeln. Auch hier sind wir aufgerufen, realistisch zu prüfen, was wir gerade wirklich verlieren oder zu verlieren glauben und was der Verlust wirklich bedeutet. Das sind keine leichten Prozesse, die wir so einfach analytisch, per Kopf klären können. Aber sie beschreiben Bedeutung und Prinzip im Umgang mit Gefühlen.

Welche Rolle unsere Gefühle im Zusammenhang mit unserer Souveränität haben, spüren wir meist, wenn wir uns nicht souverän erleben. Wir registrieren sie eher bei Mangel, wenn Unruhe, Ärger oder sogar Angst in uns aufsteigt. Dann gibt es etwas, was uns bremst, ein diffuses Etwas, das uns nicht frei agieren lässt. Schnell projizieren wir es auf ein Gegenüber oder auf die Situation:

- Wenn der Chef nicht so hart gewesen wäre, er hat so finster auf meine Vorlage geblickt ...
- Eigentlich wollte ich Nein sagen, aber ...
- Es war echt eine Frechheit meines Kollegen, mich so anzuschreien ...
- Eigentlich wollte ich tanzen gehen, aber ...

- Wenn die Verhandlung nicht so schwierig gewesen wäre, dann ...
- Da hätte ich gerne einen flotten Spruch losgelassen, aber ...

Mögen täten wir schon wollen, aber dürfen haben wir uns nicht getraut.

Karl Valentin

Ja, es sind die Situationen, in denen wir im Kontakt mit anderen stehen, ja, da gibt es Abhängigkeiten und ja, wir reagieren nicht so, wie wir es gerne täten. Denn:

- Wir befürchten, dass ...
- Wir haben Bedenken, dass ...
- Wir haben Angst vor ...
- Wir trauen uns nicht zu ...

Hier tritt etwas in uns auf die Bremse, etwas spielt sich in uns ab, was uns oft nicht verständlich und nicht zugänglich ist. Im Nachgang sind wir verärgert, wütend, traurig. Wir konnten nicht so handeln, wie wir das gerne getan hätten. Tauchen solche Situationen häufig auf oder behindern sie sogar unseren freien Ausdruck und unsere Lebensgestaltung nachhaltig, dann ist es Zeit, sich auf die Suche nach den Ursachen dieser einschränkenden Emotionen zu machen.

Irgendwann in unserem Leben haben wir gelernt, diese Bremse zu betätigen. Nur, wir haben vergessen, wann und warum und für was es gut war. Gehen wir weiter davon aus, dass alles, was wir im Leben mit und über unsere Gefühle lernten, einen Sinn hatte, denn sonst hätte unsere Psyche ein solches Verhalten nicht als erfolgreich gespeichert. Gehen wir davon aus, dass sich die Differenzierung unserer Gefühle zum überwiegenden Teil in der uns vorbewussten Phase, der Säuglings- und Kindheitsphase, in uns angelegt hat. Gefühle wie Freude und Neugier, Wut, Angst, Trauer und Scham haben ein uns eigenes Puzzle in unserem Leben gebildet. Auch wenn die Auslöser dafür im Unbewussten liegen, die dazugehörigen Gefühlsmuster sind in uns lebendig. Diese melden sich postwendend, wenn eine scheinbar ähnliche Situation im Heute auftaucht. Das ist die Aufgabe unserer Psyche. Hier ist alles gesammelt, was wir jemals für unser Überleben gelernt oder als Zuschreibungen in Form von »Du bist, du bist nicht« gehört oder erfahren haben. Als Säuglinge waren wir real davon abhängig, einen nährenden, liebevollen Menschen ganz in unserer Nähe zu haben. Jemand, der sich um uns kümmerte, uns wärmte und uns mit vertrauten Tönen und Gerüchen in Sicherheit wiegte. Wir haben ohne Hilfe unserer Ratio alle Eindrücke in uns gespeichert.

Die Psyche ist die Bewahrerin aller dieser Erfahrungen, den guten wie den schlechten. Die Gefühle sind die Steuerelemente unserer Psyche. Sie erinnert sich und schützt diese Erfahrungen, die mit ihren Wiederholungen und Varianten zu Mustern geworden sind. Das »Speichermedium« unserer Psyche sind die Zellen in unserem Gehirn und in unserem Körper. Hier spielen Körper und Psyche erkennbar zusammen. Haben wir Verletzungen erfahren, ist das besonders relevant für uns. Die Aufgabe der Psyche ist zu verhindern, dass diese Verletzungen nochmals geschehen, selbst wenn die Bedrohung in unserem Erwachsenenleben nicht mehr gegeben ist. Die Psyche kennt keine Zeit. Die richtige Einordnung muss der Verstand leisten.

Die Psyche und die in ihr versammelten Emotionen sind der Zugang zu unserer Souveränität. Daher ist die Körperwahrnehmung eine ideale Sprache, um uns selbst wahrzunehmen.

! **Die Geschichtenmaschine**

Für einen Abend war ich Babysitterin für einen fünfjährigen Jungen. Die Eltern baten mich, ihn ins Bett zu bringen, eine Gutenachtgeschichte vorzulesen und darauf zu achten, dass er wirklich einschläft. In den gerade zu Ende gegangenen Sommerferien durfte dieser Junge eine besondere Urlaubsreise machen. Er war mit seinen Eltern in Island. Statt ihm nun eine Geschichte vorzulesen, fragte ich ihn nach seinen Erlebnissen. Ganz begeistert begann er zu erzählen, zwei, drei für ihn ganz besonders eindrückliche Erlebnisse.
Plötzlich meinte er: »Damit ich weitere Geschichten erzählen kann, musst du bei mir drücken, da auf den Arm und auf die Schulter.« Also tippte ich ihn an. Es sprudelte nur so aus ihm heraus, eine Geschichte nach der anderen folgte. Dann sollte ich wieder an einer anderen Stelle drücken und die nächste Geschichte folgte.
Als die Eltern zurückkamen, saß ich immer noch an seinem Bettchen und staunte über den Mechanismus des Geschichtenerzählens.

So beeinflussen und produzieren sich Fühlen, Gefühle und Denken ständig in ihren Wechselwirkungen. Gefühle werden durch Wahrnehmungen oder Gedanken ausgelöst und beeinflussen ihrerseits alles Denken und Verhalten. Dazwischen hat unser

Gehirn sogenannte Filter gelegt. Damit steuert unser Unterbewusstsein den für uns zulässigen Angstpegel. Doch das, was uns früher einmal Angst gemacht hat, hat heute meist keine Berechtigung mehr. In unserem Erwachsenenleben haben wir gelernt zu deuten, zu rationalisieren, Gefahr auf ihren wirklichen Bedrohungsgehalt zu überprüfen – oft, aber nicht immer. Dann kommen alte Muster zurück und wir haben im Dunklen Angst, reagieren auf eine scharfe Stimme, wollen den anderen nicht zurückweisen. Um solche Situationen noch zu verschlimmbessern, können wir uns jetzt dieser Gefühle schämen, uns beschimpfen, sie nicht besser im Griff oder sie nicht längst ausgemerzt zu haben.

Erleben wir unsere Emotionen sehr intensiv, ja heftig, sprechen wir von Affekt. Die einengende Wirkung dieser heftigen Empfindungen auf Wahrnehmung und Verhalten ist dann besonders massiv und wir schaden nicht nur anderen, sondern auch uns selbst. Da fällt uns dann nichts mehr ein, da werden wir starr vor Schreck, da gehen wir in unüberlegten Angriff. Wir sind dann unorganisiert im Denken und Handeln. Handeln wir im Affekt, sind wir affektgetrieben, dann sind wir alles andere als souverän und im Nachgang schämen wir uns manchmal noch dafür.

Aber wie sollen wir solche Situationen handhaben? Prinzipiell gilt: Was da ist, hat seine Lebensberechtigung, ganz einfach, weil es da ist. Wie wir es ausleben, das entscheiden wir mit unserem bewussten Ich.

So haben Gefühle und Gefühlskonglomerate eine filternde Wirkung auf unsere Wahrnehmung, auf unsere Aufmerksamkeit, auf unser Gedächtnis und beeinflussen damit unsere Fähigkeit zu kombinieren. Das heißt, Gefühle haben direkten Einfluss auf unser logisches Denken. Wir sprechen hier aber nicht nur von einzelnen Gefühlen in vereinzelten Situationen. Wir sprechen davon, dass sich in uns Menschen entlang unserer persönlichen Lern- und Entwicklungsgeschichte spezifische Gefühlsmuster ausprägen, die eher generell unsere Wahrnehmung lenken. Das betrifft sowohl stärkende als auch bremsende Gefühlsmuster. Haben wir eine Erziehung erfahren in der »Trau dich, ich traue und vertraue dir« der vorrangige Ton war, werden wir mit dieser Vertrauensbotschaft auf viele Situationen unseres Lebens blicken. War der Ton eher »Sei vorsichtig, es könnte gefährlich sein«, dann wird uns unsere Erfahrungsbrille sehr sorgsam auf Situationen blicken lassen. Wen wundert es, wenn wir dann auch eher Gefahren entdecken. Von dieser vorherrschenden affektiven Stimmung hängt es also weitgehend ab, was wir bevorzugt wahrnehmen, beachten und im Gedächtnis behalten. Aus diesen Erfahrungen und Erinnerungen entsteht so etwas wie ein »Denkgebäude«, eine Struktur, die wir immer wieder im Außen zu erkennen glauben. Diese Wahrnehmungsstruktur wird uns zur Heimat, so vertraut, dass wir oft keine Ahnung davon entwickeln können, dass es auch ganz anders sein kann.

Hinter Gefühlen liegen Glaubenssätze. Das sind automatisch ablaufende Denk- und Empfindungsprozesse. Souverän werden heißt, diese festgeschriebenen Mechanismen nach ihrem Wahrheitsgehalt im Heute zu prüfen. An dieser Stelle öffnen sich Wege zu unserer Souveränität.

Abb. 3.4: Die Grenze unserer Wahrnehmung ist die Grenze unserer Welt (Quelle: Camille Flammarion, L'Atmosphere: Météorologie Populaire (Paris, 1888), pp. 163 – Wikimedia Commons)

Diese Gefühlsmuster mit ihrer Wirkung auf unser freies und souveränes Handeln zu entdecken, bremsende Muster auf ihren Realitätsgehalt zu hinterfragen und zu wandeln, kann leicht sein. Der Souveränitäts-Code zeigt Ihnen einen Weg.

Unser Lernen und damit unsere Kompetenzen sind auf das Engste mit der Entwicklung unserer Gefühle verwoben. Auch diese sind ein biologischer Vorgang, wenn auch ein hochkomplizierter. Wie Gefühle und Lernen auf den biologischen Ebenen unseres Körpers basieren, erfahren Sie im Kap. 8.2.3.

Der Mensch hat nur die Wirklichkeit, die ihm sein Gehirn repräsentiert. Der pflegliche Umgang mit den Gedanken und den daraus entstehenden Gefühlen (und umgekehrt) ist das Beste, was wir ihm, dem Gehirn, anbieten können.[16]

Was lässt uns souverän werden?
- Eine umsichtige Pflege der Seele und des Geistes – das ist die Heilerin/der Heiler
- Unseren Impulsen zum Erfolg vertrauen und folgen – das ist die Kriegerin/der Krieger
- Voraussetzen, dass es so etwas wie Glück gibt – das ist die Königin/der König
- Angstfrei leben – das ist die/der freie Wilde
- Uns Träume und Pläne schmieden erlauben – das ist die Visionärin/der Visionär
- Nachhaltig die Heiterkeit suchen – das ist die Künstlerin/der Künstler
- Mit Wissen und Plan zuversichtlich sein – das ist die/der Weise

3.3.3   Die Botschaft der Gefühle an unsere Souveränität

Die Angst sagt uns:
- »Ich warne dich.«
- »Ich warne dich vor etwas, denn ich will dich beschützen.«
- »Da ist etwas zum Fürchten, sieh dich vor und prüfe, ob ich real oder eine vermutete Angst bin.« »Vor allem, hab keine Angst vor der Angst.«

---

16   Der Hinweis stammt aus den Seminarunterlagen zum Clustercoach von Ulrich Jürgen Heinz.

Die Freude sagt uns:

- »Ich mache das Leben reich.«
- »Ich bin deine Lebendigkeit.«
- »Mit mir spürst du, was richtig ist.«»Zeig mich ehrlich und du bist authentisch.«

Die Trauer sagt uns:

- »Mich spürst du, wenn Abschied ansteht. Abschied von etwas, das nicht oder nicht mehr möglich ist. Spürst du mich, dann war das Verlorene wichtig. Es zeigt dir deine Bindung an.«

Die Wut sagt uns:

- Da läuft etwas schief, da ist etwas falsch. Falsch im Sinne deiner Werte und Ziele. Wenn du mich lenkst, kannst du meine Kraft für die Lösung einsetzten. Prüfe das, was für dich falsch ist, prüfe deine Werte, prüfe deine Ziele. Lenkst du mich nicht, kann ich sehr zerstörerisch sein.«

Die Scham sagt uns:

- »Lass dich nicht beschämen. Ich schütze dich vor schamloser Übertreibung, mit der du dir und anderen schadest.«
- »Ich bin die Vermittlerin zwischen dir und der Gesellschaft. Mit mir tarierst du deine Bedürfnisse mit dem Preis der Anpassung an deine Umgebung aus.«

So ist weder die Unterdrückung noch das unkontrollierte Ausleben unserer Emotionen der richtige Weg. Leben wir unsere Gefühle unkontrolliert, ist das alles andere als souverän. Lassen wir nur unsere Ratio gelten, sind wir spröde und nicht authentisch und damit ebenso nicht souverän. Somit geht es um eine Integration der Gefühle, die der Lebendigkeit dient.

Erleben Sie mit dem Souveränitäts-Code, wie lebendig und reich Sie Ihre Souveränität leben können.

4 Der Souveränitäts-Code für die sieben Kräfte Ihrer Persönlichkeit

Dieses Kapitel widmet sich der Frage, wie wir uns die in uns wohnenden Kräfte erschließen.

Stellen Sie sich eine Königin oder einen König vor. Welches Bild kommt Ihnen spontan in den Sinn? Eine historische Figur aus den Geschichtsbüchern, ein altes Gemälde? Eine reale, lebende Person, VIPs aus der Regenbogenpresse, eine Figur aus einem Märchen, einem Comic oder einer Karikatur? Wie sieht Ihre Königin aus, wie Ihr König? Wie ist Ihre Figur gekleidet? Wie bewegt sie sich? Was ist typisch an ihrer Haltung und ihren Gesten? Und vorrangig: Welche Eigenschaften und Fähigkeiten hat Ihre Figur? Welche Stärken und Schwächen? Welche Menschen umgeben diesen König, diese Königin?

NOTIZBUCH

Bevor Sie weiterlesen und Ihr Bild mit dem Konzentrat des kollektiven Wissens vergleichen, machen Sie sich doch Ihr eigenes Bild, im wahrsten Sinne des Wortes. Greifen Sie zu Ihrem Notizbuch und malen, skizzieren und beschreiben Sie *Ihr* Bild eines Königs oder einer Königin.

Ist Ihnen aufgefallen, wie schnell und selbstverständlich Sie eine Vorstellung solch einer königlichen Figur hatten? Das ist die Wirkung von Archetypen. Sie sind weit mehr als aktuelle gesellschaftliche Rollenbilder. Es sind Bilder präexistenter Formen menschlicher Erfahrung. Sie greifen über unterschiedliche Kulturen, Gesellschaften und Religionen hinaus und sind universell erfahrbar. Wir haben sie in unserem sogenannten kollektiven Unterbewusstsein verankert. Mit dem Begriff des kollektiven Unterbewusstseins bediene ich mich bei dem Psychiater und Begründer der analytischen Psychologie, Carl Gustav Jung (2011). Er entwickelte den Begriff der Archetypen als interkulturelle, allen Menschen gemeinsame Grundvorstellungen oder Urbilder. Jung beschrieb dafür psychische Muster, die über eine individuelle Erfahrung hinausgehen und nicht durch Einzelerfahrung erworben werden. Diese nannte er das kollektive Unbewusste. Damit beschreibt er gewissermaßen ein zeitloses Wissen der Menschen. Dieses Wissen geht über ein einzelnes Menschenleben hinaus und wird nicht erworben, sondern ist jedem Mitglied der menschlichen Spezies inhärent. Es ist gespeichert in Mythen, Märchen und archetypischen Figuren, die in einer spezifischen Erzählform über lange Zeiträume übermittelt wurden. Heute tauchen sie in den Drehbüchern der spannendsten Filme auf: Herr der Ringe, Matrix oder Star Wars wären ohne diese kollektiven Muster und Figuren mit ihren Gesetzmäßigkeiten vermutlich nie entstanden.

Um die Archetypen erkennen zu können, braucht es mehr als einen Blick auf den jeweiligen Augenblick. Gerade in der kurzlebigen digitalen Welt werden wir kaum übergreifende Muster und Entwicklungen ausmachen. Der rein analytische Blick lässt uns immer nur Bruchstücke erkennen. Es braucht also, um Archetypen erkennen und verstehen zu können, eine andere, holistische Fähigkeit der Wahrnehmung.

Stellen Sie sich die sieben Archetypen bzw. die sieben Aspekte, auf denen der Souveränitäts-Code beruht, als ein Puzzle des menschlichen Potenzials vor, bestehend aus sieben in sich bereits komplexen Fähigkeiten. Jede für sich allein ist bereits inhaltsreich und höchst interessant. Und jetzt stellen Sie sich vor, dass diese mentalen und psychischen Anteile miteinander kooperieren. Im Idealfall – das wäre im Sinne der Entwicklungspsychologie C. G. Jungs der reife Erwachsene – sind alle Teile in uns gut entwickelt und präsent. Wir können je nach Herausforderung und Situation die jeweiligen Qualitäten und Fähigkeiten abrufen und einsetzen. Wenn diese Voraussetzung erfüllt ist, erleben wir uns als souverän.

Mit dem Souveränitäts-Code bedienen wir uns der Archetypen und ihrer Qualitäten. Wir bringen sie als Helfer in unser reales Leben, indem wir an den uns halb- und unbewussten Bildern der Archetypen andocken und uns ihren Facettenreichtum schenken lassen. Auf ihrem Weg in unser Bewusstsein verändern sie sich im Sinne desjenigen, der gerade auf seiner individuellen Entdeckungsreise ist. Sie, die Archetypen, kommen so in der aktuellen, individuellen Welt dieser Person an. Sich in einen Archetypus hineinzuversetzen, lässt uns die ursprüngliche Kraft dieser in ihm kulminierten Qualitäten erleben. Sie geben durch konkrete Hinweise Wachstumsimpulse in unser aktuelles Leben.

Da unsere Ratio allein damit überfordert wäre und nur Fragmente erkennen würde, nehmen wir unsere Körperwahrnehmung und unsere Körperweisheit, unsere Imagination und Intuition zu Hilfe (siehe dazu Kap. 5 zur Selbsterkundung). Die Annahme ist, dass sich unsere Ratio nur mit dem beschäftigt, was wir bereits wissen.[17] Die Einbeziehung

---

17   Hüther, Gerald (2005), S. 11

von Körperwahrnehmungen, Ahnungen, Gefühlen und Halbbewusstem erst lässt Neuentdeckungen zu. C. G. Jung[18] nannte die Arbeit mit Archetypen »Colloquium cum suo angelo bono« – ein Zwiegespräch mit seinem guten Engel. Was kann es Besseres geben!

In diesem Sinne können wir Archetypen als innere Lehrer nutzen. Sie helfen uns, innerpsychische Abläufe zu erleben und zu erkennen. Damit können wir den beruflichen und persönlichen Anforderungen anders, neu und souveräner begegnen. Archetypen helfen dabei, Entwicklung, Wachstum und Souveränität zu spüren.

Auswahl der Archetypen

Zu Beginn des Kapitels sprach ich von sieben Archetypen. Warum sieben? Und warum diese? Zugegeben, die Auswahl und Begrenzung ist rein willkürlich. Nach der Auffassung Jungs gibt es eine unendliche Zahl und Kombination von Archetypen, so vielfältig wie die menschliche Erfahrung über die Jahrtausende. Uns begegnet die 2 als Urbild der Polaritäten, die 3 als stabile Dryade von Vater, Mutter, Kind oder im Märchen als 3 Schwestern, 3 Wünsche oder 3 Aufgaben. Uns begegnen die 4 in den 4 Himmelsrichtungen und den 4 Elementen, die 7 als die biblischen 7 Tage zur Erschaffung der Welt, die 12 bei den 12 Aposteln oder bei Pater Anselm Grün[19] die 14 Archetypen der Frau – nach 14 starken Frauengestalten der Bibel.

Die sieben Archetypen des Souveränitäts-Codes sind aus den Forschungen C. G. Jungs sowie der Sieben als Zahl des geistigen Unbewussten und vielen Analogien der Siebener-Einheiten entstanden. Als erfahrene Organisationsaufstellerin nutze ich die Zahl 7 auch aus ganz pragmatischen Gründen. Einerseits bietet sie als Metapher mit ihren Qualitäten reichlich Potenzial als Spiegel der Persönlichkeit, besonders wenn diese Qualitäten wie Personen miteinander agieren, andererseits ist sie in der Beratungsarbeit gut zu handhaben und überfordert die Klienten nicht. Denn was nützt eine überbordende Analyse der Wahrnehmungen mit ihren Botschaften, wenn sie nicht mehr verarbeitet werden kann?

So skizziere ich im Folgenden die Archetypen nach dem grundlegenden Prinzip, das sie jeweils vertreten, und den damit verbundenen starken und schwachen Aspekten. Die starken Aspekte sind uns oft bewusst, gewollt und angestrebt. Vielleicht kennen wir sie noch nicht in ihrer Fülle, dennoch geht es uns meistens sehr gut damit. Anders

---

18   Jung, Carl Gustav (2011)
19   Grün, Anselm/Jarosch, Linda (2011)

geht es uns mit den schwachen Aspekten. Sie treten in Stresssituationen auf und sind im Jung'schen Sinne der Schatten, das, was noch nicht beleuchtet, also noch nicht verstanden und integriert ist. Ein Fehler besagt lediglich, dass etwas fehlt. Das ist keine Frage der Moral oder des persönlichen Versagens. Es ist eher eine Frage des Mutes, das Fehlende zu suchen und entdecken zu wollen, statt es zu verurteilen.

Meine Beschreibungen sind Bilder, die unsere Erfahrungswelt anregen. Als Metaphern bieten sie uns einen Spielraum, den wir mit unserer Realität füllen können. Wir können Bezüge zu uns selbst und zum Agieren in unserem Umfeld erkennen.

Und jetzt ein Tipp: Lassen Sie bei Ihrer Annäherung an die unterschiedlichen Archetypen einen zweiten Film mitlaufen. Bei welchen Stichworten haben sie sofort eine eigene Vorstellung, sind Sie schnell bereit, Ihre eigene Figur zu schaffen? Gibt es Figuren, die Ihnen besonders sympathisch sind oder besonders unsympathisch? Beobachten Sie sich selbst: Wie reagieren Sie auf die unterschiedlichen Beschreibungen archetypischer Qualitäten? (Wichtig: Nur beobachten, nicht werten!) Welche sind Ihnen sehr vertraut oder eher fremd? Kommen Ihnen real existierende Personen oder reale Situationen in den Sinn?

Machen Sie sich Notizen dazu!

4.1 König/Königin oder die Kunst, ein Reich zu regieren

Thema: **Führung** zwischen hoheitsvoll und selbstherrlich.

NOTIZBUCH

Bevor Sie jetzt weitergehen: Königin oder König – wie sieht Ihr Bild einer königlichen Figur aus, das Sie in Ihr Notizbuch geschrieben oder gezeichnet haben? Haben Sie Ihre eigene Vorstellung skizziert oder doch nur einfach weitergelesen? Geben Sie Ihrem Unterbewusstsein spätestens jetzt eine Chance, sich zu äußern.

Das Prinzip des königlichen Archetypus ist Führung. Seine *Stärke* ist die hoheitsvolle Selbstlosigkeit und seine *Schwäche*, in Selbstherrlichkeit abzudriften. Mit dieser Qualität in uns sind wir bereit, Verantwortung zu tragen und das eigene Reich zu gestalten. Dazu müssen wir unsere Aufgaben, unsere Themen, unseren Aktionsradius kennen, ihre

Grenzen ausloten, aktiv sein und, wenn gewollt, dieses Reich ausdehnen. Wenn es um Führung von und Verantwortung für andere Menschen geht, hat eine kluge Herrscherin das Ohr am Puls der Zeit und hört auf die Stimme des Volkes. Das bedeutet, sie hat Einfühlungsvermögen, ohne durch das Gehörte in Zugzwang zu kommen. Im Märchen ist der gerechte König seinem Volk zugetan, ist fürsorgend und nährend. Könige geben Freiheit für Entwicklung und die notwendige Orientierung dafür. Der Held wird mit drei Aufgaben in die Welt gesandt – heute geht er in ein Projekt oder auf Dienstreise. Eine starke Königin zwingt anderen ihren Willen nicht auf, kann aber bei aller Freiheit, die sie gibt, erkennen, wann Entscheidungen von ihr getroffen werden müssen, wenn sie vom »Volk« nicht getroffen werden können. Fordern und fördern ist die Devise und das Setzen von Regeln und Maßstäben, die ebendiese innere Freiheit ermöglichen. Dazu gehören Disziplin und das Einhalten von Regeln – sich selbst und anderen gegenüber.

Abb. 4.1: Königin/König

Der Archetypus des Königs bzw. der Königin zeigt uns die Dynamik der Macht und den Umgang damit. Wer ein Reich baut, grenzt damit an das Reich eines anderen. Kooperation und Konfrontation, als Solitär nicht jedem zu gefallen und damit auch Feindschaft zu erleben, gehören ebenso zu dieser Metapher. Feindschaft in Würde zu tragen, ist die große Disziplin der königlichen Qualität in uns.

Sich abhängig von Anerkennung zu machen, ist der Schattenaspekt dieser königlichen Qualität. Kommen Führung und Fürsorge an? Können wir Kritik, ob negativ oder positiv, annehmen? Wie ehrlich ist die Rückmeldung an eine machtausübende Instanz? Gerade Führungskräfte bekommen ob ihrer Machtfunktion oft nur gefilterte Rückmeldungen. Haben wir ein gesundes Korrektiv, einen Menschen als Hofnarren in unserer Umgebung oder driften wir in Selbstherrlichkeit à la Sonnenkönig (»Der Staat bin ich«) ab? Wer ständig von »Gefolgschaft« umgeben ist, die um Aufmerksamkeit buhlt, kann sich einer ehrlichen Rückmeldung nicht sicher sein. So muss sich eine Führungskraft immer wieder Räume für das Alleinsein schaffen.

Wer sich ein Reich aufgebaut hat, hat etwas zu verlieren. Die Angst vor dem Verlust von Herrschaft und Führungsanspruch ist immer gegeben. Es besteht die Gefahr, in Träumereien zu verfallen oder mit Druck und Drohung zu arbeiten. Zur Schattenseite dieses Archetypus gehört auch zu glauben, auf jeden Fall im Recht zu sein. Damit verspielen wir die Möglichkeit nachzufragen, anderen zuzuhören und andere Bedürfnisse in Betracht zu ziehen. Die Herausforderung im beruflichen Kontext ist, einerseits um den eigenen Thron zu kämpfen, aber auch zu erkennen, wenn Abdanken in Würde noch möglich ist, unter Verzicht auf Herrschaftszwang und Tyrannei. Dieses Lebensgefühl holt Menschen am Ende der dritten Lebensphase häufig ein.

4.2   Krieger/Kriegerin oder die Kunst des Kämpfens

Thema: **Kampf** zwischen überzeugend sein und andere überwältigen.

NOTIZBUCH

An dieser Stelle sind Sie wieder gefragt: Wie sieht Ihre Vorstellung eines Kriegers, Kämpfers oder einer Kriegerin aus, wenn Sie sie zu Papier bringen? Nehmen Sie Ihr Notizbuch zur Hand und malen, skizzieren oder schreiben Sie es auf! Denken Sie sich in eine Kriegerin hinein. Wie sieht sie aus? Wie ist sie gekleidet? Auf welchem Terrain bewegt sie sich? Überlegen Sie die männliche und die weibliche Ausprägung davon.

Zugegeben, Krieger ist ein ungewöhnlicher Begriff, besonders in heutigen beruflichen Zusammenhängen. Gleichzeitig ist er aber schnell verständlich, denn das Prinzip dieses Archetypus ist *Aktivität, Kraft* und *Ausrichtung*. Es geht um Selbstmächtigkeit, d. h. sich seiner Kraft bewusst zu sein, stolz sein zu können – ohne Übertreibung. So wie wir diesen Aspekt in uns kennen, kennen wir Menschen um uns herum, die wir als sehr überzeugend und tatkräftig erleben. Sie bekommen Gefolgschaft im Wettstreit um eine Sache. Das ist die starke Seite der Kriegerin. Der Schattenanteil jedoch ist, ein Gegenüber als Opfer zu brauchen, mit Schuldzuweisungen, Ressentiments und Hochmut zu arbeiten, sich und anderen gegenüber gewalttsam zu sein.

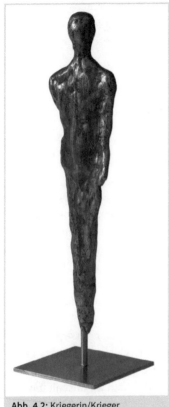

Abb. 4.2: Kriegerin/Krieger

Doch andererseits, was wären wir ohne Aggression (von lat. *aggredere*, auf etwas zugehen können)? Es ist die treibende Kraft in uns, die uns anpacken und handeln lässt. Wir stehen für etwas ein, kämpfen für Ideen und Werte, und das oft mit langem Atem. Es ist der Wunsch nach Veränderung und Fortschritt, nicht nur für sich selbst, sondern für die Belange einer Gemeinschaft, einer Firma, einer Abteilung. Und das nicht nur so nebenbei, nein, mit voller Kraft, mit ganzer Energie, konzentriert und fokussiert. Für etwas zu kämpfen, weil man etwas aufbauen, etwas weiterbringen will, erfordert Klugheit. Es braucht Überblick und Analysefähigkeit, um die Lage einschätzen zu können. Wie ein guter Feldherr muss man sein Terrain kennen, um seine Chancen wissen und die Mitspieler und Gegner kennen. Man muss die eigenen Möglichkeiten wie seine Waffen beherrschen. Der kluge Krieger in uns kennt seinen bevorzugten Kampfstil, eher allein oder im Team, kennt Taktiken und Manöver.

Dieser kämpfende Teil in uns möchte jedoch auch beachtet werden. In den Rittergeschichten unserer Kindheit geht es um Ehre und Ruhm. Der Wunsch nach Würdigung dieses Energieeinsatzes ist jedoch gleichzeitig die Achillesferse, besonders wenn wir diese Beachtung von außen erwarten und sie uns nicht selbst geben können. Bei aller Leidenschaft besteht immer auch die Gefahr, gegen statt für etwas zu kämpfen oder den Kampf um des Kampfes willen zu führen. Manchmal verfallen wir der reinen Lust, unsere eigenen Kräfte zu erproben, denn wenn wir uns spüren, sind wir lebendig. Wenn Kampf und Vorwärtstreiben der positive Modus sind, so fällt es dem kriegerischen Anteil in uns oft schwer, sich auszuruhen. Jedoch sind die besten Krieger diejenigen, die auf sich achten können, sich zur (inneren) Waffenruhe zurückziehen, um neue Kräfte zu sammeln.

Die treibende Kraft der Kriegerin in uns braucht immer eine Richtung und ein Ziel, um sich nicht zu verkämpfen. Zielklarheit will immer wieder hergestellt werden. Dieser Kämpferanteil in uns ist gut beraten, die eigenen selbstbezogenen Machtwünsche gut zu kennen.[20]

4.3   Künstler/Künstlerin oder Kreativität in allen Belangen leben

Thema: **Gestalten** zwischen Schaffenskraft und gekünsteltem Ausdruck.

NOTIZBUCH

Inzwischen kennen Sie die Übung: Bevor Sie weiterlesen, erlauben Sie sich, Ihre eigene Künstlerin oder Ihren eigenen Künstler zu erschaffen. Was ist ihre oder seine Kunstfertigkeit? Was kreiert Ihre Figur?

Die kreative Fähigkeit der Künstlerin umfasst ein Kreativsein im allgemeinen Sinne. Es ist die schöpferische Kraft in uns, mit der wir uns selbst entwerfen und damit unserem Leben einen Sinn geben. Der kreative Anteil in uns möchte etwas schaffen, etwas prägen und gestalten – sich selbst ausdrücken. Das kann tatsächlich handwerklich verwirklicht werden, aber auch ideell. Zum Beispiel in Form eines Raums zur Begegnung unterschiedlicher Denkkulturen oder Begegnung durch Gestaltung gemeinsamer Kunstwerke. Mit diesem kreativen Teil möchten wir uns mit unserem ganzen Wesen ausdrücken und in die Welt bringen. Nicht jedem ist es gegeben, als Stardesigner ein großes Werk zu schaffen und dadurch ein einzigartiges Produkt für seine Firma zu ermöglichen. Auch im kleineren Format gibt es viele Beispiele. Da wird ein extrafeines Menü kreiert oder alternative Mode entworfen, werden neue Softwarelösungen entwickelt, Konflikte auf neue Art und Weise gelöst. Es geht immer darum, mit seiner Kunst, seinem Können etwas Originelles, noch nie Dagewesenes zu schaffen und damit seine Lebensberechtigung zu beweisen. Es soll etwas Neues sein, nicht nur die Verbesserung von bereits Vorhandenem. Etwas wirklich Eigenes zu schaffen, im geistigen und materiellen Sinn, erfordert viel Mut und alle Konsequenz, auch den Preis der Einsamkeit und des Miss- oder Nichtverständnisses. Beseelt von einer Idee und dem Selbstausdruck gibt sich eine Künstlerseele mit

---

20   Starke Metaphern dazu finden Sie in: Sun Tsu (2011)

Vorhandenem nicht zufrieden und sucht nach ungenutzten und unbeachteten Möglichkeiten. Das sind die Erfinderinnen in einem Unternehmen. Sie entwerfen geniale Lösungen, revolutionieren Arbeitsprozesse und entwickeln neue Geschäftsideen. Oft ist diese Fähigkeit mit dem Streben nach Perfektion verbunden oder es kippt in das scheinbare Gegenteil, den Nonkonformismus – aber dann bitte perfekt.

Abb. 4.3: Künstlerin/Künstler

Diese archetypische Kraft des Kreierens ist großer Verletzung ausgesetzt. Der Wunsch, sich mit seinem eigenen Wesen der Welt zu zeigen, macht uns gleichzeitig verwundbar. Die Künstlerin in uns braucht Anerkennung für ihr Werk und damit für ihr Sosein. Dem stehen die Grundregeln von Gemeinschaften, seien es Firmen, freiwillige Gruppierungen, Familien etc., entgegen. Diese brauchen ein gewisses Maß an gemeinsamen Regeln und Anpassung, um den Kern des Gemeinsamen leben zu können. Der Künstler ist hier Borderliner. Er bewegt sich an der Grenze zwischen Solitär und Sozialität.

Lebt diese Schaffensqualität in einem Menschen, dann ist er meist sehr anspruchsvoll und selten zufrieden mit dem, was entstanden ist, selbst wenn die Umwelt staunend davorsteht. Die Künstlerseele in uns ist immer unter Druck, etwas besonders Originelles zu schaffen, und gerade darin besteht die Gefahr, gekünstelt zu werden. Dann werden Produkte um der Produkte willen geschaffen und verlieren den Anschluss an den Bedarf der Kunden. Im beruflichen Kontext haben wir selten die Chance, etwas an und für sich (welch schöner Ausdruck) zu schaffen. Meist geht dem kreativen Prozess eine Nutzendefinition voraus und er ist an eine betriebswirtschaftliche Zieldefinition gebunden. Innerhalb solch eines Rahmens fühlt sich unsere Schaffenskraft oft gehemmt und gebremst und die Erfindungen werden verkrampft.

4.4   Heiler/Heilerin oder das Wissen, wie Heilung heilt

Thema: **Dienen** zwischen gestalten und serviler Anpassung.

> **NOTIZBUCH**
>
> Stellen Sie sich nun eine Heilerin, einen Heiler vor. Ist das für Sie eine Druidenfigur oder eine moderne Krankenschwester? Ein hilfreicher Teamkollege, ein fürsorglicher Elternteil, eine Homöopathin oder eine Kräuterkundige aus der Geschichte oder aus dem Märchen?

Abb. 4.4: Heilerin/Heiler

Das heilende Prinzip in uns hat die Ausgewogenheit von Situationen und Gruppierungen im Blick. Es ist die Fähigkeit, Chancen und Möglichkeiten zu erkennen und zu verstehen, was es braucht, um einen Weg weiterzugehen und Lösungen zu finden. Es ist die Fähigkeit, Menschen in einen guten, arbeitsfähigen Kontakt zu bringen. Es ist die mahnende Stimme, die den Ausgleich von Geben und Nehmen anmahnt und dafür sorgt, dass es gelingt. Die Heilerin ist die Kraft in uns, die Situationen positiv gestaltet und zugunsten einer guten Zusammenarbeit, eines guten Zusammenlebens handelt. Der Einsatz für das größere Ganze, für eine funktionierende Gemeinschaft zeichnet den Heiler aus. Oft sind es die Kollegen im Unternehmen, die nicht unbedingt Führung innehaben, aber mit viel Verständnis und Einfühlungsvermögen die Kooperation in Teams fördern. Gerade in agilen Teams, die sich auf kurze Zeit immer wieder neu formieren und mit neuem Verständnis und neuen Regeln Aufgaben anpacken, ist ein zwischenmenschliches Regulativ besonders wichtig.

Zur Stärke dieses Archetypus gehört das Verständnis, engagiert zu sein und doch sich selbst zurückzunehmen. Dabei ist es wichtig, seinen Beitrag trotzdem als Leistung für das Gelingen zu sehen. Diese Art des Bezogenseins geht nur im direkten Kontakt zu Personen und Gruppen. Der Archetypus der Heilerin lässt uns die Gesetzmäßigkeiten des Energiehaushaltes erkennen und vermittelt, was als fair wahrgenommen wird. In der Fürsorge für andere und das Gemeinsame ist der persönliche Erfolg unwichtig. Wichtiger ist, wenn der eigene Beitrag angenommen wird und wirkt.

Wer jedoch über lange Zeit mehr gibt, als er zurückbekommt oder an Wirkung erlebt, verausgabt sich und blutet aus. Die persönlich wahrgenommene Energiebilanz stimmt nicht mehr. Dies ist einer der möglichen Ansätze, Burn-out zu prüfen und zu verstehen. Der Aspekt des Heilers in uns lebt in einem Paradox. Die Stärke dieser psychischen Fähigkeit ist abhängig vom Angenommenwerden durch andere und muss doch als eigenständige Qualität erkannt werden. So bringen wir immer wieder wirklich gutes und sinnvolles Engagement ein, wenn es jedoch nicht angenommen wird, aus welchen Gründen auch immer, muss Heilung den Dienst verweigern, um die eigene Kraft und Würde zu wahren. Dies ist eine diffizile Gratwanderung zwischen dem Bewusstsein über den eigenen Beitrag und der Wirkung, die nur durch Annahme durch ein Gegenüber entstehen kann. Die Falle der Heilerin liegt darin, bei fehlender Wirkung immer mehr vom Selben zu leisten oder in eine servile Anpassung zu gehen. Zu erkennen, dass Grenzen gesetzt werden müssen, wenn das dienende Angebot nicht greift oder genutzt wird, gehört zu einer reifen Heilerfigur. Die Klarheit zu haben und mit Diplomatie zu verweigern, was nicht mehr erträglich ist, ist die hohe Kunst dieser Qualität.

4.5   Visionär/Visionärin oder ohne Werte keine Ausrichtung

Thema: **Übergreifende Werte** zwischen echtem Gemeinwohl und übereifrigem Missionieren.

NOTIZBUCH

Rufen Sie jetzt Ihre inneren Bilder und Vorstellungen eines Visionärs oder einer Visionärin ab. Ist es eine mystische Figur oder ein charismatischer Kollege aus der Geschäftsführung, der so Strategie gestaltet? Eine Figur aus den Ihnen bekannten Kirchen oder Glaubensrichtungen?

Abb. 4.5: Visionärin/Visionär

Der Begriff Visionärin im beruflichen Kontext schwankt zwischen zukunftsorientiertem Helden und unglaubwürdigem Spinner. Daher nenne ich diese Figur Visionärin mit Tiefgang. Es geht ja, wie sich inzwischen zeigt, nicht um reale Personen oder Funktionen in unseren Organisationen. Die Begriffe sind Metaphern eines Aspektes menschlichen Denkens und Handelns, für Qualitäten oder Fähigkeiten, die wir als Individuen in unserem Leben und explizit für souveränes Handeln im beruflichen Umfeld brauchen.

Für was steht die Visionärin oder der Visionär? Immer für die Ausrichtung, die Vision, die Werte, in Unternehmen wie auch für Individuen. Es ist die Kraft, die Zusammenhänge im Großen erkennt und damit Sinn vermittelt. Viele Unternehmen geben sich eine Mission. »Purpose driven Organisation«, also sich im Unternehmen nach dem Sinn auszurichten, ist inzwischen viel mehr als ein Managementschlagwort. Je vielfältiger unsere Gesellschaft wird, je offener und fluider Organisationen arbeiten wollen, desto eher braucht es eine

Ausrichtung, die Orientierung gibt. Warum und wohin wollen wir? Wie findet jeder im Alltag daran Anschluss? Was ist mir in meinem Leben, bei so vielen Möglichkeiten wirklich wichtig? Das grenzt an philosophische Fragen und hat doch eine ganz pragmatische Bedeutung in unserem Alltag. Es geht darum, ein Ideal vertreten zu können und die Spannung auszuhalten, die jedes Ideal zur Realität aufbaut.

Jedes Unternehmen braucht visionäre Kräfte, wenn es darum geht, Ausrichtung zu finden oder sie zu vermitteln. Es sind Führungskräfte, die den Aufgaben und Herausforderungen, dem Handeln eine Richtung geben wollen. Hier finden wir die Visionäre, die eine CO_2-neutrale Welt schaffen wollen, die Bedingungen schaffen, um in Unternehmen auf Augenhöhe zu arbeiten. Diese Kraft möchte Wege aufzeigen, aufklären, informieren. Dies erfordert ein sehr hohes Engagement, fast schon eine Liebe zu etwas. Aber anders als bei der heilenden Qualität erfordert ein erfolgreiches Vorgehen auch Distanz zur eigenen Vision und den damit verbundenen Werten. Wie sonst kann man sich selbst reflektieren? Wie sonst können andere Entwicklungen, Gruppen oder Teams mit ihren Eigenarten, mit ihren Werten gesehen werden? Dies aber ist notwendig, um sie für die gewollte Ausrichtung zu gewinnen, auf offene und transparente Weise.

Dieses werteorientierte hohe Engagement kann aber auch zur Schattenseite werden, wenn genau diese Distanz fehlt. Wenn die eigenen Werte und Überzeugungen zum Absoluten erhoben werden und andere Einstellungen nicht einmal mehr Gehör finden. Hier tauchen Hochmut, Indoktrination und Demagogie auf. Die Verletzbarkeit steigt, man fühlt sich schnell angegriffen, wenn die eigenen Werte und Überzeugungen hinterfragt oder nicht sicher dargestellt werden können. Vorsicht ist geboten, wenn in Unternehmen Ziele und Projekte mit zu großem Eifer, auch Übereifer durchgesetzt und Menschen damit verloren werden. Die Gefahr ist gegeben, in eigene Welten abzutauchen, sich Fantasien über Möglichkeiten hinzugeben. Ganze strategische Stabsabteilungen können abdriften, wenn ihre Pläne keinen Abgleich mehr bekommen. Orientierungslos sein und verloren gehen ist die größte Angst des visionären Archetypus und Toleranz nicht seine Stärke.

Und jetzt greifen Sie wahrscheinlich bereits von alleine zu Ihrem Notizbuch. Die Weise, oft mit dem Attribut »Alte« versehen, oder der weise Alte rückt in unser Blickfeld. Es ist ebenfalls eine Qualität, die in jedem Lebensalter ein Teil unserer Persönlichkeit ist.

4.6   Weiser/Weise oder der kluge Umgang mit Wissen und Erfahrung

Thema: **Leiten und Mitteilen** zwischen klugem Wissen und redseliger Verwässerung.

NOTIZBUCH

Doch erst: Wie sieht Ihre weise Alte, Ihr weiser Alter aus? Grau und hutzelig, älter und dynamisch, ein Wegweiser oder eine Gelehrte? In Mythen und Märchen taucht oft eine weise Frau auf und mit Figuren wie Frau Holle oder Sophia, die allegorisch als Frau die Weisheit verkörpert, sind sie in unserem Kulturraum stark verankert.

Abb. 4.6: Weise/Weiser

Natürlich geht es bei diesem Archetypus um Wissen und Erfahrung, es geht darum, Themen und Aufgaben wirklich durchdrungen zu haben. Es ist nicht unser Schulwissen oder das gesammelte Wikipedia-Wissen gemeint. Es geht um wirkliche Einblicke, Wissen und Verständnis, die sich mit Berufserfahrung und dem Leben verwoben haben. In der Arbeit zur Entwicklung der eigenen Souveränität tritt dieser Aspekt in jungen Jahren oft noch nicht so stark in Erscheinung oder zeigt sich als tendenziell schwächeres Feld. In der reiferen Ausprägung zeigt sich ein Wissen um das, was dahinterliegt, ein Wissen um Zusammenhänge, Wechselwirkungen und Weitsicht. Mit eingeschlossen ist ein gereiftes Verständnis von Macht und Machtdynamik und eine eigene Positionierung dazu. In Unternehmen wird diese Funktion oft von Beratern vertreten oder dem ehemaligen Gründer oder Firmenbesitzer. Das kann eine fruchtbare Kooperation sein, wenn die oder der »weise Alte« eine klare, distanzierte Position einnehmen kann. Ihr Fachwissen steht zur Verfügung. Sie kann es zulassen, dass ihre Erfahrungen im Lichte der neuen Gegebenheiten genutzt werden. Wenn wir diese Qualität in unsere Herausforderungen einbringen, geht es letztendlich auch um Leistung, jedoch über den Weg des Erkennens und der Synthese.

Aspekte zusammenbringen, Bestehendes verbessern, auf Bewährtem aufbauen ist vorrangig. Es ist ein Reifen und Wachsenlassen, anders als der Künstler in uns, der etwas Einzigartiges zeigen will. In Forscherteams und beratenden Fachabteilungen sammeln sich diese Stärken bevorzugt. Die Qualität des Weisen in uns will verstehen, begreifen und durchdringen. Oberflächliches wird nicht zugelassen. Aber es geht nicht um Wissen und Verständnis um ihrer selbst willen, es soll auch eine praktische Komponente haben. Die Weise in uns möchte verstanden werden. Aus diesem Grund sind Phasen der Introspektion, sei es tiefgründig in ein Thema oder in sich selbst, genauso wichtig wie der Austausch darüber. Gute Vortragsrednerinnen sind Vertreter dieser Fähigkeiten. Das bedeutet, der oder die Weise in uns möchte nicht nur wissen, sondern auch weitergeben und dafür anerkannt werden. Dieser Archetypus führt Gedankengut, Menschen und Werte zusammen.

Doch genau dieses Wissen geben zu können, produziert auch die Schattenseiten dieses Persönlichkeitsanteils. Bekommt der Wissensreichtum zu wenig Raum oder wird er nicht verstanden oder angenommen, erhöhen wir die Anstrengung zur Vermittlung. Wir schreiben noch ein Paper, gehen noch mal in die Diskussion, erklären und reden uns den Mund fusselig. Bekommt die Weise in uns zu wenig Beachtung, besteht die Gefahr, sich zu verausgaben. Dieser Aspekt in uns will unbedingt Aufmerksamkeit gewinnen und droht damit, seine eigene Mitte zu verlieren. Besser ist in dem Fall, die Kontaktfähigkeit bewusst für echte Kommunikation einzusetzen. Die Herausforderung ist, zur eigenen inneren Wahrheit zu stehen, wahre Wissensautorität zu leben ohne demütigende oder entzweiende Machtausübung. Wir sind dann wirklich in der Qualität der weisen Alten angekommen, wenn wir trotz großer Spannungen im Dialog bleiben können.

Kennen Sie diesen Teil in sich? Wie leben Sie ihn? Fallen Ihnen Situationen und Begebenheiten ein?

Auch wenn jetzt der siebte Archetypus folgt, werden Sie nicht zum letzten Mal zu Ihrem Notizbuch greifen.

4.7   Die/der wilde Freie oder die Kraft der Ursprünglichkeit

Thema: **Unabhängig und frei sein** zwischen instinktiver Intuition und asozialem Verhalten.

NOTIZBUCH

Ihr Bild der wilden Freien (Frau), des wilden Freien (Mannes) ist gefragt. Von meinen Seminarteilnehmerinnen kommen Beispiele von Ronja Räubertochter bis zum Märchen vom »Wilden Mann«, vom spitzbübischen Naseweis bis zu »Der mit dem Wolf tanzt«.

Abb. 4.7: Wilde/Wilder

Der wilde freie Anteil in uns ist unsere Lebensenergie, die reine Lust am Leben. Es ist die Willens- und Entscheidungskraft, das Wollen, Wünschen und Fordern, das aus dem eigenen inneren Kern lebt. Es ist das Kind, das in die Pfütze springt und voller Wonne die Verbotsworte der Eltern wiederholt, »nein«, »nein«, »nein«. Es ist die Verbindung zum Ursprünglichen in uns. Kollektiv gesehen ist es die Verbindung zur Urkraft des Lebens. Es ist der Entdeckerdrang in uns, die wache Forscherin. Wir spüren diese Kraft, wenn wir angstfrei unseren Weg gehen oder uns zumindest vor unserer Angst nicht ängstigen. Was andere denken, ist dann nicht wichtig, ob es der Karriere dient – egal. Dann sind wir z. B. voll überzeugt, dass dieser Schritt wichtig ist und wir sind bereit, ihn zu gehen. Wir sind überzeugt von unserer eigenen Idee, glauben an unseren Erfindergeist und gründen ein Start-up ... Nachts fällt das Licht aus dem Spalt des berühmten Garagentors.

Die geläuterte Wilde hat ihre Abhängigkeiten analysiert, reale von vermeintlichen getrennt und ist bereit, das volle Risiko zu tragen. Wir stehen zu uns und unserem Willen. Wir vertrauen unserer ungezähmten Inspiration, wachen morgens mit Ideen auf, die sogleich (im Handy) notiert werden. Dieser wilde Teil unserer Persönlichkeit lässt uns unkonventionell, unverblümt und fordernd erscheinen.

Ist es die Schattenseite des Wilden, wenn wir blindlings alle Bedenken und Konventionen zur Seite schieben und ohne Rücksicht auf Verluste unseren Impulsen folgen, oder ist es gerade seine Wesenheit?

Egozentrisch, konzentriert auf uns selbst sind wir dann abgekoppelt von den Menschen um uns herum, unangepasst bis asozial. Das macht den Umgang mit den wilden Kerlen in Unternehmen so schwierig. Mit diesem Drang zur Freiheit verweigern wir die Anpassungsleistung an die Gesellschaft. Das macht uns mit diesem Teil auch schutzlos und es sind nur sehr starke Persönlichkeiten, die dies als Extrem leben können, ohne Schaden zu nehmen. Der Wunsch nach Freiheit und Freisein gelingt, wenn es ein Freisein für etwas statt von etwas ist. Wer in Unternehmen als wilde Freie erfolgreich ist, hat einen Weg gefunden, diesen wilden Teil in sich zu bändigen – jedoch hoffentlich nicht so sehr, dass die Quelle zur eigenen Lebendigkeit nicht mehr zugänglich ist. Der oder die wilde Freie ist der kraftvollste, aber auch der schwierigste Persönlichkeitsanteil in uns. Gelingt es uns, ihm einen angemessenen Platz in unserem Handeln zu geben, ist er die Quelle für Freude und liefert Power für unser Schaffen.

4.8 Zwischenfazit

Legen Sie das Buch ruhig mal zur Seite. Lassen Sie die Archetypen vor sich auftreten und in Ihrem Raum Platz nehmen. Blättern Sie durch Ihre Notizen und Skizzen. Welche Aspekte und Beschreibungen sind Ihnen vertraut? Welche haben Sie zum Schmunzeln gebracht? Haben Sie Aspekte und Beispiele ergänzt? Welche der Archetypen platzieren Sie in Ihrer Nähe, welche eher in Distanz zu sich? Welche sind Ihnen suspekt oder unsympathisch?

Das Grundverständnis des Souveränitäts-Codes ist: *Wir haben alle Qualitäten in uns!* Es sind eher Haltungen denn Eigenschaften. Im Idealfall können wir die Haltungen je nach Bedarf und Situation abrufen. Souverän sind wir, wenn wir die verschiedenen Aspekte unserer Persönlichkeit kennen, jede einzelne Qualität umfänglich leben können und mit den jeweiligen Schattenseiten vertraut sind. Tröstlich ist, dass C. G. Jung die Arbeit an der eigenen Persönlichkeit als lebenslange Aufgabe gesehen hat. Also keine Panik, wenn Sie an verschiedenen Stellen Ihrer Betrachtungen Entwicklungsbedarf festgestellt haben!

In meinen Seminaren und Coachings zur Souveränitätsentwicklung zeigt sich: Die meisten Menschen erkennen ihre vorrangige Typenkonstellation relativ gut. Es sind vertraute Reaktionsmuster, geprägt durch Erziehung und berufliche Sozialisation. Das Interesse geht dahin, diese Stärken auszubauen, das Handlungsspektrum zu erweitern und sich mit den Schattenseiten vertrauter zu machen. Kenne ich meine Achillesferse, kann ich besser damit umgehen.

Und dann gibt es oft ein Staunen über die mageren und ungeliebten Ausprägungen der eigenen Archetypen. Diejenigen, die im eigenen Leben ein Schattendasein fristen, der Krieger, der nicht kraftvoll kämpfen kann, die Königin, die ihr eigenes Reglement nicht kennt, die Künstlerin, die ihren Selbstausdruck nicht vertraut, der Visionär, der nicht weiß, wo es hingehen soll. Hier sitzen Blockaden, die unsere volle Souveränität behindern.

Das kann sowohl ein grundlegendes Thema als auch auf eine konkrete Situation bezogen sein. Hier greifen die Archetypen als Metaphern. Sie bieten uns Bilder und Geschichten, die unsere Wahrnehmung sensibilisieren, die uns Vergleiche zu unserer eigenen Situation und Empfindung anbieten. Einen Teil können wir kognitiv über eine Analyse erkennen. Doch für den berühmten blinden Fleck brauchen wir einen anderen Zugang. Hier hilft uns unsere Körperwahrnehmung.

Im fünften Kapitel lade ich Sie zu Übungen ein, die Sie gut für sich selbst praktizieren können. Denn Sie sind Ihre eigene Expertin. Damit können Sie auf Ihrem Weg zu mehr Souveränität schon ziemlich weit kommen.

Empfehlenswert ist auch, mit einem Sparringspartner zu arbeiten, mit einem vertrauten Menschen, dem Sie sich öffnen können, der die Gabe hat, mehr zuzuhören und zu fragen, als selbst seine eigenen Geschichten in Ihre zu packen. Schön, wenn Sie die Übungen zu zweit, abwechselnd machen. So können Sie sich z. B. gegenseitig anleiten.

Oft empfiehlt sich auch ein professioneller Sparringspartner, ein Coach. Es gibt viele Wege zur Souveränität. Ihre professionelle Beraterin muss nicht mit dem Souveränitäts-Code vertraut sein, aber es kann hilfreich sein.

In Seminaren ist der volle Tiefgang der Souveränitätsarbeit am intensivsten möglich. In meinen Gruppen arbeite ich vorrangig mit den Prinzipien der Strukturaufstellung, die mithilfe von Stellvertretern das Persönlichkeitskonstrukt einer Person, verkörpert durch die Archetypen, in den Raum stellen. Wann hat man schon die Möglichkeit, sein eigenes inneres Bild von außen zu betrachten? Die Arbeit ermöglicht, selbstbestimmt zur Heilerin und zum Souverän seines eigenen Entwicklungsprozesses zu werden. Blockaden werden erkannt und gelöst – intensiv und leicht zugleich, tiefes Berührtsein und Lachen liegen oft nahe beieinander.

Sie verstehen nach diesem Kapitel, dass der Souveränitäts-Code keine Vorgehensweise im mathematischen Sinne ist. Er ist auch kein Kochrezept à la »Man nehme ein bisschen hiervon und ein bisschen davon ...«. Vor den Erfolg haben die Götter die Selbsterkundung gestellt. Souverän sind wir nur, wenn wir Stärken wirklich leben und Schwächen, unsere eigenen natürlich, augenzwinkernd ertragen, also authentisch sind.

Es gibt nur eine Souveränität – Ihre eigene!

4.9 Systemisches Arbeiten

Mal ehrlich, wie geht es Ihnen mit den beschriebenen Archetypen: Ist das für Sie doch sehr fremd und Sie sind skeptisch oder wurden Sie von den Schilderungen auf eine innere Reise mitgenommen?

Ich kann Ihnen versichern: Beide Reaktionen begegnen mir immer wieder in meinem Beratungsalltag. Seit mehr als 30 Jahren arbeite ich mit Managerinnen, Führungskräften und Teams. Es geht immer um Strategie, um Märkte, um Kooperation und Konflikte, Leistung zählt. In der Businesswelt hatte der Begriff »Archetypen« lange eigentlich keinen Platz – viel zu esoterisch, zu abgehoben. Der Türöffner war ein Teilnehmer – der Geschäftsführer eines Unternehmens – bei einem Management-Workshop. Wir reflektierten die notwendigen Kräfte für eine neue strategische Ausrichtung und ich nutzte das Schema des Souveränitäts-Codes, ohne die Qualitäten explizit beim Namen zu nennen. Zum Abschluss bemerkte der Teilnehmer: »Starke archetypische Bilder und direkt zum Umsetzen.« Das war für mich der Moment, in dem ich entschied, das Kind beim Namen zu nennen: Die Archetypen als explizite Elemente gaben dem gesamten Souveränitäts-Code einen ordentlichen Pusch.

Ähnlich ist es mit der »systemischen« Beratungsarbeit. Sie kommt zwar ursprünglich aus der Psychologie, ist aber heute aus Beratung und Coaching nicht mehr wegzudenken. Da der Souveränitäts-Code den systemischen Prinzipien verpflichtet ist, möchte ich im folgenden Abschnitt noch etwas genauer darauf eingehen.

Systemisch ist: Denken in Wechselwirkungen
Systemisches Denken folgt nicht einer linearen Wenn-dann-Logik. Vielmehr wird alles in seinen größeren Zusammenhängen und Wechselwirkungen in den Blick genommen. Systemisch zu denken ist damit die Fähigkeit, alle Mitspieler bzw. Faktoren und Aktionen in ihrer Vielfältigkeit und ihren gegenseitigen Abhängigkeiten und Beeinflussungen wahrzunehmen.

Systemisch ist: Systemgrenzen definieren
Doch selbst die beste Systemikerin kann nicht jederzeit alles im Blick haben und alle Perspektiven integrieren. Daher wird zunächst der betrachtete Zusammenhang als das zu beachtende System definiert, also bewusst ein Ausschnitt der Gesamtwirklichkeit generiert. Mit dem Souveränitäts-Code betrachten wir das aktuell wirksame Persönlichkeitskonstrukt einer Person – und nur das. Der Mensch in seiner momentanen Situation und Umgebung ist das System, um das es geht, sehr wohl wissend, dass jeder Mensch durch seine biologischen Anlagen, seine Familiengeschichte, durch Gesellschaft und Kultur geprägt ist.

Mein Auftrag als Coach im beruflichen Umfeld ist es, Souveränität zu stärken. Darauf beschränke ich mich, darauf fokussieren die Übungen in Kap. 5, darauf werden Sie sich konzentrieren, wenn Sie den Weg für sich gehen. Dass es auch für Unternehmen und Organisationseinheiten um Ausrichtung und gemeinschaftliches souveränes Handeln geht, ist eine weitere Betrachtungsebene und damit ein eigenes System.

Systemisch ist: den Menschen in seiner Vielfältigkeit als System sehen
Wenn von systemischem Arbeiten die Rede ist, wird davon ausgegangen, dass es eine Wechselwirkung zwischen den biologischen, den psychischen und den sozialen

Eigenschaften eines Menschen gibt. Denn der Mensch lebt alles gleichzeitig, ist also ein multiples Wesen.

Da es immer verschiedene Türen gibt, durch die man zu sich selbst kommen kann, ist es sehr wohl möglich, dass Entdeckungen und Lösungen zu Fragen der eigenen Souveränität auch auf anderen Ebenen etwas in Bewegung setzen.

Systemisch ist: in Ressourcen denken
Systemisches Arbeiten hat einen ressourcenorientierten Blick. Anstatt wie hypnotisiert von dem gebannt zu sein, was (noch) nicht funktioniert, rückt das, was gut läuft und stark ist, in den Vordergrund. Können Stärken noch mehr gestärkt werden? Erst dann blickt man auf die Schwächen und hinderlichen Glaubenssätze und fragt nach dem Sinn ihrer Botschaft, um sie zu wandeln. Die Blickrichtung ist vom Problem weg, ohne es zu negieren, hin zur Kompetenz und zum Zielbild.

Systemisch ist: Aktivierung der Selbstheilungskräfte
Systemisches Arbeiten geht von der Annahme aus, dass Menschen Selbstheilungskräfte aktivieren und eigene Lösungen entwickeln können. Daher rücken die vorhandenen Ressourcen und Kompetenzen der Einzelnen in den Mittelpunkt.

Systemisch ist: mit Fragen neue Räume öffnen
Die Aufgabe einer Begleitung – ob als Coach, Partner oder guter Freund – ist es, Impulse in dieses System zu geben, zu neuen Perspektiven und Wahrnehmungen einzuladen und dem berühmten blinden Fleck eine Chance zu geben, auch gesehen zu werden. Dadurch kommt Bewegung in Denk- und Gefühlsmuster. Möglicherweise entstehen neue dienlichere Einstellungen und Konstellationen.

Bei den systemischen Fragen geht es nicht vorrangig um den Erkenntnisgewinn des Fragenden. Radikal gedacht kann der Berater das Problem des Klienten im eigentlichen Sinne nicht verstehen, denn es steht meist eine lange detaillierte Geschichte dahinter. Was Beraterinnen mit ihrer Professionalität jedoch erkennen können, sind Muster und Dynamiken (und natürlich verstehen sie auch Inhalte). Zeitgleich kann ein Coach oder Berater den Weg lenken. Der Klient bleibt aber immer der Experte für seine eigene Fragestellung. Systemische Fragen dienen viel mehr dazu, den Gesprächspartner auf neue Möglichkeiten aufmerksam zu machen, zum Nachdenken anzuregen, um die eingefahrenen Bahnen zu verlassen. Systemische Methoden dienen dazu, neben dem Überprüfen von Denkmustern auch neue Wahrnehmungen zu ermöglichen.

Am wichtigsten sind nicht die Fragen, die Ihnen als Suchende gestellt werden, sondern diejenigen, die Sie sich selbst stellen.

So gibt es keinen Einstieg in ein Coaching oder eine Aufstellung zur Souveränität ohne explizit formulierte Frage, denn sonst weiß unser Unterbewusstsein nicht, in welche Richtung es suchen soll. Es sind immer öffnende Fragen, die mit »Wer ..., Was ..., Wo ...« beginnen, keine Fragen, die mit Ja oder Nein beantwortet werden können. Diese würden nur unser logisches Denken befragen und dazu brauchen wir keine Aufstellungen.

Ein Tipp: Die Erfahrung zeigt, dass es wichtig ist, die eigene Suchfrage am besten schriftlich zu formulieren. Denn wenn wir uns auf den Weg machen, verändert oder verwischt sich die Ausgangssituation und wir wissen nicht mehr so genau, von wo wir losgelaufen sind. Um später konkret ins Handeln zu kommen, hilft der Abgleich mit der Ausgangsfrage.

Abb. 4.8: Fragen setzen uns in Bewegung

Mit diesen Erläuterungen vermittle ich etwas Hintergrundwissen und Erklärungen zur systemischen Arbeit. Mit dem Souveränitäts-Code und seinen sieben Archetypen gebe ich Ihnen eine Struktur an die Hand. »Struktur« können Sie verstehen als einen einladenden Rahmen, eine Form, in die Sie, systemisch gesprochen, Ihre Inhalte gießen können. Durch die Struktur der »Königin« werden Sie z. B. Ihre Vorstellung der Königin-Qualitäten mit den von Ihnen gelebten Facetten deutlich erkennen. So bietet der Souveränitäts-Code mit dem Prinzip der Archetypen ein strukturiertes Modell, einen Denkrahmen mit den dazugehörenden Fragestellungen – die Inhaltsebenen bleiben dagegen ganz den Teilnehmerinnen überlassen.

Dies gilt auch in besonderem Maße, wenn Sie wie im Moment mithilfe eines Buches arbeiten. Die darin beschriebenen Methoden und die jeweiligen Fragen dienen in erster Linie Ihnen zur Anregung. Ihre Antworten geben Sie sich selbst, es geht um Ihre eigene Wahrnehmung, nicht die eines Gegenübers. Der Erkenntnisgewinn gehört Ihnen, so wie auch die Steuerung Ihres Weges in Ihrer Hand liegt.

An dieser Stelle wird deutlich, dass wir damit auf drei Ebenen arbeiten. Es geht immer um *Inhalte*, also das, was uns beschäftigt. Dann geht es um *Formen oder die Struktur*, in der sich der Inhalt mit seinen Wechselwirkungen mit anderen und anderem zeigt. Und es geht gleichzeitig um den *Prozess*, d.h. die Art und Weise, wie wir den Weg der Weiterentwicklung gehen. Der Weg ist nicht linear, im Sinne von »nach A kommt B, dann C«. Das wäre systematisch, aber nicht systemisch. Daher braucht die Steuerung dieses Prozesses besondere Aufmerksamkeit. Doch wenn wir uns sehr auf uns und unsere Inhalte konzentrieren möchten, bleibt nicht mehr viel Kapazität für die beiden anderen Ebenen. Daraus wird verständlich, warum es gut sein kann, ein Gegenüber zu haben, das die Steuerung des Weges übernimmt.

Der Souveränitäts-Code und auch weitere Übungen im folgenden Kapitel bieten vor allem Strukturen an. Der Aufbau der Übungen hat eine folgerichtige Logik und ist damit ein Angebot für die Steuerung des Prozesses, aber die Übungen müssen nicht zwingend hintereinander bearbeitet und erlebt werden. Lassen Sie sich inspirieren und entscheiden Sie von Fall zu Fall, wie es für Sie stimmig ist.

4.10   Coaching und Selbstcoaching

Dieses Buch ist *kein* Coachingbuch, es ist eine Anleitung zum Selbstcoaching. Dabei handelt es sich nach meinem Verständnis um die Förderung von Selbst-Bewusstsein, wie es die Menschen seit Langem beschäftigt. Das Aktuelle daran ist, dass ich neueste Einsichten und Entdeckungen der Neuropsychologie verwende und mich konkret auf die Gegebenheiten und Entwicklungen des 21. Jahrhunderts beziehe. Warum eine solche zeitliche Lokalisation? Die Entwicklung der Persönlichkeit geschieht immer im Kontext und in Abhängigkeit von der Gesellschaft, der Kultur, den beruflichen und privaten Gegebenheiten in einer ganz bestimmten Zeitspanne. Auch wenn es den Wunsch nach Souveränität vermutlich seit Menschengedenken gibt, so wird er von den aktuellen Gegebenheiten geprägt und will in ihnen gelebt werden.

Coaching ist ähnlich wie der Begriff »systemisch« sehr weit verbreitet. Beim Coaching gibt es unzählige Differenzierungen, vom Sport-Coach über Business-Coach bis zum Mental-Coach, selbst Hunde-Coaches gibt es. Von daher definiere ich hier mein Verständnis von Coaching, das den Betrachtungen und Ausführungen in diesem Buch zugrunde liegt.

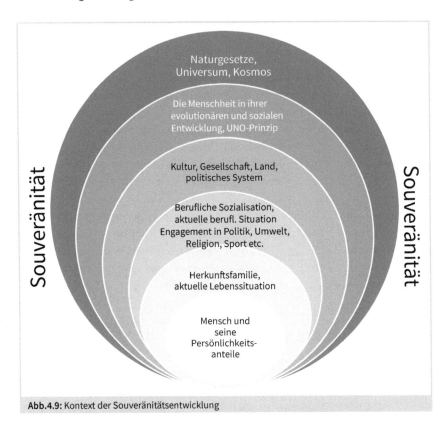

Abb.4.9: Kontext der Souveränitätsentwicklung

Grundlegende Themen, die seit Jahren in meiner Beratungsarbeit die Taktgeber sind, sind die Vielfältigkeit der Möglichkeiten, der Wahl- und Entscheidungsdruck, der daraus entsteht, und die Geschwindigkeit der Veränderungen, denen wir ausgesetzt sind. Das trifft Einzelpersonen ebenso wie Organisationen. In Letzteren explodiert die Komplexität geradezu. Der Aufwand für Kommunikation, damit Bereiche und Menschen im Bild sind, lässt sich kaum mehr leisten. Information, Kommunikation, Meinungsbildung und Entscheidungen lassen sich schon lange nicht mehr hierarchisch steuern. Wir sind agil geworden mit allen Haupt- und Nebenwirkungen. Je schneller sich sogenannte Sachlagen ändern, desto mehr ist der Bedarf da, diese Auswirkungen immer wieder zu erfassen und für sich einzuordnen. Es entstehen plakative, d. h. einprägsame, aber auch oberflächliche Denkmuster und Schlagwörter, um diese Komplexität zu reduzieren. Wir können nicht mehr durchdringen, was in der Tiefendimension jeweils mitschwingt. Es entstehen Images, denen man folgt, weil das Versprechen gut klingt. Wir gleichen nicht mehr ab, von welchem Influencer wir uns »infizieren« lassen, da uns unsere Werte nicht präsent sind.

Die Eindrücke von außen sind mehr als die Ausdrücke von innen – wie kommt jeder Einzelne dann noch zu seiner Selbstdefinition?

Mein Beratungsethos ist daher die Förderung des persönlichen und beruflichen Selbstgestaltungspotenzials durch Wahrnehmung des »Selbst« in all dem Getriebe, also Selbstmanagement im eigentlichen Sinne, nicht Kalendermanagement.

Der Souveränitäts-Code beachtet die Themen der persönlichen Prägung, also gewachsene Empfindungsmuster, die in der Vergangenheit entstanden sind, konzentriert sich jedoch konsequent auf die prospektiven Themen daraus. Er eröffnet einen Blick in die Zukunft, in die Sie unterwegs sind.

Damit verpflichtet sich meine Vorgehensweise dem lösungsorientierten Gedankengut von Steve de Shazer und Insoo Kim Berg[21]. Den beiden Therapeuten ging es mit ihrer »Lösungsorientierten Kurzzeittherapie« mehr um das Finden von Lösungen als um das Lösen von Problemen. Lösungen »ticken« ganz anders als Probleme, sie folgen einer anderen Logik. Für das Finden und vor allem das Erfinden von Lösungen ist es daher enorm wichtig, diese Logik zu verstehen und konkrete Vorgehensweisen zu beschreiben.

Der Lösung ist es egal, wie das Problem entstanden ist.
Steve de Shazer, amerikanischer Psychotherapeut

Dieser Ansatz hilft uns, neue Denk-Empfindungs-Muster zu entwickeln und damit ins Handeln zu kommen. Anleitungen und Fragen dazu finden Sie im Übungsteil von Kap. 3.

---

21   Siehe Shazer, Steve de (2012)

Lernen Sie, sich selbst zu korrigieren, nach ihren eigenen Maßstäben. Der Souveränitäts-Code unterstützt die freie Entwicklung der eigenen Potenziale und Möglichkeiten im psychischen und mentalen Bereich. Es entsteht eine Neugewichtung der Säulen unserer Identität. Wir werden handlungsfähiger. Wer handlungsfähig ist, erlebt sich als souverän. Entdecken Sie Ihre Souveränität!

Anlass für Veränderung – oder wann setzen wir uns in Bewegung?

Doch wann macht sich ein Mensch auf den Weg der Selbsterkundung? Der Grund kann eine »Hin-zu-Bewegung« sein, indem wir Vorbilder erleben und beschließen: »Das wollen wir auch.« Oder es ist eine »Weg-von-Bewegung«, da wir etwas nicht mehr so leben wollen wie bisher.

Menschen machen sich auf den Weg, wenn …

* … persönliche Gegebenheiten sich akut, massiv oder auch schmerzhaft verändern, etwa bei Krankheit oder Verlust eines sehr nahen, wichtigen Menschen. Oft sind das Ereignisse, die bisherige Selbstverständlichkeiten und das Werteverständnis durcheinanderbringen. Es tauchen Fragen auf wie: »Was macht mich jetzt aus? Wie komme ich mit dem Schmerz zurecht?«
  In Krisen wird uns die bestehende Bedeutungsgebung entrissen oder wir sind aufgefordert, sie loszulassen. Dann heißt es zu lernen, mit der aktuellen Situation, dem Schmerz umzugehen, denn Festhalten hieße auch, den Schmerz festzuhalten. Selten ein leichter Weg.
* … situative Auslöser greifen. Das muss nicht immer dramatisch sein. Menschen machen sich ebenso auf den Weg, wenn sich, mal geplant, mal ungeplant, entscheidende Faktoren in der Arbeitsumgebung ändern. Ein Arbeitsplatzwechsel, die Übernahme einer neuen Führungsfunktion, die Leitung eines komplexen Projektes, der Aufbau einer selbstständigen Tätigkeit. In solchen neuen Situationen sind Personen als Persönlichkeiten wieder neu gefordert, sich zu zeigen, sich zu positionieren, neue Regeln zu definieren, neu und anders vorzugehen. All dies erzeugt die Notwendigkeit einer Neupositionierung. Das geschieht weitgehend automatisch, kann aber auch sehr bewusst angegangen werden.
* … sich das Umfeld stark verändert, d.h. die Veränderung nicht vom Einzelnen ausgeht, sondern außen ausgelöst wird. Ein wirtschaftlicher Einbruch der Firma, eine Umstrukturierung aufgrund von Anpassungen an den Markt, eine Fusionierung mit einer anderen Firma, aber auch rapides Wachstum kann zum Auslöser für eine persönliche Neupositionierung werden.
  In solchen Fällen hat Coaching maximal die Funktion, einzelne Personen zu sta-

bilisieren, jedoch sind hier kompakte Personalentwicklungsmaßnahmen und Interventionen zur Entwicklung der Organisation eher das Mittel der Wahl.

• … ganz unabhängig von den vorhergehenden Szenarien der Wunsch nach Souveränität in einem keimt, der Entdeckerdrang sich zeigt, die Frage nach der Selbstbestimmung in all dem Trubel einen beschäftigt.

In der Folge der Corona-Krise haben viele Menschen erst wieder das Tempo registriert, mit dem sie in ihrem Alltag normalerweise unterwegs sind. Manche fragten sich, ob sie künftig dieses Leben genau so wieder aufnehmen möchten. Der neue Fokus auf die Bedeutung der persönlichen Gesundheit und die der Gemeinschaft warf die Frage nach dem, was wirklich wichtig ist, in einer ganz neuen Dimension auf.

Körpersprache – mit dem Körper sprechen heißt ihm zuhören
Hinzu kommt der endlose Strom negativer Nachrichten aus aller Welt. Sie halten uns in Atem und wir halten den Atem an. Dieser Mechanismus ist aus evolutionärer Sicht durchaus sinnvoll: Aufmerksamkeitssteuerung und Verdrängung geschehen durch Atemunterdrückung mit Muskelkraft. Wir, besser gesagt unser Körper steuert damit die Menge der Wahrnehmungen, die in unserem Bewusstsein ankommt. Im Idealfall ist es gerade so viel, wie wir verarbeiten können. Doch unser Körper ist auch ein Gewohnheitstier. Er hält dieses »Ver-Halten« aufrecht, auch wenn es nicht mehr notwendig ist, es kommt zu chronischen Verspannungen und dauerhafter Wahrnehmungsunterdrückung. Wenn wir Probleme verdrängen, dann verdrängen oder verlagern wir diese mittels Muskelkraft in den Körper. Sie sind also nicht weg, sondern nur geparkt. Kaum einer von uns hat gelernt, wie man mit Sorgen und Nöten lösungsorientiert umgeht. Wenn wir diese Spannungen wieder wahrnehmen, vermitteln sie uns ihre alte Botschaft. So können wir im Heute prüfen, ob diese noch relevant ist für uns.

Daher sind Wahrnehmungsübungen, Bodycheck und die Beachtung unseres Atmens kleine, leichte Übungen, die immer unmittelbar greifen.

4.11 Aufstellung – was ist das?

Ob Sie in einem Coaching, einem Seminar oder für sich allein an Ihrer Souveränität arbeiten, als Herangehensweise wird Ihnen häufig der Begriff der »Aufstellung« begegnen.

»Auf-Stellung« können Sie ganz wörtlich nehmen. Jemand, also Personen oder z. B. Symbole werden in einem Raum aufgestellt. Der Raum ist eine Fläche, die als Aktionsraum für Ihre Fragestellung definiert wird. Sie haben eine Frage, der Sie auf den Grund gehen möchten, im wahrsten Sinne des Wortes. Zum Beispiel: »Was hindert mich wirklich, mich auf die Stelle XY zu bewerben?« Dahinter steckt natürlich eine längere Geschichte, viele Überlegungen, vielleicht quälende Gedanken … Anstatt sie zu diskutieren, sie mit vielen »Wenns und Abers« zu zerlegen und unseren Kopf anzustrengen, laden wir mit einer Aufstellung die intuitive Wahrnehmung zu dieser Frage mit ein. Wir suchen das, was den eigentlichen Stoff zu dieser Frage ausmacht, was bislang mit vielen Erklärungen durchdekliniert, aber nicht gelöst wurde. Oft wird sogar möglichst wenig erzählt, denn Ihre Feststellungen zu Ihrem Thema kennen Sie bereits und Sie würden das Problem nur noch mehr verfestigen. Stattdessen wird eine andere Ebene der Wahrnehmung eingeladen und genutzt. Das, »um was es geht«, und vor allem die Frage, wo es hingehen soll, bekommt im eigentlichen Wortsinn einen Platz im Raum. Sie stellen also das »Material« nach Ihrem eigenen inneren Bild zu Ihrer Frage in dieses definierte Feld. Das können wie gesagt reale Personen sein, die stellvertretend für jemanden oder etwas Abstraktes gestellt werden. Es können Figuren, Steine, Symbole aller Art oder, wie in meinen Übungen oft beschrieben, Wörter auf Papier sein. Die Formen dieser Methode sind vielfältig.

Das Wesentliche ist, dass in diesem Feld stehend körperliche Empfindungen auftauchen, die zu einer vertieften Wahrnehmung und oft zu ganz neuen Erkenntnissen zur ursprünglichen Frage beitragen.

Bei Aufstellungen zum Souveränitäts-Code werden Konstrukte der Persönlichkeit, innere emotionale Anteile aufgestellt und damit aus der diffusen inneren Wahrnehmung externalisiert, also nach außen gebracht. Es folgt die Befragung der Stellvertreter, nicht nur nach der Wahrnehmung, sondern auch nach den Beziehungen und Wechselwirkungen der Figuren untereinander. Wir schauen also auf das ganze System einer Person. Somit gehört das Konzept des Souveränitäts-Codes zu den systemischen Strukturaufstellungen.

Unabhängig davon, ob die Methode mithilfe von anderen Teilnehmern oder allein durchgeführt wird, sie lädt immer zu einem Perspektivwechsel ein und ist eine Wahrnehmungsschulung.

Eine gute Aufstellung
- klärt Diffusitäten (in) der eigenen Wahrnehmung,
- entwirrt Verwirrungen und Vorurteile, die wir über uns selbst haben,
- deckt eigene hinderliche Meinungen und Glaubenssätze auf,
- lässt erleben, dass alle Teile berechtigt und bedeutsam sind.

Ihr Sinn und ihre Bedeutung bekommen sie durch den Willen zum benannten Ziel durch das »Ich«. Diese unterschiedlichen Anteile zu erkennen und sie zu integrieren, ist die Aufgabe in Aufstellungen. Dann entsteht Veränderung im Außen.

Gute Aufstellungen leisten eine tief verankerte Erkenntnis in Bezug auf die gestellte Frage. Die bewusste Handlung daraus bekommt Tat-Kraft und Wirkung.

Durch bewusste Hinwendung verändern sich unsere Hirnwindungen.

Es ist eine tolle Erfahrung und hat einen eigenen Wert, wenn man Aufstellungen in Gruppen erleben kann und Repräsentantin ist. Auch ohne eigene Fragestellung kann man vieles erspüren, für sich erleben und profitiert persönlich. In einem Seminar wurde eine Teilnehmerin auffallend oft als »Krieger« gewählt. Am Ende meinte sie: »Auch ohne einen eigenen Fall eingebracht zu haben, konnte ich die verschiedensten Facetten dieser kämpfenden Qualität erleben. Ich habe so viele Impulse für mich selbst, für meine Art zu kämpfen, meine strategische Herangehensweise und Aggression bekommen. Ich fühle mich reich beschenkt.«

Kann jeder Stellvertreter in einer Aufstellung sein? Im Prinzip ja. Wer sich zum ersten Mal als Stellvertreterin zur Verfügung stellt, ist regelmäßig erstaunt über dieses Phänomen der fremden Wahrnehmung. Fachleute nennen sie »repräsentierend«, da dieses Phänomen der Körperwahrnehmung für diese und in dieser spezifischen Situation entsteht und Stellvertreter nur so etwas wie eine Projektionswand sind, an der die Gefühle erkennbar werden. Werden wir als Stellvertreter an dem Ort traurig, an dem wir gerade stehen, dann ist es nicht die persönliche Traurigkeit der Stellvertreterin. Steigt Freude in uns auf, dann ist es nicht die persönliche Freude des Stellvertreters. Den Unterschied erkennen wir daran, dass Gefühle verschwinden, sobald wir bewusst aus dem Feld der Aufstellung heraustreten.

Voraussetzung für eine Stellvertretung ist ein »Ja« für die Übernahme einer Position. Damit gehen wir in Abstand zu unserer eigenen Identität. Unser »Ich« ist dann gerade nicht so wichtig. Wir stellen uns als Gefäß zur Verfügung und lassen von unseren eigenen Vorstellungen los. Je mehr wir die eigene Ratio, das eigene Denken abschalten können und uns nur »zur Verfügung stellen«, desto klarer werden die Wahrnehmungen. Und es ist auch eine Übungssache, die immer besser gelingt. Mit etwas Übung ist es auch möglich, für sich selbst zu stehen, für die eigenen Anteile unseres Innenlebens.

Strukturaufstellungen brauchen keine große Analyse und Schilderungen der Probleme. Dies würde nur unserer Ratio Nahrung geben. Wir machen uns Vor-Stellungen, die sich zwischen uns und die mögliche Lösung schieben. Der Teilnehmer weiß selbst genug über seine Situation. Er hat seinen Kopf bereits genügend dazu angestrengt. Wir lösen uns von den Erzählungen, Geschichten und alten Erklärungen. Wir pflegen an dieser Stelle meist »Fest-Stellungen« und halten damit das Problem fest. Denn selbst wenn sich die zu lösende Situation gestern ereigneten, sie ist bereits Vergangenheit. Wir richten unsere Aufmerksamkeit auf den aktuellen Moment und auf das, was daraus werden will. Eckhart Tolle beschreibt diese Konzentration auf das »Jetzt« brillant in seinem gleichlautenden Buch[22].

Vernunft braucht Bewusstsein, Bewusstsein braucht Gefühle,
Gefühle brauchen Wahrnehmung.

Wir hören auf, in Wenn-dann-Ketten zu denken: »Weil das und das so war, bin ich diese und jenes.« Wir in unserer Souveränitätsentwicklung sind viel zu komplex, um die Interpunktion unserer Prägung nachvollziehen zu können. Und was hätten wir auch davon, wenn wir sagen: »Das war die Schuld von ..., das war mein Fehler ...«? Damit glauben wir an eine direkte, lineare Wirkung. Nach Wittgenstein ist dies reiner Aberglaube: »Der Glaube an den Kausalnexus ist der Aberglaube.«[23]

In Aufstellungen absichtsfrei loszulassen, ermöglicht eine andere Art der Wahrnehmung. Über den Körper nehmen wir wahr, es steigen Empfindungen und damit Bilder auf und wir bringen sie über unsere Ratio zur Sprache. Es ist ein Phänomen

---

22   Siehe Tolle, Eckhart (2004)
23   Wittgenstein, Ludwig (1990), S. 48

des »Erscheinens«. Wir bekommen die Lösung gewissermaßen geschenkt durch die Wahrnehmung, die aufsteigt und sich zeigt.

> *Souveränität ist in uns angelegt. Sie will entwickelt werden.*
> *Also lasst uns in die Lösung verliebt sein.*

An dieser Stelle ist mir ein Hinweis wichtig: Da viele Menschen Aufstellungen hauptsächlich mit Familienaufstellungen, geprägt durch Bert Hellinger, verbinden, distanziere ich mich hier eindeutig von seiner Vorgehensweise und Haltung. Ebenso von Lehren und Praktiken der Scientologen und mit ihnen sympathisierenden Gruppierungen. Die Vorläufer der Aufstellungsarbeit und erste Ansätze liegen weit vor dem Boom der Familienaufstellungen. Die Weiterentwicklungen mit Organisations- und Strukturaufstellungen haben das Spektrum der Aufstellungsarbeit mit all ihren Erkenntnissen erheblich erweitert und bereichert.

Für mich ist es entscheidend, die Deutungshoheit der Erkenntnisse beim Coachee, bei meinem Kunden, zu belassen. Im Folgenden biete ich Ihnen vielfach erprobte Übungswege an. Meine Verantwortung bezieht sich auf die sorgfältige Zusammenstellung der Übungen. Diese können und sollen Sie auf Ihrem Weg zur Souveränität führen und werden Sie emotional bewegen. Ob Sie die Übungen durchführen möchten, liegt ganz bei Ihnen und in Ihrer Verantwortung.

5   Selbsterkundung: Der Weg zur eigenen Souveränität – Lust auf Methode?

Wir machen es ja sowieso! Schon die Tatsache, dass Sie dieses Buch in die Hand genommen haben und bis zu diesem Kapitel vorgedrungen sind, ist ein Indiz dafür, dass Sie den Weg der Selbsterkundung bereits eingeschlagen haben. Dafür haben Sie und haben wir einen guten Grund: Unsere eigenen Potenziale zunehmend zu entdecken und sie auszuleben, führt zu tiefer Zufriedenheit, zu Motivation und Leistungskraft. Je mehr wir aus uns selbst, d. h. aus unseren Fähigkeiten und nach unseren Werten leben, desto eher erholen wir uns von Stress, Belastungen und Rückschlägen. Je selbstbewusster wir sind, desto souveräner werden wir auch wahrgenommen. Diese Wechselwirkung verstärkt sich im positiven Sinne.

Aber – vor den Erfolg haben die Götter das Üben gesetzt! Daher die Warnung: Wer hier weiterliest, ist wirklich bereit, in seine Souveränität zu investieren.

Der Schlüssel zu mehr Souveränität liegt in Achtsamkeit und Wahrnehmung. Achtsamkeit, besonders uns selbst gegenüber, ist unsere Aufmerksamkeit für Situationen, die Bedeutung für uns haben und haben sollen. Diese Achtsamkeit wird uns nicht geschenkt, aber wir können sie üben. »Wahrnehmen« ist ein aktiver Vorgang. Wahrnehmung ist die Voraussetzung für souveränes Handeln. Die beste Methode, die pfiffigsten Übungen werden ohne klar gewollte Aktion nicht erfolgreich sein. Es braucht die innere Bereitschaft, selbst der aktive Part der eigenen Veränderung zu sein. Wie sieht es bei Ihnen aus?

Um für die folgenden Übungen vorbereitet zu sein, sollten Sie als Material bereitlegen:
- eine 3–5 Meter lange Schnur oder Kordel (je nachdem, wie viel Platz in Ihrem Raum zur Verfügung steht)
- Schreibpapier DIN A4
- persönliches Notiz- oder Tagebuch
- Stifte

Und Sie benötigen einen Raum, in dem Sie zumindest zeitweise ungestört sind.

Halt: Nicht einfach weiterlesen. Für was haben Sie sich gerade entschieden? Werden Sie aktiv? Setzen Sie eine klare Priorität: Entscheiden Sie sich bewusst, die erste

Übung zu machen, das Material vorzubereiten. Oder entscheiden Sie sich bewusst dagegen. Das heißt, es ist eine klare Entscheidung, eine Handlung notwendig. Auch einfach nur weiterzulesen, ist eine legitime Entscheidung, Sie sollten sie nur bewusst getroffen haben. Mit der Entscheidung, hier in die Übungen einzusteigen, werden Sie für sich aktiv. Sie warten nicht auf Zufälle, gute Freunde oder irgendeine Expertin. Sie werden zu Ihrer eigenen Expertin bzw. Ihrem eigenen Experten.

5.1   Die eigene innere Bereitschaft

Konzentrieren Sie sich auf sich und beantworten Sie sich zunächst folgende Fragen:
- Wie sehr hat Sie der bisherige Inhalt des Buches angesprochen?
- Was hat Sie bislang inspiriert?
- Wollen Sie noch mehr einsteigen, Ihren Weg bewusst gehen, oder sind Sie noch unsicher?

Halten Sie Überlegungen und Antworten dazu in Ihrem Notizbuch fest.

NOTIZBUCH

Selbsterkundung
- Welche Situationen haben mich angesprochen?
- Was daran beschäftigt mich?
- Ich lese weiter, weil mich Folgendes beschäftigt: …

Legen Sie jetzt mit der Schnur eine Linie auf den Boden, legen Sie am einen Ende ein Blatt Papier mit der Aufschrift »Keine Bereitschaft, mich auf Übungen zu meiner Souveränität einzulassen« und an das andere Ende ein Blatt mit »Volle Bereitschaft, mich auf Übungen zu meiner Souveränität einzulassen«. Die Mitte der Linie markieren Sie mit »Ja schon, aber«. Nach diesen Vorbereitungen konzentrieren Sie sich wieder auf sich, Ihre Gedanken und Empfindungen jetzt gerade. Seien Sie ehrlich zu sich, es ist ja sonst niemand da.

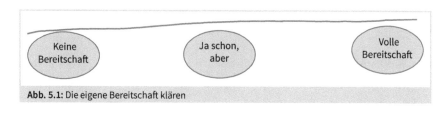

Abb. 5.1: Die eigene Bereitschaft klären

Von »keine Bereitschaft« bis »volle Bereitschaft« – wie schätzen Sie Ihre Bereitschaft, sich auf die Übungen einzulassen, *jetzt* ein. Stellen Sie sich dazu auf die entsprechende Stelle an der Linie, nehmen Sie sich Zeit und spüren Sie nach innen. Welche Gedanken, Empfindungen und ggf. körperliche Reaktionen tauchen auf? Lassen Sie alles zu, es ist richtig, denn es ist *Ihre* Wahrnehmung, es darf sein. Am besten notieren Sie Ihre Überlegungen sofort, bevor der innere Kritiker aufwacht. Sprechen Sie es zumindest laut aus – es hört niemand zu.

Bei einer Tendenz zu »keine Bereitschaft« können Sie sich fragen: Gilt das nur für den jetzigen Zeitpunkt? Was stört, irritiert mich gerade oder lenkt mich ab? Bin ich gerade nur müde? Habe ich generelle Bedenken? Will und kann ich daran etwas ändern? Wäre es für mich richtig, das Kapitel Selbsterkundung zu überspringen oder sogar das Buch zumindest für einige Zeit zur Seite zu legen?

Stehen Sie eher in der Mitte der Linie bei »Ja schon, aber«, spüren Sie Ihrem »Ja« und Ihrem »Aber« nach. Was sagen die beiden? Welcher Dialog entsteht, wenn die beiden sich unterhalten? Was braucht das »Aber«, was braucht das »Ja«? Was können Sie für sich tun, um einen Schritt weiter zur vollen Bereitschaft zu gehen? Verhandeln Sie mit sich, gehen Sie einen Schritt weiter nach rechts oder links und checken Sie noch einmal, wie es sich ehrlich anfühlt.

Empfinden Sie eher »volle Bereitschaft«, spüren Sie Ihrer Freude und Erwartung nach. Was möchten Sie für sich erkunden und erfahren? Wie fühlt es sich an, wenn Sie sich auf Entdeckung zu sich selbst aufmachen? Nehmen Sie sich Zeit, es von den Fußsohlen bis zu den Haarspitzen zu spüren, den Weg zu ahnen. Und dann legen Sie los. Das Buch bietet Ihnen viele Anregungen.

5.2   Wir sind unser eigenes Arbeitsmaterial

Der folgende Übungsweg ist eine Einladung, die Expertin in Ihnen zu aktivieren. Wenn es in Ihrem Fall ein Experte ist, dann gibt es diesen ebenfalls bereits. Warum sollen wir unsere emotionalen und mentalen Entwicklungen nur mit externer Hilfe bewerkstelligen können? Zugegeben, es ist oft einfacher, das Lenken der Schritte auf diesem Weg an ein Gegenüber abzugeben. Gerade zu Beginn ist das hilfreich. Damit können wir uns besser auf unsere Gedanken und Wahrnehmungen konzentrieren. Sicher gibt es so eine vertraute Person in Ihrer Umgebung. Vielleicht möchte auch diese den Weg für sich gehen und Sie werden sich Sparringspartner sein. Eine andere Möglichkeit ist, die Übungen für sich auf ein Diktiergerät aufzunehmen.

Der Souveränitäts-Code erschließt sich Ihnen durch Aufstellungen. Seien Sie neugierig und experimentierfreudig! Aufstellungen verkörpern im direkten Sinne unsere innere Kommunikation. Wir bringen sie nach außen, wir externalisieren sie und können so eine andere Perspektive zu uns selbst einnehmen. Durch diese Veräußerung sind keine fremden Elemente beteiligt. Es ist alles bereits in uns vorhanden, nur nicht in unserer bewussten Wahrnehmung. Es gilt: Können wir es wahrnehmen, können wir es verändern. Alles, was wir denken können, können wir auch aufstellen. Matthias Varga von Kibéd beschreibt dies in seinem Vorwort zu »Selbstliebe als Lebenskunst« von Siegfried Essen[24]: »Wenn wir nun in einer konstruktivistisch aufgefassten systemischen Aufstellungsarbeit überpersönliche Aspekte hinzunehmen, ... dann wirkt das von außen betrachtet so, als ob etwas Höheres evoziert und herbeigerufen würde.« Er meint, dass etwas »implizit sowieso Vorhandenes verdeutlicht und sichtbar gemacht wird«.

Ich erinnere mich gut an ein Ereignis mit meinem damals fünfjährigen Patenkind. Er verbrachte ein Wochenende bei mir und schlief in einem ihm bekannten, aber nicht vertrauten Raum. Besser gesagt, er sollte schlafen. Er kam schluchzend zu mir und meinte, da wären Geister in den dunklen Ecken. Anstatt sie ihm auszureden, was ich als fürsorgliche Tante beinahe getan hätte, ließ ich mir die Stellen zeigen, an denen die Geister waren. So fragte ich nach dem Aussehen der Geister und ob sie auch Angst hätten. Zu diesem Zeitpunkt war ich mir nicht sicher, ob ich damit nicht seine Angst noch mehr schüren würde. Ich fragte ihn, ob wir das große Deckenlicht anmachen oder ob wir die Fenster öffnen und die Geister hinausbitten sollten. Fenster aufmachen, das war eine gute Lösung für ihn. Er kuschelte sich noch eine Zeit lang in meinen Arm und meinte dann: »Gell, Geister gibt es doch gar nicht.« Ich war erleichtert über diese Wandlung und hatte eine Antwort auf mein eigenes Bangen ob meines Vorgehens. Die Geister waren bereits in seiner Vorstellung. Sie im Außen anzuerkennen, ermöglichte es ihm, sie zu verändern und in diesem Fall ziehen zu lassen.

---

24   Essen, Siegfried (2011)

Sehr ähnlich ist es mit Aufstellungen. Das Prinzip besteht darin, dass wir unsere inneren Vor-Stellungen externalisieren und sie dadurch konkreter, spürbar und verhandelbar machen. Etwas, das in uns nicht klar ist, kann unterschieden und neu zugeordnet werden. Re-präsentieren von Wahrnehmungen heißt, wir nehmen die Erkenntnis bewusst zurück in unsere aktuelle Wirklichkeit. »Dies ist auch das Geheimnis, das in der Aufstellungsarbeit deutlich wird. Denken und Gefühl folgen dem Handeln. Das Ergebnis ist leibliches Verstehen.«[25] Nach der Verhandlung als rationaler Prozess entscheiden wir, ob und wie wir das Erkannte wieder zu uns nehmen möchten. Somit werden noch unbewusste oder teilbewusste Gefühle über den Weg der Ver-Äußerung erkannt, geklärt und in einem bewussten Akt der Entscheidung wieder in unser Geist-Psyche-Körper-Konglomerat aufgenommen. Dies nennen wir Inkarnation.

Aus verhandelbar wird wandelbar – wunderbar!

Die Vorstellung, was eine Königin, was eine Kriegerin ist, welche Kräfte und Fähigkeiten sie verkörpern, ist als mehr oder weniger klares Bild in jedem von uns abgespeichert. Sich diese Vorstellungen genauer zu betrachten, ihre Qualitäten und Schattenaspekte zu erkennen, um sie dann als bewusste Entscheidung und Möglichkeit wieder in unser Leben zu integrieren, das ist der Bewusstseinsprozess des Souveränitäts-Codes. Er verhilft zur Verkörperung unserer Souveränität. Das ist weit mehr, als zu wissen, wie ich meine Stimme einsetze, damit sie sicher wirkt, oder wie schwungvoll ich einen Raum zu betreten habe, damit ich dynamisch wirke.

Wenn Sie nach den vorbereitenden Übungen so richtig einsteigen möchten, ist es hilfreich, die sieben Elemente des Souveränitäts-Codes für sich als Zeichen oder als Gegenstände zu haben. Das können auch die Zeichnungen sein, die beim Lesen von Kap. 4 entstanden sind. Da es *Ihre* Bilder der verkörperten Qualitäten sind, sollten sie auch wertig aufbereitet werden. Vielleicht verstärken Sie die Bilder mit einer Kartonage oder schützen sie mit Folie; das lohnt sich, denn Sie werden öfter damit arbeiten.

Teilnehmerinnen aus meinen Seminaren berichten mir im Nachgang, dass sie durch ihre Wohnungen gestreift sind und ganz leicht Symbole für ihre Elemente der Souveränität fanden. In einem schönen Kästchen stehen sie als Arbeitsmaterial immer bereit.

---

25   Ebd., S. 31

Abb. 5.2: Eigene Symbole für Archetypen

Eine andere Möglichkeit ist, die Begriffe auf Karten zu schreiben und sie als Aufsteller zu produzieren.

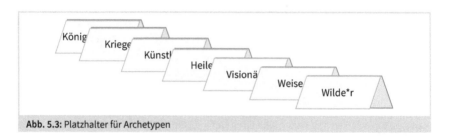

Abb. 5.3: Platzhalter für Archetypen

5.3 Ihr eigenes Buch zur Souveränität

Wenn Sie bereits intensiv in Kap. 4 mitgearbeitet haben, liegt bereits ein Notizbuch, Tagebuch oder Übungsbuch vor Ihnen. Wenn nicht, ist jetzt der richtige Zeitpunkt, dieses anzulegen. Trotz aller möglichen digitalen Programme, die es für Notizen und das Sammeln von Infos gibt, empfehle ich ein analoges Buch. Also eines zum Anfassen, Durchblättern, Zurückblättern, in dem gezeichnet und gescribbelt werden kann. Beobachten Sie sich selbst, mit welchem Medium Sie Überblick und Details Ihrer Entdeckungen und Entwicklungen gleichzeitig im Blick behalten können. Erwiesenermaßen arbeitet unser Gehirn auch intensiver, wenn Gedanken und Empfindungen über unsere Armmuskeln in Schreibimpulse, Buchstaben und Bilder übersetzt werden. Die Aufmerksamkeit bleibt beim Erkenntnisprozess und die Verlangsamung durch das Schreiben per Hand gibt uns die Chance, Empfindungen wirklich ankommen zu lassen. Finden Sie Ihren eigenen Stil!

NOTIZBUCH

Wenn Sie diesen Hinweis im Kasten sehen, sind Sie explizit eingeladen, Notizen zu machen.

5.4 Bodycheck

5.4.1 Bodycheck – warum?

Nun sind Sie eingeladen, auf einen anderen Wahrnehmungskanal umzuschalten.

Unser Körper ist unser größtes Wahrnehmungsorgan. Bevor unser Gehirn lernt, Buchstaben zu entziffern, Wörter zu formieren und mit Zahlen und Formeln zu spielen, haben wir unsere Welt um uns herum er-griffen und be-griffen. Mit unseren Sinnen hören, sehen, schmecken, fühlen, riechen wir uns in die Welt. Jede Sinneswahrnehmung erzeugt ein Gefühl, von angenehm bis unangenehm, von seligem Wohlsein bis äußerst bedrohlich. Diese Erfahrung speichert der Körper in all seinen Zellen, nicht nur in unseren Gehirnzellen. Diese gigantische »Erfahrungsfestplatte« ist unser Reichtum und die Grundlage unserer Intelligenz.

Diese umfassende Intelligenz ergänzt und bereichert unser analytisches Wissen. Es ist die Qualität der wachen Aufmerksamkeit, ein Wachsein, mit dem Zusammenhänge und Wechselwirkungen über und hinter dem analytischen Verstehen erkannt werden können. Diese Form der Wahrnehmung unterstützt eine Methode, der Sie in den Übungen dieses Buches überwiegend begegnen: die Auf-Stellungen. Unsere Gedanken und Überlegungen, die wir vor uns in den mentalen Raum stellen, Vorwegnahmen also, die wir oft ungeprüft als real wahrnehmen und nach denen wir dann handeln, sind zunächst Vor-Stellungen. Der Vollständigkeit halber seien auch die Nach-Stellungen erwähnt, etwas, das wir nachvollziehen, im Nachgang realisieren wollen, und bereits eingetretene Auswirkungen, die wir verstehen wollen. Was hier immer mitschwingt, sind unsere Bewertungen. Finden wir das gut oder schlecht, richtig oder falsch? So bewerten wir uns ständig selbst, ohne dass wir es oft realisieren.

Auf-Stellungen sind Veräußerungen zur besseren Verinnerlichung. Wir arbeiten mit Konstrukten unseres Empfindens und Denkens. Indem wir ihnen einen Namen geben, sie äußern, bringen wir sie nach außen. So können wir diffuse, d. h. noch nicht differenzierte Empfindungen außerhalb von uns selbst erkennen. Etwas Implizites wird erkennbar. Wir werden zur Beobachterin unseres eigenen Systems. Es ist wie eine Geheimschrift, die uns durch Wärme und Aufmerksamkeit ihre Botschaft entschlüsselt. In der Welt ist sie bereits. Wir externalisieren, bringen nach außen, um unser Suchen mit einem neuen Erkenntnisgewinn wieder zu verinnerlichen. Aufstellungen, seien es Personen, die stellvertretend für etwas stehen, seien es Figuren oder Wörter, sind wie eine Leinwand, auf der wir uns durch unsere Projektion selbst erkennen. Dabei hilft uns eine neugierige, offene und bewertungsfreie Haltung. Lassen wir dem Neuen einfach seine Zeit, wirklich bei uns anzukommen.

Wenn wir Figuren bei der Aufstellung nutzen, dienen sie uns als Projektionsflächen unserer inneren Empfindungen. Diese Stellvertreter sind Bedeutungsträger. Sie tragen die Be-Deutung, die wir ihnen geben. Das Individuum gibt also die Bedeutung, es ist der Gestalter der Situation. Wenn ich das weiterspinne und Situation um Situation aneinanderreihe, entsteht mein Leben, zumindest ein Teil davon. Und ich gebe ihm meine Bedeutung. Es ist *meine*, nicht die einer anderen Person. Wenn dem so ist, liegt es an mir, welche Bedeutung ich meinen Situationen gebe. Ich bin frei in meiner Bedeutungsgebung.

Tja, aber so leicht ist es doch nicht. Meine Bedeutungen stehen ja nicht x-beliebig im Regal, lassen sich nicht ohne Weiteres austauschen. Bedeutungen sind mit Emotionen verknüpft. Wie mit Fäden verbunden, verankern sie sich in unserem Leben. Meinungen und Bedeutungen, die wir bereits sehr lange pflegen, haben inzwischen sehr dicke Stränge. Stränge, die uns halten, Orientierung geben, in neuen Situationen schnelle Entscheidungen treffen lassen – verlässlich, vertraut. Diese Bedeutungsverwurzelungen zu kappen, wäre töricht. Denn was wären wir ohne sie? Doch was ist mit den Bedeutungen, die schwierig für uns sind, da sie ungute bis schmerzhafte Gefühle auslösen – schwierige Gefühle, die so übermächtig sein können, dass sie unser Handeln blockieren, wir uns damit immer wieder ausbremsen, und sie uns daran hindern, unser volles Potenzial zu leben? Können wir diese Verbindungen lösen? Ja, indem wir sie aufspüren, ihre Bedeutung spüren und prüfen, ob diese heute noch einen Sinn ergeben. Wenn nicht, kommt unsere Freiheit der Veränderung ins Spiel, unsere Souveränität.

Für mehr Souveränität in unserem Leben nutzen wir vorrangig diese Art der Wahrnehmung, die Intuition unseres Körpers. Diese Körpersprache wieder zu lernen, sie zu verstehen und dadurch bereichert etwas Neues aufnehmen zu können, ist die zentrale Methode des Souveränitäts-Codes.

5.4.2 Bodycheck – wie?

Da unser Körper das zentrale Wahrnehmungsorgan ist, werden wir ihn als Erstes dafür aufwecken. Sie brauchen einen ruhigen Ort, an dem Sie für die nächsten zehn Minuten nicht gestört werden (oder sich nicht stören lassen). Denn diese Übung ist auch im Zug, auf einer Parkbank oder beim Warten auf den Bus möglich. Wichtig ist nur, dass Sie sich auf sich selbst konzentrieren können und die Welt um sich herum oder in Ihrem Kopf mal ausblenden. Leichter ist es, wenn Sie sich den folgenden Anleitungstext langsam gelesen per Handy aufnehmen und sich selbst vorspielen. Es geht *nur* um Beobachtung, Sie brauchen nichts zu verändern, es sei denn, Sie möchten das.

Übungsanleitung !

Ich stehe stabil oder sitze mit gutem Kontakt zum Boden. Ich spüre meine Fußsohlen und ihren Kontakt zum Boden, fühle die Temperatur meiner Füße.

– Pause –

Ich lasse meine Aufmerksamkeit über die Knöchel zu den Waden wandern, registriere, wie locker oder fest sie sind.

– Pause –

Ich registriere meine Kniegelenke, sind sie durchgedrückt oder locker? Wie immer ich stehe oder sitze, gibt mir das ein sicheres, stabiles Gefühl?

– Pause –

Meine Aufmerksamkeit wandert zu meinen Oberschenkeln. Ich nehme mir Zeit, Vorder- und Rückseite zu durchforsten. Wie fühlen sich meine Muskeln an? Kann ich sie wahrnehmen? Sind sie locker, fest oder verhärtet? Kann ich Halten und Spannungen spüren? Sind meine Füße, Unter- und Oberschenkel je einzelne Teile oder fühlen sie sich verbunden an?

– Pause –

Meine Aufmerksamkeit wandert zur Körpermitte, zu meinem Becken, Bauch und Po. In welcher Stellung steht mein Becken im Bezug zur Körperachse? Nach hinten oder vorne oder zu einer Seite gekippt, fühlt es sich locker oder fest an? Ist der Bauch angespannt oder locker? Wie tief ist der Atem spürbar? … Bis zum Beckenboden?

– Pause –

Jetzt lenke ich meine Aufmerksamkeit von den unteren Rückenwirbeln den ganzen Rücken hinauf. Habe ich eine Wahrnehmung für Wirbelsäule und Rückenmuskulatur? Wie gerade oder gebeugt stehe oder sitze ich? Stehe oder sitze ich leicht und locker oder mit Kraft und Anstrengung? Kann ich meinen Atem auch im Rücken spüren?

– Pause–
Alles wird nur beobachtet, ich verändere nur, wenn ich möchte!
Und wie fühlt sich mein Brustkorb an? Kann sich hier der Atem ausdehnen ... und wie weit?
Spüre ich mein Brustbein? Kann ich, ohne es zu berühren, wahrnehmen, wo es endet?
– Pause –
Meine Aufmerksamkeit wandert zu meinen Schultern. Wie locker oder fest sind sie mit
meinem Oberkörper verbunden? Wie hängen die Arme an den Schultern? Wie liegen sie am
Oberkörper an?
– Pause –
Und die Ober- und Unterarme selbst? Wie locker oder fest fühlen die sich an? Wie ist der
Übergang in die Handgelenke? Ist mein Atem noch dabei? Welche Spannung oder Locker-
heit habe ich in den Händen? Und speziell ... wie fühlen sich meine Daumen an?
– Pause –
Ich nehme meinen Hals in meine Aufmerksamkeit. Wie strömt mein Atem gerade durch? Ist
er frei und offen?
– Pause –
Wie sitzt mein Kopf auf meinem Hals? Wie ist die Verbindung zur Wirbelsäule? Tendiert
mein Kopf in eine Richtung oder sitzt er gerade? Was ist gerade?
Wie spüre ich die Verbindung vom Kopf bis zu meinen Sohlen?
– Pause –
Und wenn jetzt das Bedürfnis da ist, sich zu dehnen und zu strecken, dann genieße ich es –
jetzt!

Obwohl es nicht die Aufgabe des Bodychecks ist, während der Aufmerksamkeits-
übung etwas zu verändern, spüren Sie trotzdem:
- Welche Körperregionen wollten sich von alleine verändern?
- Gibt es Körperteile, die besonders spürbar waren?
- Gibt es Empfindungen, die etwas sagen möchten, wenn sie sprechen könnten?
- Gibt es Gedanken und Ideen, die einfach da waren?
- Wie erleben Sie sich jetzt gerade?

An dieser Stelle greifen Sie zu Ihrem Tagebuch und machen sich Notizen. Das ist Ihre
Körperwahrnehmung – *jetzt*.

Im Weiteren werden wir diese Wahrnehmungsübung als »Eichung« für die Sprache
unseres Körpers und seine Botschaften für mehr Souveränität nutzen.

5.5 Standortbestimmung zur eigenen Souveränität

Es gibt Gründe, warum Sie dieses Buch lesen. Sie wollen sich einen Überblick zum Thema Souveränität verschaffen, Sie wollen souveräner werden, Sie haben einen konkreten Anlass aus Ihrer aktuellen Lebens- und Arbeitssituation, Sie möchten eine vergangene Situation reflektieren, es steht eine große Herausforderung an, ...

Einerseits ist Souveränität ein lebenslanger Lernprozess mit vielen Faktoren, wie im vorangegangenen Kapitel aufgeschlüsselt, andererseits entsteht sie durch viele kleine Schritte. Hier ist der erste für Sie.

Blicken Sie auf sich selbst, auf die Art und Weise, wie Sie im Kontakt mit anderen Menschen agieren, wie souverän Sie sich generell verhalten? Oder blicken Sie auf eine konkrete Situation, die Sie im Nachgang weiterbeschäftigt: Wer war beteiligt? Um was ging es? Wie haben Sie sich gefühlt? Was haben Sie gesagt? Was hätten Sie gerne gesagt?

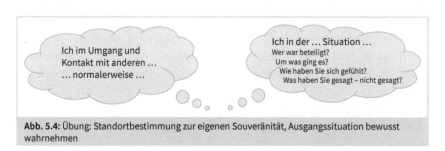

Abb. 5.4: Übung: Standortbestimmung zur eigenen Souveränität, Ausgangssituation bewusst wahrnehmen

Denken Sie sich gut in diese Situation hinein! Ganz spontan: Wo verorten Sie sich auf einer Skala von 0 bis 10, wobei 0 »am Boden zerstört, nicht handlungsfähig« bedeutet und 10 »Ihnen und Ihrem Gegenüber geht es in der Situation richtig gut, Sie sind klar, kraftvoll und handlungsfähig«.

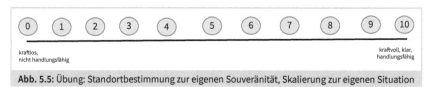

Abb. 5.5: Übung: Standortbestimmung zur eigenen Souveränität, Skalierung zur eigenen Situation

Ganz spontan: Wie souverän erleben Sie sich in der von Ihnen gedachten Situation? Schreiben Sie sich die Zahl auf.

Wenn Sie bei 10 stehen: Gratulation! Genießen Sie dieses Bild. Blicken Sie in sich und um sich. Was ist Ihr aktiver Anteil an und in dieser souveränen Situation?

Wenn Sie nicht bei 10 stehen, stelle ich Ihnen die Wunderfrage[26] und lade Sie zu einem Experiment ein. Der Titel dieses Buches heißt »Einfach souverän werden« – das allein ist schon eine kleine Sensation, dass souverän werden einfach ist. Möchten Sie diese Sensation entdecken? Laden Sie Ihre Fantasie mit dazu ein:

Angenommen, Sie legen jetzt das Buch aus der Hand und spüren noch die Zahl zu Ihrem Souveränitätsempfinden – dann gehen Sie ganz normal Ihrer Tätigkeit nach, so wie Sie es vorhatten – vielleicht sprechen Sie am Abend noch mit jemanden aus Ihrer Familie oder mit Freunden – und irgendwann werden Sie müde – Sie gehen schlafen, wie immer, Sie schlafen ein – und angenommen, in dieser Nacht geschähe ein Wunder und Sie stehen auf 10 – alles, was Sie rund um Ihre Souveränität bewegt und beschäftigt, ist gelöst – Sie leben Ihre volle Souveränität, welch ein Wunder! – Und weiter: Wenn Sie am nächsten Morgen aufstehen, sagt Ihnen niemand, dass etwas total Überraschendes geschehen ist, Sie jedoch fühlen die »10«, Sie agieren als »10«, Sie sprechen als »10« ...

Die Wunderfrage hat schon viele Wunder bewirkt.

- Woran erkennen Sie, dass dieses Wunder eingetreten ist? Beschreiben Sie es ausführlich.
- An welchen kleinen und großen Dingen könnten Sie das Wunder erkennen?
- An was noch?
- Wer außer Ihnen wird es noch bemerken?
- Wer bemerkt es als Erstes – Sie oder andere?

---

26   Sparrer, Insa (2014)

So fühlt es sich an, wenn Sie Souveränität »10« leben. Malen Sie sich dieses Bild ausführlich aus. Somit entsteht bereits eine Ahnung davon, wie es sein wird und was
daraus entstehen kann. Wenn Sie ein klares Bild von dieser Möglichkeit in sich sehen
und spüren, dann gehen Sie gedanklich zu Ihrer ersten Einschätzung und einen
Schritt weiter, d. h., waren Sie auf 4, denken Sie sich in die 5, waren Sie auf 7, denken
Sie sich in die 8. Was ist hier anders? Angenommen, etwas aus Ihrem Zukunftsbild
realisiert sich bereits heute und Sie sind einen Schritt weiter: Was ist dann anders?

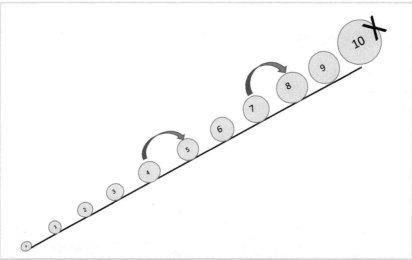

Abb. 5.6: Übung: Standortbestimmung zur eigenen Souveränität, ein Wunder und die Suche nach
dem Unterschied, der einen Unterschied macht.

Aus der neuen Position dieses ersten kleinen Schrittes gedacht: Welche Ideen kom-
men Ihnen, diesen Schritt auch in Ihrer Realität zu leben?
- Was werden Sie tun?
- Was werden Sie nicht mehr tun?
- Was werden Sie in die Wege leiten und somit einen Schritt mehr Souveränität
  genießen?!

111

Das Vorgehen ist ganz einfach: Einen kleinen Schritt machen, wahrnehmen, ein konkretes Bild dazu entstehen lassen, handeln, etwas wagen, etwas ausprobieren, Erfahrungen machen, weitermachen.

Viel Erfolg!

NOTIZBUCH

Dieses Wunder ist es wert, genau dokumentiert zu werden.

5.6 Annäherung an sich selbst

»Ich mache mich auf den Weg zu mir«, »Ich möchte mich anders verhalten können« – Haben Sie schon mal darüber nachgedacht, wie Sie über und mit sich selbst sprechen? Wir reflektieren uns selbst, wir führen innere Dialoge, das ist uns vertraut. Aber wer unterhält sich da mit wem? *Ich kann mich selbst reflektieren.* Wer oder was ist hier das *Ich*, wer oder was das *Selbst*?

Die Ich-Entwicklung ist ein Thema der Entwicklungspsychologie. Bis etwa zum zweiten Lebensjahr nehmen sich Säuglinge und Kleinkinder als eine Einheit mit der Mutter wahr. In der für viele Eltern so anstrengenden Trotzphase entstehen erste Differenzierungen zwischen dem Ich und den anderen. Das Kind erlebt sich immer mehr als von der Mutter bzw. den Eltern getrennt, es entsteht eine Vorstellung von »ich« und »du«. Aus der Auseinandersetzung mit einem »Du« entwickelt sich zunehmend ein inneres Bild vom »Ich«. Der Philosoph Martin Buber formulierte dies sehr treffend: »Der Mensch braucht das Du zum Ich.«[27] Wir brauchen ein Echo von außen, um uns selbst zu hören und uns zu entwickeln. So ist die Selbst-Entwicklung ein permanentes Thema des Erwachsenwerdens und Erwachsenseins.

Der amerikanische Philosoph und Psychologe William James (1842–1910) unterschied ebenfalls zwischen zwei Teilen in uns. Er sprach vom »I« und dem »Me«.[28] So können wir uns zugleich als Subjekt und als Objekt betrachten: »*Ich* spreche über *mich*«. Das

---

27 Buber, Martin (1997)
28 Siehe dazu: https://de.wikipedia.org/wiki/William_James (Abrufdatum: 11.06.2020)

»Ich«, englisch »I«, beschrieb er als den eigenen Bewusstseinsstrom, und im »Selbst«, englisch »Me«, sah er die Möglichkeit, die eigene Identität zu reflektieren.

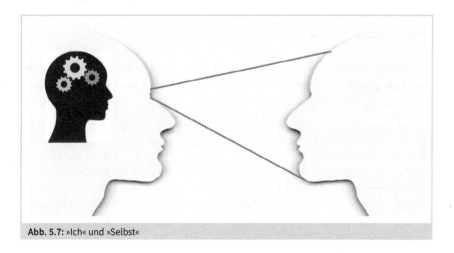

Abb. 5.7: »Ich« und »Selbst«

»Ich« und »Selbst« zu unterscheiden hilft uns, unsere Souveränität zu entwickeln. Denn das »Ich« kann analysieren, interpretieren, bewerten und handeln. Diese Ich-Funktion bietet die freie und kreative Möglichkeit, mich mit etwas zu identifizieren. Damit können wir auch Möglichkeiten abwählen. Das Selbst hingegen kann dieses »Ich« mit seinen Aktionen beobachten. Es entsteht Orientierung für das, was und wie ich sein oder bleiben möchte. Es ist ein Aspekt des größeren Ganzen meiner Person. Meine Vorstellung von der eigenen Souveränität würde sich ohne Reflexion des »Ich« nicht verändern und damit entwickeln können. In meinem Konzept der Souveränität hat der Reflexions- und Handlungsaspekt eine wichtige Funktion. Ohne aktives Tun aufgrund der entstandenen Erkenntnisse kann keine Souveränität wachsen.

Im Hinblick auf diese Differenzierung hat Siegfried Essen eine wunderbare Übung entwickelt. Sie ist ursprünglich aus dem Buch »Selbstliebe als Lebenskunst«[29]. Die Übung folgt hier in einer pragmatischen modifizierten Form. Wir verwenden sie regelmäßig in der Forschungsgruppe für Organisations- und Strukturaufstellungen (OASC), in der ich Mitglied bin. Mit dieser Übung fokussieren und sensibilisieren wir

---

29   Essen, Siegfried (2016), S. 38

unsere Wahrnehmung zum Beginn unserer Arbeit als Referenz auf die anstehenden Forschungsfragen. Essen selbst beschreibt den spirituellen Ansatz dabei, bei meiner Variante reduziere ich die Übung bewusst auf ihren pragmatischen Anteil. Es ist eine gute Einstiegsübung, auch für Menschen mit keiner oder wenig Erfahrung mit der Vorgehensweise einer Aufstellung.

Sie können sich mit dieser Übung selbst erforschen und Ihre Wahrnehmung von sich selbst differenzieren, sie im direkten Wortsinn verkörpern, also in den Körper bringen. Es ist leichter, wenn Sie die Übungsanleitung vorab auf Ihr Handy diktieren.

!   **Übung**

Das Selbst wahrnehmen
Sie sollten sicherstellen, dass Sie ca. 20–30 Minuten ungestört sind. Nehmen Sie zwei Blätter und schreiben Sie auf eines »Selbst« und auf das andere »Ich«. Suchen Sie für beide einen Platz auf dem Boden mit einem für Sie angenehmen Abstand. Stellen Sie sich zuerst auf Ihr »Selbst«-Blatt und sprechen Sie zu sich:
- Ich nehme Kontakt mit dem SELBST auf.
- Ich spüre den Boden.
- Ich atme ruhig und tief. (Der Atem ist unser selbstverständlicher Austausch mit innen und außen, unser physisches Verbundensein.)
- Ich habe guten Kontakt zum Boden, als wäre ich verwurzelt.
- Meine Aufmerksamkeit wandert von den Füßen bis zum Kopf,
- vom Kopf weit nach oben.
- Ich stehe aufrecht und bin in dieser vertikalen Achse mit oben und unten verbunden!
Sie können Ihre Wahrnehmung verstärken, indem Sie sich als Baum vorstellen, der tief in der Erde verwurzelt ist und dessen Krone weit in den Himmel reicht.
Nehmen Sie sich ausführlich Zeit und beobachten Sie Ihr Körpergefühl, während Sie diese Sätze hören oder für sich sprechen. Wie fühlt sich Verbundenheit für Sie an? Staunen Sie ruhig über die Wahrnehmungen, die da kommen, besonders wenn es das erste Mal für Sie ist. Sie werden gerade Zeuge Ihres Bewusstseins.
Das Ich wahrnehmen
Jetzt wechseln Sie auf Ihr »Ich«-Blatt. Nehmen Sie ebenso Kontakt mit dem Ich auf und sprechen Sie zu sich:
- Hier stehe *Ich.*
- Ich stehe hier als Solitär mit meiner Einzigartigkeit,
- mit meiner Freiheit.
- Ich kann wählen.
- Ich nehme meine Entscheidungsfähigkeit wahr.
- Ich nehme die physischen Grenzen meines Körpers wahr.

Sie können sich an diesem Platz bewegen, den Platz verlassen; von da aus blicken Sie auf das SELBST und achten auf eine Reaktion zwischen »Ich« und »Selbst«.

Dann wechseln Sie wieder auf den »Selbst«-Platz und blicken auf das Ich und nehmen einfach nur wahr, ob es eine Reaktion in Ihrer Körperwahrnehmung gibt. Wie blicken Sie aus dieser Perspektive auf das Ich? Will das »Selbst« etwas zum »Ich« sagen? Wie blickt das »Selbst« auf das »Ich«?

Wechseln Sie ein paar Mal hin und her. Es gilt nur zu registrieren, was sich in Ihrer Wahrnehmung tut, ohne Bewertung, einfach nur mit Staunen. Es geht nur um Unterschiede in der Wahrnehmung. Wenn Sie den Wechsel oft genug probiert haben, steigen Sie ganz aus und notieren Ihre Beobachtungen. Nicht mehr und nicht weniger.

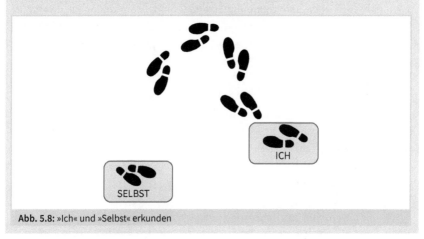

Abb. 5.8: »Ich« und »Selbst« erkunden

NOTIZBUCH

Was waren Ihre Empfindungen an den jeweiligen Plätzen und was waren Ihre Gedanken dazu?

Mit dem Körper den Unterschied in den Wahrnehmungen zu spüren, ist eine eindrückliche Erfahrung, um unser Selbst-Bewusstsein zu beobachten. Wir können erkennen, wie Denk- und Handlungsmuster entstehen und wir damit Täterin der Veränderung durch unser Handeln sein können. Dies ist der zentrale Aspekt als Vorbereitung, um unsere Möglichkeiten zu mehr Souveränität zu entdecken.

Gute Selbstgespräche entstehen, wenn ich meine Ratio, meine Fragen, Überlegungen und auch Klagen ernst nehme und mit meinem Selbst in Kontakt bringe. Es ist der Dialog mit meinem inneren Du.

5.7   Anleitung und Übungen zu einer Standortanalyse

Die meisten Menschen haben ein sehr feines Gespür dafür, wann sie sich sicher und souverän bewegen und wann sie damit unzufrieden sind oder sogar mit sich hadern. Der Wunsch nach mehr Spielraum und Eigendefinition wird analog dazu verspürt. Ob wir das für uns und andere formulieren oder es zeigen, ist eine andere Sache. Wie eine sensible Wasserwaage registrieren wir unsere empfundene Schieflage. Doch an was messen wir diese? Was ist die Referenzlinie?

Unser Streben nach mehr Souveränität kann es nur geben, wenn wir eine Vorstellung von unserer vollen Souveränität haben oder zumindest eine Ahnung davon. Tief in sich haben selbst sehr kritisch eingestellte Menschen, selbst die notorischen Schwarzseher eine positive Ader. Wissenschaftler sprechen vom »dispositionellen Optimismus«. Kritik, auch an sich selbst, braucht einen Referenzpunkt, muss sich von einem Gegenpol abgrenzen.

Souveränität ist in jedem von uns angelegt. Sie möchte entwickelt werden.

Wenn wir uns mit aktuellen Erlebnissen beschäftigen, mit etwas hadern oder sogar Probleme wälzen, kommen wir selten auf die Idee, die Situation in Einzelteile zu aufzuteilen. Meist sind wir von unseren Gefühlen geleitet, selbst wenn wir sehr nüchtern über unsere Empfindungen sprechen. Wer kommt schon auf die Idee, eine Situation wie eine mathematische Herausforderung in ihre Bestandteile zu zerlegen, um im nächsten Schritt erforschend und analysierend damit umzugehen.

Mit dem folgenden Vorgehen können Sie Ihrem Denken auf die Spur kommen. Es ist eine Lösungslandkarte, in der Sie sich bewegen und Ihre Überlegungen strukturieren können. Wenn Sie souveräner leben möchten beinhaltet dieser Wunsch zumindest eine Ahnung von einem »Mehr«, von »etwas Anderem«. In diesem »Mehr« steckt das Entwicklungspotenzial. »Mehr« als? An was wäre es erkennbar? Wann wäre es erreicht? Wo sind Sie jetzt bereits auf dem Weg dorthin? Die in Abb. 5.9 dargestellte Grafik kann Ihre Landkarte sein, mit der Sie Ihr Denken, Suchen und Ihren Weg analysieren können.

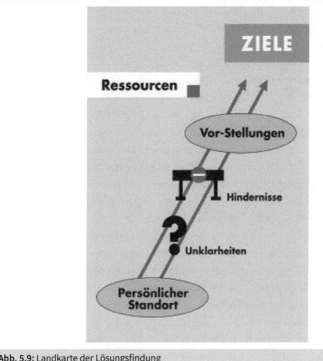

Abb. 5.9: Landkarte der Lösungsfindung

Wenn Sie so Ihre Wünsche, Bilder, Träume von Ihrer Souveränität wie eine Landkarte durchstreifen, werden Sie eines bemerken: Wir können kein Problem haben, wenn wir nicht gleichzeitig eine Vorstellung oder zumindest eine Ahnung oder Sehnsucht von einer Lösung in uns tragen. Es geht darum, sich mit der Lösung zu verbünden![30] Die für uns problematischen Situationen kennen wir zur Genüge. Halten wir uns zu lange darin auf, nimmt uns unsere eigene Problemtrance gefangen. Deshalb lenken wir unsere Aufmerksamkeit auf die von uns gewünschte Situation. Wir nehmen uns Zeit, unser Ziel oder zumindest eine bessere Situation für uns detailliert zu beschreiben und zu erfassen. Wir denken uns in die gelöste Situation hinein, wir sehen uns darin, wir erkennen, was dann anders ist, wie wir anders agieren. Wir betrachten die Wirkungen, die unsere Vorstellung von der besseren Situation in uns auslöst. Dies ist

---

30 Dies entspricht dem radikalen Lösungsansatz von Steve de Shazer und Inso Kim Berg; siehe dazu Shazer, Steve de (2012)

jedoch nicht mit unrealistischen Träumereien zu verwechseln. Doch ohne differenzierte Vorstellung vom Ziel oder dem Zielzustand, um den es uns geht, hätten wir keine genaue Orientierung in uns.

Wer ein Problem hat, hat zumindest eine Ahnung von einer Lösung.

Wenn uns der Zielzustand, z. B. ein konkretes Verhalten in einer konkreten Situation, sehr plastisch vor Augen steht, dann stellen wir uns die nächste Frage: Was hindert uns? Denn hätten wir kein Hindernis, gäbe es auch kein Problem. Dann liefen wir auf direktem Wege zu unserem gewünschten Ziel. Es gilt also, sich unseren Hindernissen zu widmen. Was genau ist es, was mich hindert, mein Wunschbild zu leben? Sind es äußerliche Gegebenheiten oder innere Einstellungen? Glaube ich oder weiß ich es? Wir sind manchmal wirklich von etwas überzeugt, weil es schon immer so war. Immer schon? Prüfen Sie das. Was wären Sie, wenn Sie diese Überzeugung nicht hätten? Wie würde sich Ihr Hindernis dann zeigen? Manchmal machen wir die erstaunliche Entdeckung, dass mit der ernsthaften Beschäftigung mit einem Hindernis dieses plötzlich kleiner wird, auch wenn es nicht gleich ganz verschwindet. Das, was an realem Hindernis übrig bleibt, hat eine wichtige Botschaft für uns. Hier können wir uns auf die Suche nach Lösungen machen.

Hindernisse sind Hinweise auf dem Weg zur Lösung.

Erleben wir dennoch etwas als kritisch und veränderungswürdig, so brauchen wir uns ohne Ressourcen, also ohne Möglichkeiten an Zeit, Kraft, Ausdauer, gute Freunde, hilfreiche Tipps, Bücher, Training und dergleichen, nicht auf den Weg zu machen. Wer sagt:»Ich würde ja gerne, aber ich kann nicht«, sollte sich mit seinen Ressourcen beschäftigen. Nur wenn es wirklich keine Möglichkeiten gibt, ist es sogar klug, sich nicht auf den Weg zu machen. Die zur Verfügung stehenden Ideen und Mittel sollten zumindest die Chance auf Veränderung ermöglichen. Der Weg wird zeigen, was daraus wird.

Ohne Ressourcen macht sich kein Kluger auf den Weg.

Dieses Modell können Sie auf jede kritische Situation anwenden. Es ist sehr empfehlenswert, sich nicht nur die Ausgangssituation und das angestrebte Ziel gut vor Augen zu führen. Nein, blicken wir nüchtern auf das, was wir als Hindernis erleben, löst sich manchmal bereits ein Teil der Belastung. Eine intensive Auseinandersetzung mit den Ressourcen lässt uns unsere Chancen prüfen und oft entdecken wir einen bisher nicht realisierten Reichtum als Stärkung für unseren Weg.

NOTIZBUCH

Ziel

Denken und fühlen Sie sich in Ihre Zielvorstellung ein. Angenommen, Sie erleben sich selbstbewusst und souverän, ohne Wenn und Aber ...

- Wie agieren Sie dann?
- Wie fühlt es sich an?
- Wer alles bemerkt es?
- Wie reagiert Ihre Umgebung darauf?
- Was ist dann möglich und was entsteht daraus?
- Wie klingt Ihre Stimme?
- Wie fühlt es sich in Ihrem Körper an?
- Angenommen, Sie sind souveräner in Ihrem Leben unterwegs, was ist dann anders?

Persönlicher Standort

- Wie erleben Sie sich heute?
- In welchen Situationen sind Sie mit sich zufrieden?
- Was sagen Sie sich in solchen zufriedenen Situationen?
- Wann geht Ihre Souveränität ohne Sie spazieren?
- Welche Wahrnehmung haben Sie in solchen Situationen von sich?
- Was erleben Sie für sich als schwierig?

Hindernisse und Unklarheiten

- Was erleben Sie als Hindernis?
- Wer oder was bremst Sie in Ihrem Ausdruck und Ihren Möglichkeiten?
- Gibt es typische Situationen für Sie, in denen Sie mit Ihrer Souveränität hadern? Wenn ja, welche?

Ressourcen

- Wann und in welchen Situationen sind Sie stabil und zufrieden mit sich?
- Was tragen Sie dann selbst dazu bei?
- Auf welche Fähigkeiten können Sie immer wieder zurückgreifen?
- Welche weiteren Möglichkeiten haben Sie konkret, um in Ihrer Souveränität zu wachsen?

Sie können diese Landkarte der Lösungsfindung für Ihre eigenen Selbstgespräche als Strukturierungshilfe nutzen. Der Schritt zum schriftlichen Zuordnen der Gedanken zu den einzelnen Aspekten liegt so nahe. Sehr dienlich ist diese Struktur auch als Leitfaden, indem Sie alle wesentlichen Anteile für eine Lösung bei einem ernsthaften Gespräch im beruflichen oder privaten Bereich beleuchten. Wir ertappen uns schneller, wenn wir zu lange in der Problemzone bleiben. Helfen Sie sich und ggf. Ihrem Gegenüber, der gewünschten Lösung mehr Energie als dem Problem zu widmen.

5.7.1   Standortanalyse, im eigenen Land unterwegs sein

Sind Sie gerade intensiv in Gedanken in einer für Sie wichtigen Situation? Wandern Ihre Gedanken gerade durch die oben benannten Positionen? Sind Sie dabei, Notizen in Ihr Tagebuch zu schreiben? Dann sind Sie gut in diesen inneren Arbeitsprozess eingetaucht. Wollen Sie noch eine intensivere Dimension der Wahrnehmung zu Ihrer Analyse hinzufügen? Dann empfehle ich Ihnen die folgende Übung.

!   Anleitung zur Übung

Nehmen Sie vier DIN-A4-Seiten und schreiben Sie auf jede eine der Positionen:»Meine Situation«,»Mein Ziel«,»Meine Hindernisse«,»Meine Ressourcen/Möglichkeiten«. Haben Sie einen ruhigen Ort, an dem Sie in den nächsten 30 Minuten nicht gestört werden? Haben Sie den Bodycheck gemacht? Dann legen Sie diese Blätter nach Ihrem inneren Bild verteilt auf den Boden. Stellen Sie sich als Erstes auf»Meine Situation«, lassen Sie sich Zeit und spüren Sie nach, ob es einen Unterschied in der körperlichen Wahrnehmung gibt. Scheuen Sie sich nicht, diese laut auszusprechen. Wenn die Technik nicht zu sehr ablenkt, empfehle ich, die Wahrnehmungen mit dem Handy oder einem Diktiergerät aufzunehmen. Das erleichtert die nachfolgenden Notizen.

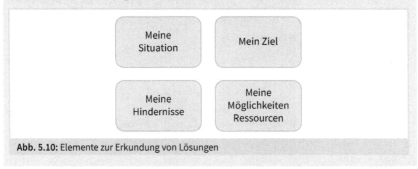

Abb. 5.10: Elemente zur Erkundung von Lösungen

Konzentrieren Sie sich nur auf Körperwahrnehmungen:

- Wie fühlen sich Ihre Füße oder Beine an?
- Wie atmen Sie?
- Wie hängen Ihre Arme an den Schultern?
- Gibt es eine Wahrnehmung in der Herzgegend oder im Bauchraum?
- Usw.

Wenn Sie sich nur auf Ihren Körper konzentrieren, erkennen Sie den Unterschied zu Gedanken, die gleichzeitig mit im Spiel sind.

Sie stehen auf Ihrem ersten Blatt, nehmen wahr und blicken von diesem Ort auf die anderen Plätze. Wenn keine neue Wahrnehmung (mehr) dazu kommt, gehen Sie ganz aus der Szenerie und achten auf Ihre »normale« Körperwahrnehmung. Anschließend wechseln Sie auf »Mein Ziel« und gehen ebenso vor. Dann folgen Ihre Hindernisse und Möglichkeiten, immer mit einem kurzen Ausstieg aus der Szene zwischendurch.

Wundern Sie sich nicht, wenn die Körperwahrnehmungen nicht so intensiv sind, wie wenn ein neutraler Stellvertreter an der Stelle stehen würde. Vielleicht haben Sie ja bereits Erfahrungen mit Aufstellungen als Methode oder Sie haben schon ein paar der Lösungsgeschichten in Kap. 4 gelesen. Bei einer Eigenaufstellung lassen sich eigene Gedanken nicht gänzlich abschalten. Wir achten gleichzeitig auf das, was hier geschieht, wir haben unsere Gedanken und gleichzeitig die Übungslandkarte im Kopf. Unsere Ratio nimmt uns einen Teil der Fähigkeit der sensitiven Wahrnehmung.

NOTIZBUCH

Empfindungen sind wie Wolken. Sie tauchen auf und verflüchtigen sich wieder. Deshalb: Pflegen Sie Ihre Notizen!

- Gab es einen Unterschied in der Wahrnehmung, wenn Sie auf den Blättern standen bzw. Distanz dazu einnahmen?
- Was hat sich für Sie bestätigt?
- Was ist an neuen Empfindungen und Überlegungen hinzugekommen?
- Wie verändert sich Ihr Blick auf Ihre Fragestellung?
- Gibt es eine neue Idee, die Sie realisieren? (Auch diese schreiben Sie auf.)

Herzlichen Glückwunsch für so viel Konsequenz und Konzentration!

5.7.2   Schreibwerkstatt

Das ist eine Übung aus der Schreibwerkstatt für kreatives Schreiben. Sie führt zu Gedanken und Empfindungen, die wir mehr oder weniger bewusst vor uns selbst verstecken. Wir schreiben uns frei und kommen zum Wesentlichen in uns. Die Übung funktioniert am besten, wenn Sie schreiben, schreiben, schreiben, möglichst schnell, ohne nachzudenken, ohne auf Tipp- und Rechtschreibfehler zu achten. Es muss nicht wahrheitsgemäß oder besonders tiefsinnig sein, jedoch grammatikalisch zum Satzanfang passen. Alles, was spontan kommt, ist gut.

> **!** **Anleitung zur Übung**
>
> Nehmen Sie sich in den nächsten 14 Tagen *täglich* (!) am Morgen, bevor der Alltagstrubel beginnt, 10 Minuten Zeit für sich und vervollständigen Sie die unten stehenden Sätze. Übertragen Sie die Fragen in ein Notizbuch oder verwenden Sie pro Frage eine DIN-A4-Seite. Ich empfehle, diese Satzergänzungsübung mit der Hand zu schreiben. Das hat eine eigene Qualität. Sie können aber auch PC oder Tablet nutzen oder Sie lesen sich die Sätze laut vor und nehmen Ihre Antworten mit einem Diktiergerät auf. Wichtig ist, nicht zu früh aufzugeben, also mindestens 6–10 Satzvervollständigungen pro Satzanfang. Wenn Sie täglich schreiben, ist es ganz natürlich, dass es zu Wiederholungen kommt.
>
> Der zweite Teil der Sätze ist wie mit einer geheimen Tinte geschrieben. Die Botschaft zeigt sich erst mit der Zeit. Am nächsten Tag fangen Sie mit den Sätzen erneut an. Erst am Ende einer Woche lesen Sie sich die Sätze der letzten Tage im Ganzen vor. Klopfen Sie sich auf die Schulter, wenn Sie wirklich 14 Tage lang für sich geschrieben haben. Und jetzt legen Sie los!

NOTIZBUCH

Schreibübung:
Satzergänzungen zum *Ich* (für jeden Satz ein eigenes Blatt starten)
- Wenn ich mein Reich baue, ...
- Wenn ich kämpfe, ...
- Wenn ich daran glaube, einzigartig zu sein, ...
- Wenn ich heilende Kräfte hätte, ...
- Wenn ich der Welt sagen könnte, wo es lang geht, ...
- Wenn ich alles wissen könnte, ...
- Wenn ich auf nichts und niemanden Rücksicht nähme, ...

Machen Sie die Übung wirklich *jeden* Tag! Am Ende einer Woche schauen Sie sich Ihre Sätze an und stellen sich folgende Fragen:
- Was fällt Ihnen auf?
- Gibt es ein Muster, ein wiederkehrendes Thema?
- Taucht etwas ganz Unerwartetes auf?

- Was beschäftigt Sie nach 5, 10 und 14 Tagen konsequenten Schreibens?
- Wenn etwas von dem Geschriebenen wahr ist, was ist dann eine gute Empfehlung für Sie selbst?

5.8 Kinokarte für den Gedankenloop

Nicht immer läuft es flüssig bei unserer Standortanalyse und wir kommen nicht immer zu guten Lösungen. Trotz aller guten Selbstreflexion und anregenden und nährenden Gesprächen mit Freunden und Arbeitskollegen gibt es Phasen, in denen immer dieselben Gedanken im Kopf kreisen. Wir wägen ab, wir diskutieren mit uns selbst, wir haben ein »hätte, wäre, müsste« im Dauerloop und können von dem Problem nicht lassen.

Für diesen Fall empfehle ich eine Übung aus der Sammlung der Kommunikationstechniken des Neurolinguistischen Programmierens (NLP). Richard Bandler und John Grinder trugen in den 1970er- und 1980er-Jahren die besten therapeutischen Methoden zur psychischen Intervention systematisch zusammen.[31] So beinhaltet das NLP Konzepte aus der klientenzentrierten Therapie, aus der Gestalttherapie, den Kognitionswissenschaften, dem Konstruktivismus und einigen mehr. Sie wollten vor allem herausfinden, welche Faktoren bei erfolgreichen Therapien wirken. Die folgende Übung hat Leichtigkeit und Witz und ist doch sehr wirkungsvoll.

Anleitung zur Übung !

Stellen Sie zwei Stühle hintereinander in den Raum. Setzen Sie sich auf den vorderen und stellen Sie sich vor, Sie wären gerade im Kino. Gegeben wird wieder einmal »Ihre Geschichte«. Sie blicken auf die (imaginäre) Leinwand, der Film beginnt und Sie malen sich Ihre Geschichte im Detail aus – Sie in der Hauptrolle. Die Ihnen bekannten Personen und Szenen spielen sich ab. Genießen Sie jedes Detail. In welcher Umgebung spielt die Geschichte? Wie ist die Kulisse aufgebaut, was gibt es alles zu sehen? Was ist der Plot? Wer spielt mit? Wann fallen die typischen Sätze, auf die Sie schon warten?
Sie sitzen in einem modernen, interaktiven Kino. Per Knopfdruck können Sie den Film im Zeitraffer ansehen oder in Zeitlupe. Oder wie wäre es mal mit rückwärts? Wenn Sie noch etwas weitergehen möchten, setzen Sie sich auf den Stuhl hinter sich und schauen sich selbst zu, wie Sie einen Film über sich selbst ansehen.

---

31 Siehe dazu Jochims, Inke (1995)

Wenn Sie genug gesehen haben oder wenn es Ihnen langweilig wird, gehen Sie einfach. Die Person am Ticketverkauf ist das gewohnt. Und wenn Sie wollen, können Sie sich immer wieder eine Kinokarte kaufen. Denn – was wären wir ohne unsere Geschichten?

Abb. 5.11: Lösung im Kopfkino

Die bisherigen Übungen ermöglichen Ihnen eine kurze kompakte Herangehensweise. Sie üben, sich systematischer zu reflektieren. Nehmen Sie sich immer wieder Zeit, um Erkenntnisse und neue Empfindungen auch ankommen zu lassen. Beobachten Sie Veränderungen in Ihrem Alltag, bleiben Sie an Ihren Vorhaben dran.

5.9   Täter statt Opfer sein

Wir wollen souverän sein, aber keine Täter! Das ist aus Sicht des Souveränitäts-Codes nicht möglich. Allerdings geht es bei diesem Begriff nicht um Gewalt, Betrug oder sonstige Straftaten. Hier sind nicht Handlungen von Personen gemeint, die übergriffig werden, d. h. ungefragt und ungebeten die Grenzen anderer missachten.

Täter im Sinne des Souveränitäts-Codes sind Menschen, die etwas tun, die für sich zur Tat schreiten und aktiv sind. Täter sind sich ihrer Eigenmächtigkeit bewusst. Sie wissen, was in ihrer Macht steht, und *machen*. Nur wer etwas macht, hat Macht.

Wer sich hingegen als Spielball der Geschehnisse erlebt und darstellt, definiert sich über Abhängigkeiten. Die eigenen Handlungs- und Entscheidungsspielräume werden nicht gesehen oder verleugnet. Die Ursachen für die eigene Machtlosigkeit werden dann den anderen zugeschrieben.

Kennen Sie Sätze wie: »Entschuldigung, ich bin von einem ewig langen Stau aufgehalten worden«? Oder: »Tut mir leid, die Sitzung vorher hat länger gedauert, ich konnte nicht pünktlich sein«?

Man könnte das auch anders ausdrücken: »Ich habe die Verkehrsverhältnisse nicht richtig eingeschätzt.« Oder: »Ich habe mich entschieden, in der vorhergehenden Sitzung trotz Verzögerung zu bleiben.« Spüren Sie den Unterschied. In der ersten Variante machen wir uns zum Spielball der Gegebenheiten und definieren uns selbst als klein und zu machtlos, um damit umzugehen. In der zweiten Variante übernehmen wir die Verantwortung für unser Handeln, wir sind die Täter. Mit der folgenden Übung können Sie diesen Perspektivwechsel ausprobieren.

Anleitung zur Übung   **!**

Formulieren Sie folgende Sätze um. Wie lauten sie bei Ihnen, wenn Sie den Anteil Ihrer Verantwortung in den Vordergrund stellen?

Immer dasselbe mit den Handwerkern, machen nie das was besprochen wurde.
Ein Täter sagt: _____

Immer Ärger mit der IT, die macht nie das, was ich von ihr brauche.
Ein Täter sagt: _____

Beim Bäcker waren deine Lieblingsbrötchen heute ausverkauft.
Ein Täter sagt: _____

Ich konnte nicht fertig machen, der Kollege hat die Daten nicht rechtzeitig geliefert.
Ein Täter sagt: _____

Der Einkauf hat nicht richtig verhandelt, jetzt sind die Projektkosten in die Höhe geschnellt.
Ein Täter sagt: _____

Das sind die Vorgaben vom Chef, da kann ich nichts daran ändern.
Ein Täter sagt: _____

Der hat mich in der Diskussion einfach niedergebrüllt.
Ein Täter sagt: _____

Indem wir in die Opferrolle gehen, meinen wir uns zu schützen. Wir sind ja nicht schuld, es sind die anderen. Wir machen in solchen Momenten jedoch gleichzeitig auch eine Aussage über uns selbst und die lautet:»Ich bin klein, ich bin nicht schuld, tut mir nichts.« Souverän ist das nicht. Wir geben unsere Täterschaft und damit die Machbarkeit unserer Möglichkeiten oft leichtsinnig aus der Hand. Aus Gewohnheit, aus Schutzbedürfnis, aus Gedankenlosigkeit. Ab heute nicht mehr. Wir stehen zu unserem Anteil.

NOTIZBUCH

Was sind Ihre typischen Sätze?

Mit den folgenden Schritten können Sie noch intensiver Ihre Souveränität erforschen und sie längerfristig weiterentwickeln. Nehmen Sie sich immer wieder eine kleine Auszeit für sich, das sind Sie sich wert.

5.10 Souveränitäts-Check – Fragebogen

Mit sich selbst im Zwiegespräch sein, ist den meisten vertraut. Das machen wir automatisch, wenn wir so vor uns hin denken. Mit den Hinweisen und Übungen in diesem Kapitel können Sie aus der automatischen eine systematische Vorgehensweise machen. Jung nannte dies ein Zwiegespräch mit seinem guten Engel. Aber zugegeben, manchmal ist es auch sehr mühselig. Dann ist es gut, ein Gegenüber zu haben, das gut zuhört und wohlwollend nachfragt. Oft löst dies neue Gedankengänge und Empfindungen in uns aus und umspielt unseren blinden Fleck. Dennoch, manchmal wollen wir unser Innenleben (noch) nicht zeigen oder haben gerade keine Gesprächspartnerin.

Zur weiteren Selbstreflexion steht eine Reihe wissenschaftlich fundierter Persönlichkeitstests zur Verfügung. Auch wenn viele sich an den Grundtypologien des »Vaters der Persönlichkeitsentwicklung« C. G. Jung orientieren, so haben sie sich über die Jahre der psychologischen Forschung stark differenziert. Seriöse Persönlichkeits-Checks spiegeln die Grundanlagen eines Menschen, also sowohl das, was als Disposition in uns angelegt ist, als auch das, was gelernt wurde. Im Internet werden Sie dazu immer fündig. Wenn Sie nach den Hintergründen suchen, werden Sie schnell den Unterschied zwischen den oberflächlichen, profanen Angeboten und den fundierten erkennen.

Auf meiner Homepage steht Ihnen ein Souveränitäts-Check zur Verfügung[32]. Anders als eine generelle Einschätzung spiegelt er Ihnen die Ausprägung Ihrer Souveränität in Bezug auf eine bestimmte Fragestellung oder Situation. Mit dieser vor Augen, stellt Ihnen der Souveränitäts-Check Fragen, so als hätten Sie ein Gegenüber. Denn je nach Lebensphase und Situation sind wir unterschiedlich souverän. Manchmal fühlen wir uns stark und zufrieden, manchmal nagen Zweifel an uns und wir wären gerne klarer, freier und selbstverständlicher unterwegs. Möchten Sie erkennen, mit welchen Facetten Ihrer Souveränität Sie unterwegs sind? Nutzen Sie das Angebot zur Selbstreflexion. Mit dem Ergebnis können Sie gut weiterarbeiten.

Ihre Auswertung zeigt Ihnen die Tendenzen, mit welchen Neigungen und Fähigkeiten Sie unterwegs sind. Das Ergebnis variiert mit Ihrer konkreten Situation. Nutzen Sie die Rückmeldungen als Spiegel und als Reflexionsgrundlage.

Ich wünsche Ihnen inspirierende Anregungen.

5.10.1   Souveränitäts-Code – Selbst-Check checken

Voraussetzung für diese nächste Übung ist, dass Sie den Souveränitäts-Selbst-Check bearbeitet haben und die Auswertung ausgedruckt vor Ihnen liegt. Im Weiteren folgt eine Schritt-für-Schritt-Anleitung für Ihren Übungsweg. Ausgehend von den Ergebnissen Ihres Selbst-Checks tauchen Sie tiefer in Ihre Frage ein und können am Ende einen Handlungsplan für sich ableiten.

Fragen zur Übung   !

Schauen Sie Ihr Ergebnis an und beantworten Sie sich die folgenden Fragen:
- Welche Aspekte entsprechen Ihrer persönlichen Einschätzung?
- Welche Aussagen treffen besonders auf Sie zu?
- Über was freuen Sie sich?
- Was überrascht Sie?

---

32   Siehe hierzu: https://walburgaludwig.de/selbstcheck/

- Was entspricht nicht Ihrem eigenen Selbstbild?
- Hätten Sie gerne ein anders Ergebnis gehabt? Welches Hätten Sie erwartet?
- Wie leben Sie die unterschiedlichen Aspekte im Alltag?
- Welche Qualitäten sind in Ihren Augen unterrepräsentiert und sollten stärker werden?
- Und was möchte Sie gerne für sich entdecken und entwickeln?

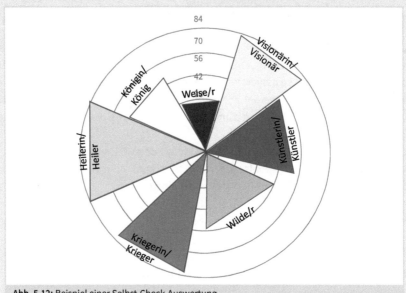

Abb. 5.12: Beispiel einer Selbst-Check-Auswertung

5.10.2 Den Souveränitäts-Code erforschen

Wenn Sie mit dem Ergebnis des Souveränitäts-Checks so oder so ähnlich weiterge-
arbeitet haben, werden Sie Schritt für Schritt zu Ihren zentralen Fragen kommen.
Sie tasten sich zu Ihrer Arbeitsfrage vor, denn ohne die richtige Frage kann alles eine
Lösung sein – oder nichts. Fragen sind wie innere Orientierungslichter, sie sollen
einen Suchprozess anstoßen können. Mit geschlossenen Fragen, die mit Ja oder
Nein beantwortet werden, kommen sie nicht gut weiter. Als Beispiel skizziere ich hier
die Notizen eines Kunden, der später mit einem Coaching weiter an seiner Souveränität gearbeitet hat.

Beispiel: die richtige Fragestellung erarbeiten

Herr Müller hatte zum Zeitpunkt des Souveränitäts-Checks seit ca. einem Jahr die stellvertretende Leitung eines Bereiches. Der Vorgesetzte investierte seine Zeit aufgrund der schwierigen wirtschaftlichen Situation überwiegend in Kundenkontakte. Die internen Regelungen überließ er weitgehend seinem Stellvertreter.

Diesen überraschte bei der Auswertung seines Souveränitäts-Checks der hohe Anteil des »Heilers« nicht, denn er sah aktuell seine Aufgabe hauptsächlich in der Steuerung der Kollegen. Die wirtschaftlichen Turbulenzen waren auch im Team zu spüren. Die Kollegen gingen sehr unterschiedlich damit um. Manche wurden aktiv und kreierten neue Ideen und wären unabgestimmt losgelaufen. Andere plädierten für ein Gesundschrumpfen, wieder andere kümmerten sich nur noch um ihre Aufgaben. In dieser Situation war seine Fähigkeit zu integrieren sehr gefragt. Nein, über den Heiler-Anteil war er nicht verwundert. Die Hinweise in der Auswertung zum Thema »Grenzen setzen« als Heiler beschäftigten ihn sehr. Er registrierte sehr wohl, dass sein Bemühen, durch viele Diskussionen die Situation im Team zu klären, von manchen Kollegen kolportiert wurde. Wie konnte er hier Grenzen setzen und klarer vorgehen?

Was ihn bedrückte, war die kleine Ausprägung seines »Wilden«. Schnell hatte er für sich den Begriff der »fehlenden Unbekümmertheit«. Er konnte nicht mehr einfach einen lockeren Spruch loslassen oder destruktives Verhalten der Kollegen unkommentiert im Raum stehen lassen. Als stellvertretende Führungskraft besaß er allerdings nicht die volle Entscheidungsbefugnis. Auch wenn er dies in seiner Funktion akzeptierte, so spürte er doch, wie gebremst er selbst unterwegs war. Auch wollte er gerne klarer und entschiedener reagieren können. »Ein bisschen mehr ›Krieger‹ würde mir gut stehen«, meinte er in seiner Selbstreflexion. Diese Überlegungen brachten ihn zu seiner Frage: »Was brauche ich für mich, um meine Grenzen zu ziehen, und wie bekomme ich wieder mehr Lebendigkeit, um meine Funktion als Stellvertreter nicht angepasst, sondern souverän, nach meiner Art zu gestalten?«

Für seine erste eigene Aufstellung bei sich zu Hause, schrieb er eine Karte für den Heiler, den Wilden und den Krieger und nahm die Anleitung zu Hilfe.

!   **Anleitung für eine Eigenaufstellung**

1. Formulieren Sie aus dem Ergebnis, besser gesagt aus der Bedeutung, die das Ergebnis für Sie selbst hat, eine Frage.

2. Sprechen Sie Ihre Frage laut aus, schreiben Sie die Frage auf, sodass sie sichtbar im Raum platziert werden kann.

3. Schreiben Sie für jede der sieben Qualitäten den Begriff auf ein DIN-A4-Blatt oder suchen Sie sich für jede ein Symbol.

4. Bereiten Sie ein Diktiergerät vor.

5. Machen Sie den Bodycheck für sich. So fühlt sich Ihr Körper aktuell an.

6. Wählen Sie die Figuren nach der Überlegung, welche Aspekte bei Ihrer Frage eine Rolle spielen oder etwas beitragen können.

7. Wiederholen Sie Ihre Frage, am besten laut, und verteilen Ihre Symbole nach Ihrem eigenen Empfinden im Raum. Beginnen Sie mit wenigen. Das kann auch nur eine der archetypischen Kräfte sein.

8. Stellen Sie sich auf den ersten Platz. Nehmen Sie sich Zeit, um Kontakt mit dem Standort aufzunehmen. Fühlen Sie sich ein, d. h. Sie beobachten nur, ob es für Sie einen Unterschied in der körperlichen Wahrnehmung ausmacht, erst außerhalb und dann an diesem Platz zu stehen. Gerade wenn Sie noch ungeübt sind, nehmen Sie sich lieber etwas mehr Zeit. Sie beobachten Ihre Empfindungen und Gedanken, die aufsteigen. Vielleicht lassen Sie ein Diktiergerät mitlaufen, um die laut ausgesprochenen Wahrnehmungen aufzunehmen. Wenn Sie für sich genügend wahrgenommen haben, treten Sie aus dem Feld aus und registrieren Ihr normales Körperempfinden. Dehnen und Strecken hilft manchmal. Dann wechseln Sie zur nächsten Position. Sie nehmen wieder Kontakt auf mit diesem Platz. Achten Sie wieder auf körperliche Wahrnehmungen und Gedanken. Vielleicht geht der Blick zu einem der anderen Plätze und Sie möchten diese etwas fragen. Lassen Sie sich Ihre eigenen Fragen hören und wechseln Sie dann an den angesprochenen Platz. Hören Sie auf die Antwort, die hier ggf. kommt.

9. Lassen Sie Zwiegespräche entstehen und damit ein Gespräch unter all Ihren Aspekten in Bezug auf Ihre Fragestellung.

10. Wenn Sie genug wahrgenommen haben und für Sie neue Bilder und Gedanken entstanden sind, steigen Sie aus der Szenerie aus. Setzen Sie sich außerhalb des Feldes und lassen Sie die Eindrücke nachwirken.

11. Nehmen Sie Ihr Tagebuch und notieren Sie erste Eindrücke. Dann können Sie Ihre Aufnahmen auswerten.

12. Zum Abschluss: Wie hat sich Ihr Blick auf Ihre Frage verändert und welche Antworten haben Sie für sich gefunden? Mit etwas Abstand, damit die Eindrücke auch wirklich gut bei Ihnen ankommen können, vielleicht erst am nächsten Tag, leiten Sie Ihren Aktionsplan davon ab.

NOTIZBUCH

Nehmen Sie Ihr Tagebuch zur Hand. Schreiben oder malen Sie Ihren Vertrag mit sich selbst. Testen Sie den Unterschied, wenn Sie das Geschriebene auch noch laut für sich aussprechen. Gehen Sie dann noch eine Stufe weiter: Gibt es eine Freundin, der Sie Ihr Vorhaben erzählen und es damit in die Welt bringen? Sie erinnern sich:»Der Mensch braucht das Du zum Ich.«

5.10.3 Nahrung für jeden Archetypen

Inzwischen haben Sie sich intensiv, spielerisch und analytisch mit Ihrer Persönlichkeit und Ihrer Souveränität beschäftigt. Um Ihre wertvollen Wahrnehmungen und Erkenntnisse weiter am Leben zu halten, folgen hier einige Ideen, um sich selbst Verstärker zu bauen.

Eine Figur schaffen
Angenommen, einer der Archetypen ist durch das Ergebnis Ihres Selbst-Checks oder vertieft durch eine eigene Aufstellung für Sie so richtig interessant geworden, z. B. die Königin oder der König. Dann beschäftigen Sie sich intensiver mit seinen Qualitäten. Geben Sie diesem Archetypen einen eigenen Namen, nicht nur Königin, sondern Ihren spezifischen Namen. Bei meinen Seminarteilnehmern gab es z. B. eine Grandiosa, einen Strahlemann, einen Mr. Klarmann. Welche Lebenseinstellung hat diese Figur, auf was achtet sie besonders? Indem wir für den oder die wichtigsten unserer Archetypen die zentrale Lebenseinstellung finden, bieten wir unserem Unbewussten einen Dialog und eine Brücke ins Bewusstsein an. Wenn wir verstehen, um was es bei dieser Qualität in unserer Persönlichkeit geht, können wir sie immer mehr für unsere Souveränität beleben. So kommt zu dem Namen auch ein Motto. Das Motto von Grandiosa war:»Ich bin mir meiner Größe bewusst.« Strahlemann formulierte sein Motto:»Ich darf strahlen« und Mr. Klarmann gab sich innerlich mehr Erlaubnis, Grenzen zu setzen:»Meine Grenzen geben Orientierung.«

Wenn wir bestimmte Qualitäten immer mehr in unserem Leben verankern wollen, dann wird das nicht von 0 auf 100 sein und auch nicht immer und ausschließlich. So können wir uns fragen, wie viel darf es denn sein. Wollen wir wirklich immer 100 Prozent dieser Eigenschaft in unser Leben integrieren oder darf es auch etwas lockerer zugehen? Soll der strahlende König immer strahlen oder genügen 30/50/80 Prozent?

NOTIZBUCH

Nahrung für meine wichtigsten Archetypen:

- Name:
- Motto:
- Ausprägung:

Bild oder Symbol für MEINE Qualität

Wenn Ihr gewählter Archetyp auf diesem Weg mit Namen, Motto und Ausprägung entstanden ist, geben Sie ihm eine Gestalt. Manche malen, manche finden ein Symbol oder ein Icon. Was auch immer Sie für sich finden, es sollte oft und sichtbar in Ihrem Blickfeld sein. Das Symbol steht auf Ihrem Schreibtisch, ist Ihr Handybildschirm, steht als Foto in Ihrer Wohnung oder begrüßt Sie täglich als Bild am Spiegel. Da sind Sie sicher sehr kreativ. Der Anblick wird Sie an die Körperwahrnehmung erinnern. Automatisch wird sich Ihre Haltung verändern. Die Qualitäten und Fähigkeiten bekommen mehr und mehr Raum in Ihnen.

Storytelling

Sobald Ihre Archetypen ins Leben gekommen sind und Gestalt angenommen haben, wird es richtig spannend. Lassen Sie Ihre Helden Geschichten schreiben und sie werden Geschichte schreiben – Ihre Geschichte. Nehmen Sie Ihre Figuren mit, zeigen Sie ihnen Ihre Welt, lassen Sie sie Abenteuer erleben. Vielleicht entstehen Kurzgeschichten, Podcasts, Comics, lassen Sie Ihren Ideen freien Lauf. Laden Sie einen zweiten und dritten Ihrer Archetypen ein. Auch diese bekommen einen Namen, ihr Motto und ein Dosimeter. Sie denken sich in Ihre Qualitäten hinein, Sie fühlen sich ein ohne Wenn und Aber. Es braucht keine Abwehrmechanismen für diesen Weg, wenn die Situation um Sie herum Schutz genug gibt, weil Sie entweder allein für sich arbeiten, ein vertrauensvolles Gegenüber haben oder in einer Coachingsituation wirklich Sie selbst sein können – dann wachsen Sie.

5.11   Übung:»Wer bin ich? – Wer bin ich wirklich!«

Diese so große philosophische Frage können Sie ganz pragmatisch angehen. Sorgen Sie wieder für etwas Ruhe für sich, wählen Sie eine Kleidung, in der Sie sich richtig wohlfühlen. Sie brauchen einen dicken Stapel Post-its und einen dicken Stift zum Schreiben.

Stellen Sie sich vor einen großen Spiegel und betrachten Sie sich in Ruhe. Sie stellen sich laut die Frage: »Wer bin ich?« Alle Bilder, Überlegungen, Gedanken und Gedankenfetzen, die jetzt aufsteigen, notieren Sie auf einzelnen Post-its und kleben sie auf den Spiegel. Einen nach dem anderen, in keinem verlieren Sie sich. Sie schreiben alle Definitionen, alles Positive und Kritische, das Ihnen in den Sinn kommen, egal woher. Beginnen Sie mit »Ich bin …«.

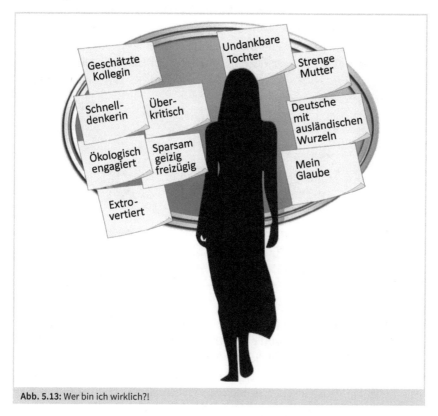

Abb. 5.13: Wer bin ich wirklich?!

Jede Definition ist ein Klebezettel. Es sind Definitionen für das, was wir sind. Es werden Prägungen durch die jeweilige Kultur und unsere Familie, durch Sprache, Gesellschaft, beruflichen Werdegang auftauchen, Prägungen durch die Gruppierungen und Organisationen, denen wir angehören, kleine und große. Sie zeigen, wie wir in Gedanken mit uns selbst umgehen, alles, was sich in uns als Muster gebildet hat. … Klebezettel, Klebezettel, Klebezettel, Klebezettel …

Jetzt kommt die eigentliche Einladung:»Wählen Sie frei.«Wählen Sie, wer Sie wirklich sein wollen, denn die Klebezettel sind nur Zuschreibungen. Nehmen Sie jede Zuschreibung, die nicht oder nicht mehr zu Ihnen passt, bewusst vom Spiegel. Lösen Sie diese von Ihrem Spiegelbild. Lassen Sie die Zettel auf den Boden fallen, machen Sie schöne Papierflieger daraus, was immer Sie wollen. Was bleibt übrig, zu dem Sie wirklich»Ja!«sagen können?

Dann fangen Sie neu an. Wer bin ich wirklich? Sie stellen sich diese Frage laut:»Wer bin ich wirklich?« Jetzt entstehen neue Klebezettel. Sie ignorieren, was irgendjemand früher gesagt hat. Wir haben die Fähigkeit – in freier Wahl –, uns selbst zu definieren. Wie wäre es mit einem großen Klebezettel in der Mitte des Spiegels:»geboren, um souverän zu sein«? Achten Sie auf Ihren Atem, Ihre Körperreaktion, wenn Sie diesen Zettel schreiben und dann lesen.

Abb. 5.14: Ich bin!

Wenn Sie jetzt denken, das ist doch alles ziemlich offensichtlich: Warum gab es dann all die Klebezettel, die Sie aussortierten? Der Grund dafür ist, dass wir von anderen Menschen definiert wurden und diese Definition geglaubt haben. Es ist an der Zeit zu verstehen, dass wir die Einzigen sind, die uns definieren dürfen. Das hat nichts mit Egoismus zu tun. Es ist unsere Selbstdefinition. Sie speist sich aus unserem Gefühl für uns selbst und dem Selbst-Verständnis unserer Qualitäten.

Verinnerlichen Sie deutlich, was Sie sind, wie sich das für Sie anfühlt. Wie fühlt sich dieses Bewusstsein für Sie an? Entscheiden Sie sich für Ihr selbst gewähltes Sein. Laut und deutlich. Und wenn Sie sich jetzt in einem Kreis von Menschen vorstellen, was könnten diese wahrnehmen?

Diese Art der Bewusstseinsarbeit ist keine Zauberformel. Es bedeutet auch nicht, dass Sie ab jetzt für immer souverän sind. Aber es ist ein wirksamer Schritt auf Ihrem Weg. Eine klare Entscheidung, was, wer und wie ich bin und sein werde, erzeugt ein äquivalentes Gefühl in uns. Dieses strahlen wir aus. Seien Sie sich dessen bewusst.

5.12 Handlungsplan

An dieser Stelle bitte keine großen Aktionslisten – die werden in den seltensten Fällen erfüllt. Besser ist es, sich kleine, konkrete Schritte vornehmen. Dazu gehören Dinge wie:

- Nächste Woche mache ich die Zettelübung noch einmal für mich.
- Ich sage klar Ja, wenn ich Ja meine, und Nein, wenn ich Nein meine. Dabei beobachte ich die Reaktion meines Gegenübers.
- Ich nehme Gesangsunterricht, mache einen Schauspielkurs, um den Ausdruck meiner Stimme zu erforschen.
- Ich mache Sport, gehe joggen, übe Qigong, Tai-Chi, um mein Körperbewusstsein zu schulen.
- Ich beschäftige mich mit XY, mache ein Selbsterfahrungsseminar, suche mir einen Persönlichkeitstest ...
- Ich suche mir ein Hilfeprojekt, damit ich regelmäßig meine Fähigkeiten mit anderen teile.
- Ich kleide mich expressiver und entrümple dafür meinen alten Kleiderschrank.
- Ich ...

Was immer Sie für sich angehen, machen Sie es spielerisch und mit dem vollen Ernst der Kinder, die die blanke Lust am Entdecken leben.

Gerade deshalb: Viele Übungen erscheinen zunächst leicht, doch sie gehen so tief, es geht leicht tief, es geht so leicht sehr tief ... Daher: Gehen Sie sehr verantwortungsvoll mit sich und anderen um. Übrigens: Es grüßt die/der freie Wilde.

6 Den Code entschlüsseln – zur Souveränität finden

6.1 Einleitung

Die in diesem Kapitel vorgestellten Lösungsgeschichten knüpfen an den Situationsbeschreibungen in Kap. 2 an und beschreiben, wie die jeweiligen Personen ihren Weg zu mehr Souveränität gegangen sind. Genau wie die Ausgangssituationen kommen die Fallgeschichten aus dem realen Leben. Dafür verdienen sie »Personenschutz« durch Verfremdung. Natürlich habe ich Namen, Orte und Konstellationen so verändert, dass reale Personen nicht erkennbar sind. Die Geschichten wurden gekürzt und verdichtet, der wahre Kern ist erhalten.

6.2 Alles im Griff – oder der König öffnet sich

»Hallo, Herr Franzen«, begrüßte ihn seine Beraterin. Sie kannten sich seit Jahren und in losen Abständen gönnte er sich eine Auszeit mit diesem professionellen Coach als Sparringspartnerin. Das war für ihn eine Selbstverständlichkeit geworden, denn schon längst hatte er begriffen, dass er die Aufgaben und besonders die Dynamik auf seiner Führungsebene nie vollkommen durchdringen konnte. Wiederholt hatte er erfahren dürfen, dass die scheinbar »normalen« Gespräche mit dieser Beraterin sehr schnell Tiefgang bekamen und er Aspekte erkannte, die ihm vorher nicht zugänglich gewesen waren.

Er nahm Platz, knetete seinen Nacken und begann sich zu sortieren. »Wir sehen uns ja in großen Abständen, aber dieses Mal scheint Ihnen etwas Konkretes im Nacken zu sitzen«, kommentierte Frau Angelo seine Handbewegung. Er stockte, ja genau. Seit dem Abend nach dem Abbruch der agilen Arbeitsgruppen fühlten sich seine Schultern an, als läge eine schwere Last darauf. »Bevor Sie mich ins Bild setzen, was wäre für Sie ein gutes Ergebnis, wenn Sie heute aus diesem Gespräch gehen?«

Da war es schon wieder; sich nicht im Problem verlieren, in langen Beschreibungen, was er gerade erlebte, sondern auf Ergebnisse und Lösungen fokussieren. »Wir haben in unserer Bank mit agilen Arbeitsgruppen experimentiert, also das sind meine Worte dafür. Dieses Experiment ist schiefgegangen und ich habe dieses Mal den Eindruck, dass etwas ins Rutschen kommt oder gekommen ist. Ich weiß noch nicht, warum, aber dieses Mal fühle ich mich in meinem Selbstverständnis elementar infrage gestellt. Das kann ich alles noch nicht einordnen. Also, was ist da schief? Oder ist vielleicht schon gänzlich schiefgegangen? Oder warum geht es mir dieses Mal so unter die Haut? Wir hatten immer wieder schwierige Situationen in der Firma.«

Frau Angelo fasst das Gehörte in eigenen Worten zusammen: »Ich verstehe, es geht Ihnen darum, einordnen zu können, was durch die Einführung der agilen Arbeitsgruppen in Bewegung kam und was durch Ihren Abbruch jetzt entstanden ist. In Ihren Augen war es misslungen. Beides? Das Experiment, wie Sie es nennen, und Ihr Abbruch? Sie möchten die Auswirkungen einschätzen können. Vor allem, was es ist, das so an Ihrer Identität nagt.« »Ja, genau«, bestätigte Franzen.

Er schilderte kurz die Anfänge der agilen Idee, man wollte sich für neue Arbeitsformen öffnen. Da gab es Vorläufer bis zu einem Management-Workshop mit dem Titel »Sind wir fit für die agile Zukunft?«. Bis dahin hatte er alles eher aus der Ferne beobachtet. Etwas ausführlicher schilderte er die Entwicklungen nach der besagten Tagung, einschließlich deren Nachwehen nach seinem eigenhändigen Abbruch der agilen Gruppen. Übergriffigkeit wurde ihm vorgeworfen. Das war es, was ihn eigentlich besonders traf, denn er glaubte, aus Verantwortung für seine Division und sogar Fürsorglichkeit für seine Mitarbeiter gehandelt zu haben. Frau Angelo hörte interessiert zu, stellte ab und an Fragen und skizzierte parallel auf dem Flipchart verschiedene Themen.

»Hier habe ich die Themen sortiert, so wie ich sie aus Ihren Schilderungen entnehmen konnte. Aber als Allererstes, Herr Franzen, mir scheint, Sie waren richtig in einem Sog. Ohne Reflexion konnten Sie in der Situation gar nicht anders reagieren, denn auch Sie sind mit Ihrem Führungsstil ein ›Kind‹ Ihrer Branche und Ihrer Bankkultur. Sie haben aus Ihrem fürsorglich-hierarchischen Verständnis reagiert. Werte, nach denen wir handeln, sind uns oft nur teilweise bewusst.« Aber eines nach dem anderen.

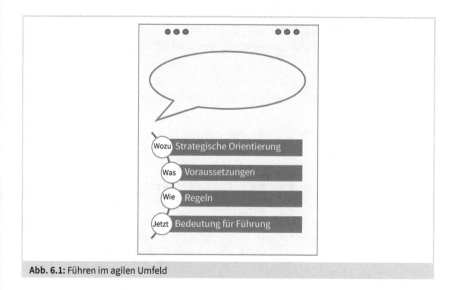

Die Themen, die am Flipchart notiert wurden, sind:

1. **WOZU** – Es geht um den Anlass, oft ist es ein Schmerz, der eine Organisation veranlasst, sich ändern zu wollen. Daraus entstehen der strategische Ansatz und die Vorgehensweise. Was sind denn die wichtigsten Beweggründe für Ihre Bank?

2. **WAS** – Agile Organisationen sind mehr als eine Organisationsform mit den entsprechenden Spielregeln. Es ist in erster Linie eine Frage der Haltung im Umgang mit Kunden und Mitarbeitern, eine Frage des Umgangs mit Entscheidungen und Verantwortung. Die Transformation zu agilen oder agileren Organisationen stellt ganz schnell die Frage nach dem herrschenden Führungsverständnis und einem neuen Verständnis von Führung für eine agile Welt. Wie wurde das in Ihrem Managementkreis thematisiert? Was Sie schildern, klingt so, also wollte man während laufender Fahrt den Motor samt Steuerung austauschen.

3. **WIE** – Weil es in erster Linie eine Kulturfrage ist, braucht es eine umfassende Analyse der Kultur in Ihrer Bank. Agile Organisationen, und seien es nur Einheiten in einem Unternehmen, funktionieren grundlegend anders als hierarchische. Wir können ja nicht einmal genau beschreiben, warum eine Firma so funktioniert, wie sie funktioniert. Wie soll dann ein sinnvoller Umbau funktionieren? Aber es gibt auch ganz pragmatische Fragen zum Start. Für welche Situationen könnten agile Vorgehensweisen notwendig, also hilfreich sein? Was bedeutet dies für das herrschende Führungsverständnis und die pragmatische Seite der Führung? Wie berührt es Ihren Anspruch und das persönliche Selbstverständnis von jeder und jedem Ihrer Führungskollegen?

4. **JETZT** – Das Wesentliche, um das es heute gehen kann, ist: Was bedeutet das für Ihr Selbstverständnis als Führungskraft? Was lässt Sie, obwohl Sie so viel Erfahrung haben, dieses Mal so unsicher werden? Vielleicht werden Sie bald dankbar sein für dieses Warnsignal. Zum Abschluss werden wir uns der konkreten Frage widmen: Wie gehen Sie mit Ihren Führungskräften und Mitarbeitern weiter vor?«

Herr Franzen bestätigte die Themen und diskutierte sie länger mit Frau Angelo. Dabei entstanden folgende Aspekte, die Frau Angelo genauer erklärt:

»Die ersten drei Themen gehören in die Hände einer guten Organisationsberatung. Ihr Vorstand müsste sich Ihre internen oder auch externen Berater holen. Ich hatte immer den Eindruck, Ihre Bank ist da gut aufgestellt. Sicher gibt es bei Ihnen erfahrene Organisationsberaterinnen, die auch Agile Coaches sind. Wegen der Bedeutung für Sie und der zur Verfügung stehenden Zeit können wir uns heute dem vierten Aspekt widmen. Ist das o. k. für Sie?«

»Können Sie bitte noch einmal formulieren, was jetzt Ihre Frage ist?« Herr Franzen: »Also Ihre Erläuterungen und unsere Diskussion soeben zeigen mir schon, dass es um mein Selbstverständnis als Führungskraft geht. Also meine Frage ist: *Wie verändert sich mein Führungsstil und mein Verständnis von Führung, wenn wir agiler werden?*«

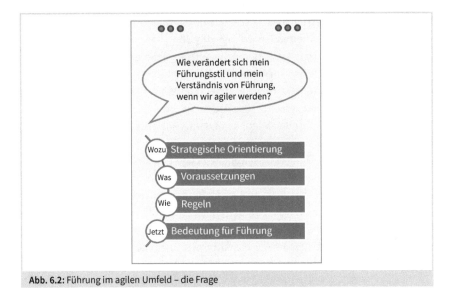

Abb. 6.2: Führung im agilen Umfeld – die Frage

»Herr Franzen, wir könnten das jetzt logisch und analytisch angehen. Es gibt Studien und gute Bücher zu der Frage, was der Unterschied einer hierarchiegeprägten Kultur versus einer agilen Kultur ist, wie sich Führung darin unterscheidet und, und, und. Sie sind ein kluger Kopf und ich bin sicher, Sie werden umgehend ein gutes Buch dazu in die Hand nehmen. Dazu kann ich Ihnen auch ein paar Titel, Links und Lernplattformen nennen.

Ich biete Ihnen eine andere Art der Analyse für solch ein komplexes Thema an. Sie kennen die Figuren als Stellvertreter der sieben Aspekte der Persönlichkeit bereits. Heute geht es besonders um Ihr Selbstverständnis als Führungskraft bisher und was ggf. Neues von Ihnen gefordert ist. Diese Figuren sind jetzt unser Arbeitsmaterial. Wir nehmen dafür noch die Stacey Matrix zu Hilfe.[33] Darauf können wir auf der einen Achse einordnen, wie klar oder unklar die Herangehensweise oder der Umgang mit einer Aufgabe ist. Auf der Y-Achse platziert man ebenfalls von klar bis unklar die Anforderungen. Wir hatten damit bereits gearbeitet, erinnern Sie sich?

Ich skizziere diese Matrix hier groß auf den Boden. Sie können für sich sortieren, welche Bereiche bei Ihnen eher einfache Aufgaben erledigen.

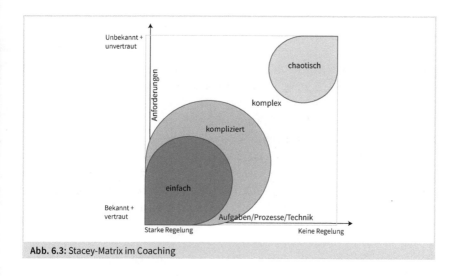

Abb. 6.3: Stacey-Matrix im Coaching

---

33   Die Stacey-Matrix ist nach dem britischen Professor für Management Ralph Douglas Stacey benannt. Sie zeigt ein Schema zum Einordnen von einfachen bis chaotischen Stufen einer Situation in Bezug auf Anforderung und Vorgehensweise. Online verfügbar unter: www.projektmagazin.de/glossarterm/stacey-matrix (Abrufdatum 11.06.2020)

- Einfach sind Aufgaben, wenn klar ist, wie sie bearbeitet werden, weil der Workflow z. B. sehr stabil läuft und Leistung und Qualität klar definiert sind.
- Kompliziert: Welche Aufgaben sind eher kompliziert, d. h. im Prinzip bekannt, aber teilweise unklar, da für den Einzelfall immer wieder eine eigene Fehlersuche oder die passende Herangehensweise gesucht werden muss?
- Komplex wären dann Aufgaben, deren Einflussfaktoren nicht alle bekannt sind und die auch noch die Gemeinheit besitzen, sich ständig zu verändern.
- Chaotische Aufgaben sind dadurch gekennzeichnet, dass weder die Aufgabe konkret zu benennen ist noch klar ist, wo es hingehen soll, geschweige denn, dass der Weg schon sichtbar ist, und auch die Einflussgrößen sind unbekannt oder außerhalb der eigenen Gestaltungsmöglichkeiten.«

Herr Franzen hatte sich bereits große Post-its genommen und war am Zuordnen, welche seiner Verantwortungsbereiche er in welchem Zustand sah.

»Damit haben Sie bereits eine erste Vorbereitung auf die Frage, für welche Herausforderungen sich eine agile Organisation empfiehlt. Das ist dann der Fall, wenn man in der Lage sein sollte, schnellstmöglich auf unerwartete Herausforderungen, Ereignisse und Chancen reagieren zu können. Aber es ist noch keine Antwort darauf, welche Spielregeln und welche Art von Führung es dann braucht.

Wir konzentrieren uns jetzt auf Ihre Frage: ›Wie verändert sich mein Führungsstil und mein Verständnis von Führung, wenn wir agiler werden?‹

Lassen Sie uns zum Abschluss der Vorbereitungen noch den Bodycheck machen.« Herr Franzen kannte diese Art der Wahrnehmungsübung. Langsam von den Füßen bis zum Kopf die Aufmerksamkeit auf den Körper lenken und nur spüren, wie sich die Muskeln anfühlen, ob und wo Spannungen im Körper sind. Anfangs hielt er das für ausgesprochenen esoterischen Blödsinn. Aber er musste sich eingestehen, dass ihn diese kleine Übung immer wieder beruhigte und auch wach und konzentriert machte.

»Normalerweise suchen Sie sich ja die Figuren aus, die für Ihre Fragestellung passen. Heute riecht es förmlich nach ›König‹. Lassen Sie sich überraschen, welche Qualitäten noch dazukommen wollen. Nehmen Sie die Figur in die Hand, stellen Sie sich auf die Matrix, beginnend bei ›einfach‹, und achten Sie auf die Wahrnehmung zu Führung, die in diesem Feld entsteht. Nehmen Sie sich Zeit und dann wandern Sie langsam in Ihrer Geschwindigkeit von ›einfach‹ zum Feld ›chaotisch‹.«

Herr Franzen stand im Feld »einfach«. Er nahm sich Zeit, um konzentriert auf Reaktionen seines Körpers zu achten. Nach wenigen Minuten formulierte er seine Gedanken: »Hier fühle ich mich wie ein großer Vater. Ich schaue um mich herum. Sehe, es ist alles wohlgeordnet. Meine Schultern sind leicht verspannt, denn ich kümmere mich um sehr vieles. Ich achte darauf, dass nichts passiert oder dass meine Mitarbeiter keine Fehler machen.« Herr Franzen wunderte sich immer wieder, wie diese Wahrnehmungen zustande kamen. Er spürte noch etwas nach und machte einen Schritt ins Feld »kompliziert«.

Auch hier nahm er sich Zeit. »Es geht so ein Ruck durch meinen Körper, hier entscheide ich zackig, ich brauche Fakten von meinen Mitarbeitern. Ich fühle mich so mittendrin. Ich achte darauf, dass meine Mitarbeiter arbeiten können, es aber auch tun. Hier muss es schon gerecht zugehen und die Belastung verteile ich gleichmäßig. Mir kommt der Begriff stringent und kühl, eine gut funktionierende Maschinerie.« Frau Angelo notierte nebenbei am Flipchart mit.

Herr Franzen schritt ins nächste Feld »komplex«. Hier stand er länger, bis er zu sprechen begann. »Oh, das fühlt sich anders an. Ich kann hier freier atmen. Jetzt erst realisiere ich, dass auf den ersten beiden Feldern sich mein Oberkörper wie in einer Rüstung angefühlt hat. Hier bin ich so etwas wie der Primus inter Pares. Meine Arme möchten einen weiten Kreis beschreiben. Ich bin eher so etwas wie ein Mentor und ich bin weiter weg vom Geschehen. Entscheiden ist schon meine Sache, aber erst sehr spät, wenn die Expertise der Mitarbeiter eingeholt ist.« Herr Franzen schüttelte innerlich den Kopf.

»Und jetzt in das Feld ›chaotisch‹.« Herr Franzen zögerte, blickte rückwärts auf die anderen Felder. »Das ist so, als würde ich Neuland betreten, nein, Niemandsland habe ich im Kopf. Mein Puls schlägt schneller und meine Atmung wird flacher. Hier fehlt etwas …, aber ich weiß noch nicht, was. Ich will auch nicht in der Mitte dieses Feldes stehen, eher am Rand, da habe ich einen besseren Überblick. Also das fühlt sich sehr ungewohnt an. Ich habe Magengrummeln. Ich habe hier ebenfalls sehr viel zu tun, aber das fühlt sich ganz anders an, so als wäre ich der Rahmen für etwas. Also ich muss hier noch etwas weiter raus, damit da drinnen (Herr Franzen zeigt auf das Feld »chaotisch«) genügend Raum ist.« Frau Angelo warf ein: »Wenn immer noch der

Eindruck da ist, es fehle etwas, blicken Sie auf die Figuren. Welche davon möchten Sie einladen?«»Es braucht so etwas wie einen Leuchtturm. Die lange schlanke Figur soll hier außerhalb der Matrix in meiner Verlängerung stehen.« Herr Franzen platzierte die Figur.»Ja, es braucht unbedingt so etwas wie einen Auftrag, nein eine Orientierung, nein, Sinn heißt das und ich vermittle diesen. Das ist neu, das war in den anderen Feldern nicht spürbar. Also, je länger ich hier stehe, desto erträglicher, nein interessanter wird diese Position, aber sie fühlt sich gänzlich fremd an. Kein Vatergefühl, kein Ritter, kein Feldherr, das ist alles weg oder weggerutscht, ja genau, das ist mein Eindruck, warum ich heute gekommen bin.«

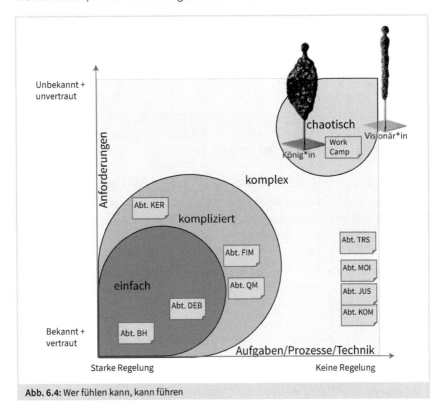

Abb. 6.4: Wer fühlen kann, kann führen

Frau Angelo:»Entsteht hiermit eine erste Antwort auf Ihre Frage, wie sich Ihr Führungsstil und Ihr Verständnis von Führung verändern würden?« Herr Franzen stand noch eine Weile auf seinem Platz und nahm die Eindrücke intensiv auf.»Ja, das ist eine Antwort«, meinte er nachdenklich und stieg ganz aus der Szenerie aus.»Ich bin immer wieder erstaunt über diese Art der Wahrnehmung, wo das nur herkommt?« »Unser Wissen ist in unserem Körper verankert. Die Sprache des Körpers ist Fühlen. Über diese Art der Wahrnehmung kommen wir zu einer anderen Art des Denkens«, schloss Frau Angelo.

Herr Franzen setzte sich, nahm einen großen Schluck Wasser und fing an, sich Notizen zu machen. Immer wieder richtete er seinen Blick auf die Matrix vor ihm. Er nickte vor sich hin und schrieb in sein Coaching-Notizbuch.

Frau Angelo nahm den Faden wieder auf: »Herr Franzen, wenn Sie für sich jetzt zusammenfassen, was in dieser Coachingsitzung entstanden ist, wie lautet Ihr Resümee?« »Eines ist sonnenklar, selbstorganisierte Teams organisieren sich nicht von selbst. Ich kann nicht nur den Startschuss geben und im Alltagsstress glauben, das genügt. Es war für mich sehr hilfreich, den Unterschied zwischen einer hierarchischen und einer agilen Organisation zu verstehen. Da fällt mir gerade das Wort Verstehen auf. Durch das Stehen in diesen Feldern ist mir so schnell deutlich geworden, was der jeweilige wesentliche Unterschied ist. Für mich macht es noch mal einen Unterschied zu den Erkenntnissen, die ich durch unsere vorherige Diskussion bereits hatte. Da ist mir auch schon sehr vieles klar geworden.

Mein Fazit: Ich werde die Frage nach der Sinnhaftigkeit und Notwendigkeit von agilen Einheiten in meinem Bereich neu stellen. Ich werde die bisherigen Arbeitsgruppen zu einer Reflexion einladen, damit wir gemeinsam lernen. In diesem Rahmen werde ich mein Handeln erklären. Das heißt auch, ich kann mich nur mit einem kleinen Kreis interessierter Mitarbeiterinnen auf die Suche nach dem richtigen Ansatz machen.« »Und wenn Sie sich den Aspekt Ihrer Führungsverantwortung vor Augen führen, wie haben Sie diese in den verschiedenen Feldern wahrgenommen?« »Die ersten drei Felder waren mir vertraut, auch die damit verbundene Belastung. Im vierten Feld war der Eindruck so gänzlich neu. Das rüttelt schon sehr an meinem Führungsverständnis. Jetzt verstehe ich auch, warum ich mich so total infrage gestellt erlebt habe. Mein Unwohlsein war berechtigt, wie Sie sagten, jetzt bin ich dankbar für dieses Signal, denn jetzt kann ich mich bewusst auf die Suche machen. Es ist nicht leicht, hier zu einem neuen Führungsstil zu finden. Doch das Bild vom Rahmengeber und der Zukunftsvision hat sich bei mir eingebrannt. Als König kann ich mich jetzt öffnen und mich auf die Vision, die Ausrichtung konzentrieren. Was will ich mit einer agilen Arbeitsgruppe und offeneren Arbeitsformen erreichen? Ich hatte mich selbst zum Erfüllungsgehilfen einer Vorgabe gemacht, das war nicht souverän. Jetzt ist ein Anfang gemacht. Das ist sehr wertvoll für mich. Haben Sie herzlichen Dank.«

6.3   Der Quantensprung – oder der Krieger kennt sein Schlachtfeld

Die Augen aller Kollegen waren noch auf ihn gerichtet. Wie gern wäre er jetzt in aller Ruhe aufgestanden und hätte gesagt:»Also meine Kollegen, die Sache ist so ...«, aber er bekam den Satz in sich nicht zu fassen. Als in dem Moment sein Handy das Signal für einen E-Mail-Eingang sendete, schnappte es sich Sam vom Tisch, täuschte einen wichtigen Anruf vor und verließ den Konferenzraum.

An diesem Tag verließ er sein Büro ungewöhnlich früh. Erst mal ins Fitnesscenter – Spinning, Stepper, ein bisschen Krafttraining und den Kopf frei bekommen. Die ganze erste Stunde auf den Trainingsgeräten rotierten seine Gedanken im Kreis. Als er sich dabei ertappte, zum fünften Mal dieselben Gespräche durchzudeklinieren, unterbrach er seine Übungen. Schluss jetzt, das bringt mich nicht weiter. Müde und erschlagen, als hätte er stundenlang trainiert, stellte er sich unter die Dusche. Lange und ausgiebig ließ er das Wasser über sich laufen und stellte sich vor, alle Gedanken würden von ihm abgewaschen werden.

In der Umkleidekabine sprach ihn ein entfernter Bekannter an, ihre Söhne gingen in dieselbe Klasse.»Na, dich sieht man eigentlich nie um diese Zeit hier, alles in Ordnung?«»Ja, danke, bestens«, antwortete Sam,»muss ja nicht immer bis in die Puppen arbeiten.«»Also, wenn ich ehrlich bin, du siehst nicht gut aus, du wirkst so bedrückt und geladen zugleich. Habe eher den Eindruck, du solltest dich um dich kümmern. Nichts für ungut, aber ich kann solche Stimmungen gut spüren. Geht mich ja eigentlich nichts an«, und mit diesen Worten verschwand Ralf ebenfalls unter der Dusche.

Wenig später traf Sam den Bekannten am Ausgang wieder.»Hm, danke für die ehrliche Rückmeldung, hätte nicht gedacht, dass man mir meine Situation so ansehen kann. Das hat mich erwischt. Du bist doch der Vater vom Jonas, ist der nicht mit meinem Sohn in die Grundschule gegangen?« Es entspann sich ein kleines Gespräch. Es sprang schnell von den unverfänglichen Schilderungen über die Aktivitäten ihrer Söhne zu den aktuellen beruflichen Situationen.»Vielleicht doch noch was zusammen trinken?«, stand plötzlich als Angebot im Raum. Irgendetwas veranlasste Sam, entgegen seiner Gewohnheit zuzusagen.

Ralf erzählte:»Ich arbeite als Wirtschaftsingenieur bei einem mittelständischen IT-Unternehmen. Habe viel mit der Software Mensch in Unternehmen zu tun«, grinste er. »Unser Inhaber legt großen Wert auf eine konstruktive Unternehmenskultur und die Förderung von uns Mitarbeitern. So kam es, dass ich bereits vor etlichen Jahren eine Ausbildung zum Changeberater absolvierte und in der internationalen Projektberatung eingesetzt bin.«

Es stellte sich heraus, dass Ralf eine ausgeprägte Gabe zum Zuhören hatte. Sam überraschte sich selbst damit, seine Situation sehr ehrlich einem ihm doch fast fremden Menschen zu erzählen. Vielleicht machte es gerade die Distanz leichter. Zur Verdeutlichung seiner komplexen Schilderungen waren schnell Papier und Stift zur Hand. Sam skizzierte Personen und deren Zuständigkeiten aufs Blatt, krickelte Organigramme und Karikaturen, welche die beiden immer wieder schmunzeln ließen. Sam hatte früher ein Händchen fürs Skizzieren und Zeichnen gehabt, aber dann war es doch ein technisches Studium geworden. Ralf fragte nach den handelnden Personen und deren konkretem Agieren. Ab und an wies er Sam auf den Unterschied zwischen Wahrnehmung und Vermutungen hin. Mit der damit verbundenen Wertung, meist Abwertung, rede er sich selbst in eine emotionale Hilflosigkeit. Ja, Sam hatte seinen Geschäftsführer übellaunig und verletzend erlebt, laute Stimme, roter Hals. Die Vermutung, dass er sehr wütend war, war naheliegend. Aber das »Warum« konnte Sam ehrlicherweise nur erahnen. Gesichtsverlust beim Kunden? Hatte Kalner selbst einen hohen Leistungsanspruch? Hatte er die Befürchtung, dieses Projekt zu verlieren? War es kaschierte Hilflosigkeit? Was war die Erwartung oder Hoffnung seines Geschäftsführers ob dieser außergewöhnlichen Chance für seine Firma? Wie mochten die Motive der anderen sein?

Und wie kam sein eigenes Gefühl zustande? Sich klein und hilflos zu fühlen, sich nicht wehren zu können und sich der scheinbar so offensichtlichen Hilflosigkeit zu schämen. Ralf nahm Sams Skizzen und riss vorsichtig, in Ermangelung einer Schere, die gezeichneten Personen aus. Er schob die Gläser zur Seite und lud Sam ein, die Bilder der Personen nach seiner Einschätzung, nach seinem inneren Bild auf dem Tisch auszulegen. Der Tisch wäre der Handlungsraum in diesem Projekt. Da gebe es Menschen, die seien sehr zentral, manche stünden eher am Rand, könnten aber da auch sehr wichtig sein, da sie einen bedeutenden Kontakt zum Kunden pflegen. Manche hätten viel, andere weniger Kontakt zueinander.

Sam ließ sich Zeit und legte die Bilder auf den Tisch, korrigierte und kommentierte. Bereits dadurch wurden ihm einige Bezüge und Motive klarer. Ralf ließ Sam sich immer wieder in den einen oder anderen Kollegen hineindenken. Wie sieht diese

Person auf das Projekt der »Gesamtanlagefähigkeit«? Was ist ihre Perspektive, Erwartung und Motivation?

Ralf brachte eine Metapher ein. »Wie sähe es aus, wenn dein Projekt, deine ganze Firma und der beauftragende Kunde sich auf einem Schlachtfeld bewegen würden?« »Warum im Konjunktiv – das ist eines!«, meinte Sam. »Ja, bleib mal beim Bild, wer kennt sich auf diesem ›Schlachtfeld‹ aus? Ist es ein tragfähiger Boden oder morastig mit Hinterhalt, Bergen, Hügeln, hat es einsehbare Flächen? Wer sind die Gegner, wer die Verbündeten? Bist du der Feldherr oder ein ›lonesome fighter‹? Was sind deine Waffen und beherrschst du sie?« Sam schnappte nach Luft: »Halt, da liegt so viel Wahrheit darin. Lass mich nachdenken, nicht so schnell.«

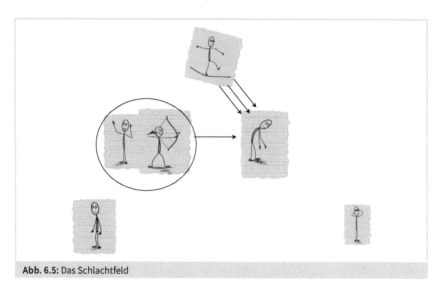

Abb. 6.5: Das Schlachtfeld

Schritt für Schritt wurde Sam klar, dass er momentan allein für eine große Sache kämpfte. Aber das Alleinsein beruhte auch auf einer Hybris seinerseits. Sein Glaube, es allein stemmen zu können oder zu müssen, speiste sich aus dem Trotz, auch gegen (scheinbare) Ablehnung gewinnen zu können.

Sam verstand plötzlich, dass alle Beteiligten, er eingeschlossen, dieses Projekt mit dem bisherigen Verständnis und der gewohnten Herangehensweise stemmen wollten. Ihm wurden die Dimensionen klar und dass er einen ganz anderen Projektansatz fahren musste. Auch gab es noch kein ausgesprochenes gemeinsames Verständnis, dass dieser Quantensprung in eine neue Leistungsliga führen, die Firma mit ihren bisherigen Strukturen und Abläufen auf den Kopf stellen würde.

Sam lehnte sich zurück und pfiff durch die Zähne. »Wow, und das ist dein Job? Die Dynamik von Projekten in solcher Art und Weise zu klären?« »Na, das und noch einiges mehr«, meinte Ralf. »Es geht ja auch darum, konkret ins Handeln zu kommen. Aber für heute ist es spät geworden. Eines liegt mir noch am Herzen, wenn ich dir dazu noch eine Rückmeldung geben darf?« »Ja, gerne – keine von deinen Feedbacks hat mich heute umgebracht, im Gegenteil, ich fühle mich richtig gestärkt«, entgegnete Sam.

»Du hast dir jetzt dein ›Außen‹ angesehen. Das sogenannte Kraftfeld, in dem du agierst. Mir ist aufgefallen, dass du dich selbst darin kaum platzierst. Du konntest dich ausgesprochen gut in die handelnden Personen hineindenken, also zur Empathie fähig bist du. Jedoch in der bisherigen Analyse warst du selbst eher ein passiver Teil. Und es taucht so ein Muster von Selbstbezichtigung in Kombination mit Trotz auf. Dieser Glaube, du bist allein, darfst aber niemandem zeigen, wie viel Kraft du hast, das ist vermutlich eine viel ältere Geschichte bei dir. Ich denke, wenn du diesem Muster auf den Grund gehst, kannst du viele Schlachten schlagen. Aber hierfür ist mein Latein am Ende. Da empfehle ich dir eine Kollegin. Ich durfte schon mehrfach mit ihr zusammenarbeiten und habe sie sehr schätzen gelernt. Sie hat eine sehr effektive Methode zur Entfaltung der eigenen Persönlichkeit entwickelt. Wenn du mit ihr arbeitest, kann es dir turboschnell klarwerden, um was es bei dir geht. Und übrigens, weil dir die Kriegsmetapher so geholfen hat: Diese ist aus dem Buch ›Die Kunst des Krieges‹ von Sunzi. Das sind Erzählungen und Einsichten, die ein chinesischer General und Philosoph vor 2500 Jahren verfasst hat. Erstaunlich, wie das auf unsere heutige Berufswelt passt.«

Bereits am nächsten Tag nahm Sam Kontakt mit der Beraterin auf. Er schilderte kurz seine Situation und seine Erkenntnisse aus dem Gespräch mit Ralf. Er war froh, als ihm die Beraterin kurzfristig einen Termin anbieten konnte. Zu ihrem Hintergrund gefragt, meinte sie, sie arbeite als Organisationsberaterin und Coach. Bei ihren Kunden ginge es meist darum, eine effektive Aufstellung und eine konstruktive Kooperation zu finden.

Zugegeben, Sam ging mit einem zwiespältigen Gefühl zu diesem Termin. Er hatte Hoffnung auf eine schnelle Lösung und ebenso Zweifel daran. Wie diese Coaches arbeiten, war ihm nicht vertraut. Gleichzeitig hatte er bereits verschiedene Moderatoren bei Workshops und Tagungen erlebt. Die hatten oft ganz pfiffige Interventionen und Fragen. Abgeneigt war er ihnen gegenüber daher nicht.

Bis er sich umsah, war er mittendrin. Begrüßung, angenehmer Raum, feiner Kaffee. Die Beraterin meinte:»Herr Solaro, Sie hatten mir bereits am Telefon kurz geschildert, um was es Ihnen geht. Sie sagten, dass Sie nach dieser für Sie sehr erhellenden Kraftfeldanalyse Ihres Projektes auf sich schauen und klären möchten, wie Sie immer wieder in dieses Gefühl der emotionalen Sackgasse kommen bzw. wie Sie es auflösen können. Natürlich habe ich auch eine neugierige Seite, jedoch arbeite ich so, dass ich mich konsequent mit Ihrer Lösung solidarisiere. Das Problem kennen Sie selbst zur Genüge. Ich gehe davon aus, dass Sie bereits viel Zeit und Energie investierten, um es zu analysieren. Von daher konzentriere ich mich auf Ihr Bild von einer Lösung. Denn gehen Sie davon aus, dass Sie kein Problem haben können, wenn Sie nicht gleichzeitig zumindest eine Ahnung von etwas Besserem haben.« Schon diese Einführung gab Sam ordentlich zu denken. Die Coachin ließ ihm Zeit. Sam hatte sehr schnell eine Vorstellung wie sein Erfolg aussehen sollte. Er musste über sich selbst schmunzeln, als ihm seine eigenen Strichmännchen einfielen. Natürlich gab es eine Fülle von konkreten Vorstellungen, angefangen von der Organisationsstruktur über Klarheit beim und mit dem Kunden bis zu seiner Rolle und seinen Entscheidungsbefugnissen und noch einigem mehr. Es gab aber auch den Druck in seinem Hals und ein diffuses Gefühl des Gefangenseins.

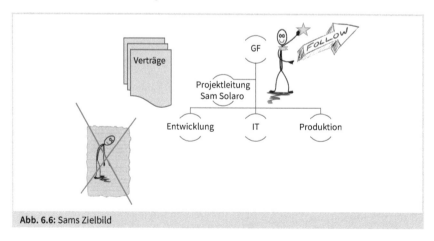

Abb. 6.6: Sams Zielbild

»Bevor wir richtig einsteigen, erläutere ich Ihnen das Grundprinzip des Souveränitäts-Codes. Es ist ein Persönlichkeitsmodell, das uns hilft, unsere Stärken klar wahrzunehmen und die uns unbekannteren Seiten, oft auch Schattenseiten genannt, ebenfalls zu sehen und in Stärken zu verwandeln. Das ist ein psychischer Prozess, bei dem wir die Klugheit unseres physischen Körpers hinnehmen. Unser Kopf ist ja sowieso dabei.«

Bei der Schilderung der sieben Aspekte der Persönlichkeit hatte Sam sehr schnell eine Vorstellung von seinem Krieger und seinem König. Auch die anderen Metaphern konnte er gut für sich übersetzen. Nur mit dem freien Wilden hatte er so seine Schwierigkeiten. »Sie sehen, Sie können mit den verschiedenen Beschreibungen schnell etwas anfangen. Sie spüren auch die Spannung bei dem Aspekt, der noch nicht für Sie passt. Also spiegeln diese Figuren ein Teil Ihres Innenlebens.

Und jetzt zum Einstieg: Angenommen, diese Sitzung bringt Ihnen wirklich eine Lösung oder eine Besserung, was ist dann anders für Sie?« Sam überlegte: »Mich beschäftigt dieses Bild des Kriegers sehr. Wenn ich ehrlich bin, fühlt der sich ganz klein an und so, als hätte der nur ein Holzschwert in der Hand. Ich möchte ein kraftvoller Krieger sein, nein, nicht nur ein Krieger, sondern der Feldherr für dieses Terrain, das meine Firma erobern möchte. Ich möchte verstehen, was ich ändern kann, um ein kraftvoller und erfolgreicher Feldherr sein zu können, um dieses Projekt zu stemmen. Und ich kann dann kämpfen. Gleichzeitig bin ich irritiert, denn ich bin seit 20 Jahren im Beruf und ein gestandener Manager.«

Da für eine Aufstellung der eigenen Souveränität nicht alle Anteile des Souveränitäts-Codes von Beginn an relevant sein müssen, wählte Sam als ersten den Krieger. Dafür standen kunstvoll gestaltete Figuren zur Verfügung. »Spontan meine ich, mein König muss dabei sein, es geht ja um meine Souveränität. Wenn ich jedoch ehrlich bin, kommt mir der Künstler in den Sinn. Ist das jetzt eine Frage des Stolzes oder ein Wunschbild?« »Herr Solaro, Sie können beide stellen oder die für Sie wichtigere Figur zu Beginn und die andere Figur bereithalten, sozusagen auf Abruf.« Er entschied sich für den Künstler, denn seine Assoziation war, dass er eine ganz neue Organisationsstruktur für sein Projekt schaffen wollte.

»Herr Solaro, da Ihr ›freier Wilder‹ in Ihren Schilderungen so dürftig war, könnte es sein, dass es gut wäre, ihn einzuladen? Wäre das o. k. für Sie?« Sam dachte nach, besser gesagt, er spürte nach. Da war ein Widerstreit in ihm, ja, da war etwas, aber es war ihm nicht geheuer. Vorsichtig sagte er Ja. Die Beraterin beschrieb den weiteren Ablauf und ließ ihn einen sogenannten Bodycheck machen. Auch wenn ihm das Vorgehen fremd war, er spürte Vertrauen und konzentrierte sich nur auf seine Körperwahrnehmung. Das war ihm vom Fitnesstraining vertraut.

Die Coachin lud ihn ein, die Figuren nach seinem eigenen inneren Bild im Raum zu platzieren. Als Erstes stellte Sam seine Kriegerfigur im Raum auf. Am Rand mit dem Blick auf das vorab skizzierte Spielfeld. Die Figur für seinen Künstler stellte er in eine andere Ecke mit dem Blick zur Wand. Dann nahm er die Figur für seinen freien Wilden, blickte ihn ungläubig an und spürte eine erste Traurigkeit in sich hochkommen, die er schnell wieder wegwischte. Er stelle ihn in eine dritte Ecke mit dem halben Blick zum Krieger. Die Beraterin schrieb das Ziel auf ein Flipchart. So war es präsent für Sam.

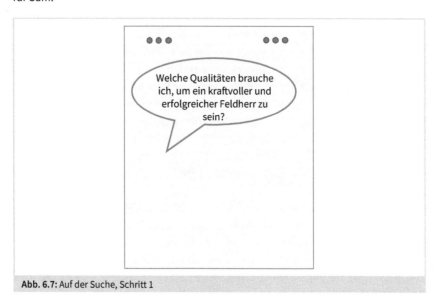

Abb. 6.7: Auf der Suche, Schritt 1

Auf Anleitung seiner Coachin stellte er sich auf die Stelle seines Kriegers und war gespannt, was jetzt kommen würde. Er solle nur auf Unterschiede in der Körperwahrnehmung achten, die ggf. anders wären, als wenn er außerhalb dieses Feldes stünde. Hoffentlich sieht mich hier keiner, ging es Sam spontan durch den Kopf. Er hörte die kritische Stimme in sich und gleichzeitig spürte er, wie er sich an der Position des Kriegers plötzlich so klein fühlte. Er schrumpfte scheinbar zusammen und fühlte sich wie ein sechsjähriges Kind. Es war genau dasselbe Gefühl, das Sam aus der letzten Geschäftsführungssitzung kannte und aus vielen ähnlichen Situationen. Klein, hilflos, mit einem dicken Kloß im Hals. Ihm wurde fast übel. »Ich will doch nur spielen«, sagte eine innere Stimme. Er war mehr als erstaunt. Dieses Gefühl war so klar spürbar für ihn, nur, er wollte es nicht länger aushalten. »Nein, das ist keine kraftvolle Position und spielen reicht bei solch einem Projekt nicht, das fordert den vollen Kampf«, resümierte Sam. Er schämte sich fast. Was waren das für Dinge, die sich hier zeigten? So war er doch nicht. Doch, wenn er ganz ehrlich mit sich war, dann gehörte dieses Gefühl zu ihm, auch wenn er in vielen Lebensbereichen ein »gestandener Mann« war.

Als Nächstes stellte er sich auf die Position des Künstlers. Er nahm sich Zeit und ließ seine Wahrnehmungen kommen. »Hier stehe ich wirklich vor der Wand, habe keine Aussicht, wie es hier weitergehen soll.« Nach einer kurzen Weile meinte er: »Es ist komisch, aber jetzt würden meine Arme anfangen sich zu bewegen, die fangen an zu rudern und wild um sich zu schlagen.« »Lassen Sie das ruhig zu«, unterstützte ihn die Coachin. Sam stellte fest: »Es ist viel Kraft da, aber sie ist nicht zielgerichtet, da ich nicht zupacken kann, da dreht viel leer. Zumindest ist es gut, die Kraft wahrzunehmen.«

Sam ging aus diesem für ihn seltsamen Feld hinaus und spürte, wie sein Körper wieder den Normalzustand einnahm. »Ein Schluck Wasser und die Normalität wieder spüren«, meinte die Coachin und reichte ihm ein Glas.

Jetzt sollte sich Sam in die Position des freien Wilden stellen. Er zögerte. Wenn die Ahnung von vorhin wieder zurückkam, wenn die Traurigkeit ihn in Besitz nahm? Nein, das wollte er nicht. Gleichzeitig hatte er soeben erfahren, welche wichtige Botschaften auftauchen können und dass er sich wieder davon lösen konnte. Er nahm seinen Mut zusammen und stellte sich auf die Position des freien Wilden. Stand da und versuchte wahrzunehmen. Die Coachin ließ ihm viel Zeit, kein Drängen. Sam spürte, wie aufmerksam sie dabei war. Ganz langsam nahm er die Starre wahr und nach noch mehr Zeit löste er sich aus seiner Starre. »Starre ist ein gutes Mittel, um nichts wahrzunehmen, Starre ist ein guter Selbstschutz. Ich mache mich ganz klein, dann sieht mich keiner, aber es ist fast, als ob ich ersticke«, kam es ihm in den Sinn.

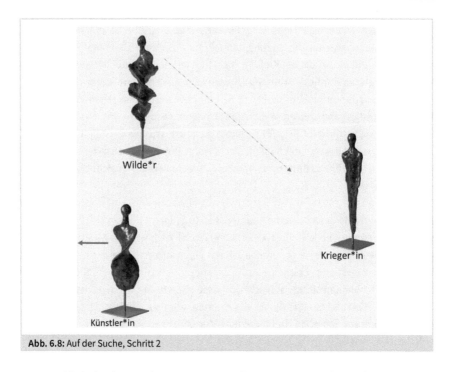

Abb. 6.8: Auf der Suche, Schritt 2

Die Coachin holte ihn aus dieser Position und meinte: »Herr Solaro, ich denke, es ist an der Zeit, Ihren König mit ins Feld zu bringen. Den König, der so alt ist wie Sie heute, einer, der gereift ist an seinen Lebenserfahrungen, der den vollen Umfang seines Potenzials leben kann. Ist Ihr König so einer?« Ja, sein König ist so einer! Sam kannte sich auch kraftvoll, klar und lebendig. Er blickte auf die gewählte Königsfigur, hielt Zwiesprache mit ihr und platzierte sie an den Kopf des Feldes. Die Coachin forderte Sam auf, auch diese Position einzunehmen.

Sam stellte sich an diesen Platz, nahm Kontakt mit den Figuren auf und nahm sich wieder Zeit. Seine Beine bekamen Kraft, er richtete sich auf und fühlte Wärme. Es war, als würde er wachsen. Er blickte zum Krieger und meinte: »Der kann ruhig stärker ins Feld kommen.« Dann blickte er zum freien Wilden. Ihn überkam Bedauern. Die Coachin ließ ihm Zeit für die Wahrnehmung dieses Gefühls. Vielleicht spürte sie auch seinen inneren Zwiespalt, sich genau diesem zu stellen. Dann meinte sie: »Bedauern heißt, diese Figur in ihrem Stadium festzuhalten, sie als Opfer zu sehen. Was sehen Sie noch in ihm?«, fragte die Coachin. »Wie kann diese Qualität des Wilden, diese Fähigkeit zum Täter, zum aktiven Teil werden?«

»Eigentlich steckt da so viel Kraft und Lebensfreude. Es könnte ein ideensprühendes Kraftpaket sein.«»Gibt es etwas, was Sie diesem freien Wilden sagen möchten?«, frage die Coachin. Sam überlegte.»Was immer dich kleingehalten hat, heute bist du erwachsen, du spürst deine Kraft und deine Lebendigkeit, du darfst dich voll entfalten.« Was kommen mir für komische Sätze, fragte sich Sam, blieb aber in seiner Wahrnehmung des Geschehens. »Ich glaube, da ist auch so etwas wie zu viel Kraft und dass dann etwas kaputt geht.«»Was braucht denn der freie Wilde, damit sich Kraft ohne Scherben entfalten kann?«, kam die Frage – von der Coachin oder von ihm selbst? »Der braucht Kontakt zum Krieger, denn der kennt die Taktik.« Die Figur des freien Wilden wurde stärker in den Raum gedreht und blickte jetzt voll auf den Krieger. »Was ist mit dem Künstler?«, fragte die Coachin. »Der soll sich frei im Raum bewegen, in jede Ecke blicken und alle Möglichkeiten aufnehmen. Der hat eine gute Nase für Möglichkeiten und viele neue Ideen. Die soll er dann zum Krieger bringen, der macht daraus einen Plan.«

Sam blickte lange auf diese Konstellation. »Und jetzt ist es Zeit, dass der freie Wilde sich ganz an die Seite des Kriegers stellt. Gemeinsam sind die unbändig stark. So ist es gut, ja!«, meinte er und stellte den Wilden zum Krieger.

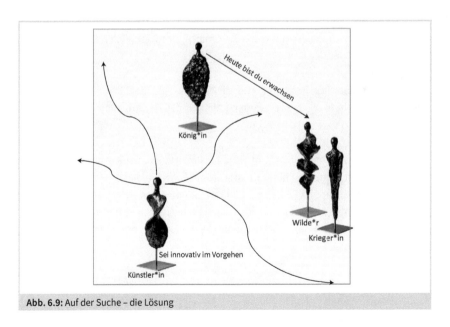

Abb. 6.9: Auf der Suche – die Lösung

Langsam stieg Sam ganz aus diesem Feld. Setzte sich und blieb lange ruhig. »Es ist frappierend. Mir ist so vieles vertraut, aber es zu spüren, macht den entscheidenden Unterschied. Es fühlt sich an, als würde etwas in mir frei werden.« Ganz vorsichtig schob ihm die Coachin das Notizbuch zu. »Halten Sie fest, schreibend oder malend, was Sie soeben erlebt haben. Zu leicht verfliegen solche Wahrnehmungen und mit ihnen ihre so wichtigen Botschaften.« Sam notierte:

Künstler: Ich kann auf meinen Ideenreichtum vertrauen, meine fachliche Erfahrung ist so fundiert, ich finde immer wieder innovative Lösungen, aber ich muss es nicht alleine bewerkstelligen. Auch in der Vorgehensweise werde ich neue Wege gehen.

Krieger: Ich werde meine Pläne konkretisieren, mir Kooperationspartner suchen und Testballons starten, ich weiß, wer mit mir an einem Strang ziehen wird. Ich werde mein Aktionsfeld besser analysieren. Wenn ich loslege, muss es ein klares, stringentes Vorgehen sein. Ja, Kampf gehört zu solch großen Vorhaben. Es wird auch wehtun.

Wilder: Ich habe sehr viel Kraft. Diese Zwiespältigkeit habe ich noch nie so wahrgenommen. Erstaunlich, dass ich mich bremse, weil ich befürchte, etwas kaputt zu machen. Aber wenn wir etwas Neues aufbauen, wird unweigerlich etwas Bestehendes abgebaut werden müssen. Ja, ich stehe zu dieser Notwendigkeit. Ansonsten hat eine neue Struktur in unserem Haus keine Chance. Das werde ich mit meinem Krieger durchkämpfen.

König: Bei aller Bedrängnis, es ist gut, mich in meiner jetzigen Stärke zu spüren und zu erleben. Ich nehme das Zepter wieder in die Hand. Ich werde meinem Kampfgeist Freiheit geben und eine klare Richtung.

Entspannte Ruhe machte sich in Sam breit. Er sinnierte noch etwas und blickte dann zu seiner Coachin. Zum Abschluss meinte sie: »Geben Sie diesen Empfindungen in den nächsten 24 Stunden viel Raum, damit sie bei Ihnen so richtig ankommen können. Dann melden Sie sich bei mir für eine Nachbetrachtung und die Erarbeitung Ihres Aktionsplans für Ihren Quantensprung. Ich wünsche Ihnen ein gutes Ankommen bei sich selbst.«

6.4   Eine Künstlerin entdeckt sich

Felices Freundin Maren hatte alles eingefädelt. Bei den Übungsabenden ihrer Lerngruppe war eine reale Fallgeberin, wie sie es nannten, herzlich willkommen. Und dann geschah noch etwas Besonderes: Die Leiterin der Fortbildung und Entwicklerin des Souveränitäts-Codes hatte ebenfalls ihr Kommen zugesagt. Maren war happy. »Felice, das ist eine so tolle Chance. Nur, du musst dir sicher sein, dass du dich darauf einlassen kannst und willst.«

Bereits die Tage davor spürte Felice eine Mischung aus aufkeimender Hoffnung und Verunsicherung. Außer einer studentischen Beratung hatte sie noch nie professionelle Hilfe in Anspruch genommen, geschweige denn an Coaching gedacht. Ihre Vorstellungen dazu waren sehr vage. Nur von Maren kannte sie begeisterte Schilderungen. Sie erzählte gelegentlich von Fragetechniken und sehr eindrücklichen Ergebnissen aus solchen Coachings. Aber sie, Felice, hatte nicht wirklich eine Vorstellung davon.

Als sie den Raum betrat, war Felice froh, Maren winken zu sehen. Felice wurde begrüßt. Die Leute wirkten sympathisch. In einer Ecke standen Getränke und Obst, die Gruppe organisierte sich wohl selbst. Jemand aus der Runde eröffnete den Abend. »Ein Hallo in die Runde zu diesem besonderen Abend. Ich bin Chris und ich übernehme für heute die Moderation. Unsere Übungsabende dienen unserer Reflexion der Erfahrungen, wir supervidieren uns gegenseitig, wir erproben neue Coachingmethoden und reflektieren uns selbst in unserer Rolle als Coaches. Heute haben wir einen Gast mit einem eigenen Anliegen, also einen Fall, den wir hier in der Runde bearbeiten werden. Außerdem werden wir unser Vorgehen im Nachgang selbst noch einmal reflektieren. Wir arbeiten heute ja mit einer realen Situation. Felice, ich möchte dir hier im Namen der Gruppe etwas über Coaching erzählen. Du sollst Orientierung haben, wie wir arbeiten. Wir verstehen dich als deine eigene Heilerin. Du entscheidest, was von den Erkenntnissen, die heute entstehen werden, für dich relevant ist und was du damit anfangen wirst.

Unter Coaching verstehen wir eine zeitlich begrenzte, partnerschaftliche Begleitung für Einzelpersonen und manchmal auch für Teams. Es geht immer um die eigene Souveränität und darum, dass wir zu der Person werden, die in uns steckt, dass wir unsere Fähigkeiten nicht nur entdecken, sondern auch leben. Das heißt, Erkenntnisse sollen auch konkret umgesetzt werden können. Zu Beginn wird jeweils der Anlass für ein Coaching geklärt und somit deine Zielvorstellungen. Also ganz direkt, was soll für dich am Ende des Abends rauskommen? Bei einem längeren Coaching nehmen wir uns angemessen Zeit für eine persönliche Standortbestimmung. Dafür stehen uns verschiedene Methoden zur Verfügung. Für heute konzentrieren wir uns darauf, dass du Möglichkeiten für dich findest, deine Situation zu verändern. Wir konzentrieren uns hier auf einen nächsten, kurzen Schritt. Das Ziel von Coaching ist immer, die eigenen Stärken und Fähigkeiten zu erkennen und zu verstehen, was uns hindert, sie zu leben, oder besser, was wir brauchen und selbst tun können, um sie zu realisieren. Wenn wir die Ausgangslage und das Ziel klar haben, die Hindernisse verstehen, dann brauchen wir noch die Möglichkeiten, Ressourcen genannt, um dorthin zu kommen, wo wir hinwollen. Verstehst du das Bild?«»Ja, schon, aber es klingt alles noch so theoretisch«, erwiderte Felice. Doch sie spürte das Bemühen um sie und die Erläuterungen waren hilfreich. Ihre Aufregung legte sich mit der Zeit und Felice kam langsam in dieser für sie so ungewöhnlichen Runde an.

»Ich möchte dich vorab auf etwas ganz Kurioses aufmerksam machen. Weißt du, dass wir nur ein Problem haben können, wenn wir auch eine Idee von der Lösung haben, und wenn sie noch so vage ist?«»Äh, verstehe ich nicht«, meinte Felice. »Schau, du kämpfst mit deiner momentanen Situation. Sie ist nicht so, wie du sie willst. Jetzt beschäftigt dich vorrangig, was so schwierig für dich ist, du bist verzweifelt, es tut wirklich weh usw. Deine Gedanken drehen sich im Kreis. Das bindet Energie und Aufmerksamkeit.« Felice bestätigte: »Ja, das stimmt, ich kann an fast nichts anderes mehr denken. Jeden Morgen ist das mein erster Gedanke beim Aufwachen.« Chris fuhr fort: »Gleichzeitig ist klar, du willst etwas anderes. Das ist wie ein noch nicht entwickeltes Bild, wie früher halt, als man Fotos mit Chemie entwickelte. Die Aufnahme ist bereits da, aber sie zeigt sich erst nach und nach.«

»Die Frage, die zu Lösungen lenkt, ist: Angenommen, es ist ein Wunder geschehen und deine vertrackte Situation ist aufgelöst, was ja wahrlich ein Wunder wäre, also dieses Wunder ist geschehen ..., an was würdest du merken, dass es eingetreten ist?«

Felices Augen leuchteten auf. »Also ganz klar, dann hätte ich meinen Traumjob. Ich würde sicher in der Welt stehen und könnte viele eigene Ideen umsetzen. Ich hätte meine Kamera wieder in der Hand. Ich würde mit Kollegen über eine Fotostrecke diskutieren, Ausstellungen planen ... upps, wo kommt das denn alles her? Ach, das ist doch alles Träumerei, das ist so weit weg von meiner Realität.« Felice sackte wieder in sich zusammen.

»Bleib ruhig in der Wundervorstellung, an was würdest du es noch merken?«»Ich mache mir keine Vorwürfe mehr, dass ich nicht fähig bin, genügend Unterhalt zu verdienen.«»Sondern?«»Ja, am Ende des Monats ist noch Geld auf dem Konto.«»Und an was noch?«»Mein Selbstvertrauen ist dann zurück, ich verwirkliche eigene Projekte, ich habe einen Arbeitsplatz in einem netten Büro, ich kann souverän mein eigenes Leben gestalten …«

»Jetzt ist Zeit, deine Aufstellung zu machen. Was brauchst du, um so kraftvoll zu sein, wie du dich soeben gezeigt hast? Das mit den sieben Qualitäten in uns hat dir Maren bereits erklärt, oder brauchst du dafür noch eine Information?«»Ach die sind mir inzwischen wirklich vertraut, Maren ist ja ganz vernarrt in diese Figuren«, Felice konnte sogar darüber lächeln.

»Hier stehen alle deine Kräfte und Fähigkeiten bereit. Felice, du kennst deine Situation nur zu gut. Du hast genauso eine Idee, ein Bild von einer guten Zukunft in dir. Wenn du jetzt etwas für dich entdecken wirst, auf was genau möchtest du eine Antwort finden?« Felice dachte kurz nach und hatte die Frage doch schnell parat: »Was hilft mir, überzeugend zu sein, und wie finde ich endlich zu meinem Beruf?«

Abb. 6.10: Felice macht sich auf den Weg

»Felice, es gibt verschiedene Varianten in dieser Art von Aufstellungsarbeit. Du kannst diese Figuren hier als die Stellvertreter deiner Aspekte nehmen. Eine andere Variante ist, die hier anwesenden Kollegen als Stellvertreterinnen zu stellen, ja genau, die realen Personen. Das ist die intensivste Art zu arbeiten.« »Und die reichhaltigste«, fügte eine aus der Runde an. Felice überlegte, gab sich sichtlich einen Ruck und meinte: »Vielleicht gehört es bereits zum Coaching hier oder zu meinem Lernen, dass ich mich traue, die große Variante auszuprobieren. Hoffentlich verlässt mich mein Mut nicht.«

»Gut«, meinte Chris, »dann wähle bitte aus dieser Runde jeweils jemanden für die Kräfte, die du aufstellen willst. An welche Kräfte hast du denn gedacht? Du kannst, aber musst nicht alle sieben Archetypen aufstellen. Du kannst alle benennen und die wichtigsten ins Feld führen.« »Mit Feld meinst du die Fläche hier?«, fragte Felice nach. »Ja, das ist so etwas wie dein Aktionsraum, dein Lebensraum.« Felice stand auf, blickte in die Runde und fing an, sieben Personen zu fragen, ob sie Stellvertreter sein wollten. Auf einen kurzen Hinweis hin führte sie eine Person nach der anderen in den Raum.

Felice stellte als Erste ihre kämpferische Seite, ihre Kriegerin, in die Raummitte. Da ihre gesamte Situation so schwierig für sie war, wollte Felice ihre Heilerin mit im Bild haben und stellte diese nahe zur Kriegerin. Ihre Visionärin platzierte sie mit maximaler Distanz und mit dem Rücken zum Fenster. »Ach so, ja, die Königin, die stelle ich auf die andere Seite des Raumes auf Höhe der Visionärin ... oder doch etwas weiter rein.« Die Wilde, die Weise und die Künstlerin ließ sie unbeachtet auf ihren Stühlen. Die stellvertretenden Personen gaben nun ihre Wahrnehmungen und Eindrücke in ihrer Position wieder:

»Als Kriegerin stehe ich hier sehr zentral. Ich könnte mächtig sein, aber das bin ich nicht. Ich bin so mit dem Boden verwurzelt und mir kommt immer wieder ein Satz: Sei pragmatisch, sei pragmatisch ... und jetzt kommt Traurigkeit dazu.« Heilerin: »Ich habe die Kriegerin im Rücken und stehe sehr nahe bei ihr. Das ist sehr vertraut, aber ich blicke nach außerhalb des Kreises, da habe ich etwas zu tun. Die Königin und die Visionärin sehe ich nicht.« Visionärin: »Ich stehe hier sehr unsicher, meine Stirn ist so angespannt. Ich kämpfe um ein klares Bild, aber das rutscht mir immer wieder weg. Es ist, als würde das, was ich sehen will, immer wieder im Nebel abtauchen.« Königin: »Als Königin fühle ich mich wahrlich nicht, eher hilflos und traurig. Ich habe den Anspruch, hier alles zu regeln. Ich bin doch hier verantwortlich, ich muss doch für das alles sorgen und ich kann es nicht, das macht mich traurig, so traurig. Ich stecke in mir selber fest.«

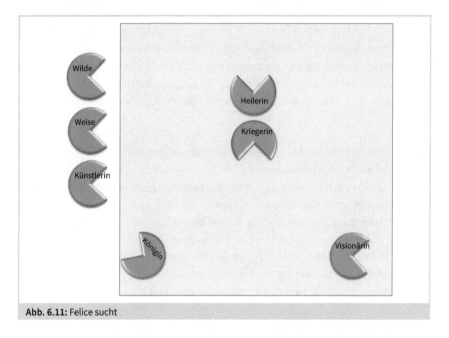

Abb. 6.11: Felice sucht

Felice verfolgte die Szenerie von außen und Chris musste gar nicht fragen, ob Felice mit diesen kryptischen Aussagen etwas anfangen konnte. Es war ihr ins Gesicht geschrieben. »Felice«, fragte Chris, »für wen oder was bist du verantwortlich?« Felice schossen die Tränen in die Augen. »Für meinen kleinen Bruder, er ist behindert«, sprudelte es aus ihr heraus. »Ich wollte meine Eltern nie zusätzlich belasten. Sie haben so viel mit ihm zu tun. Bei uns zu Hause drehte sich natürlich immer alles um ihn, auch heute noch. Ich hatte da nie so viel Platz für mich. Auch finanziell, es hat so viel gekostet, das Haus für ihn umzubauen. Da war kein Geld für mein Studium. Ich habe während des ganzen Studiums gejobbt. Es hat mir so gutgetan, mit dem Stipendium mal etwas für mich selbst geschenkt zu bekommen …«

»Es scheint, du hast in deinem Leben bislang sehr viel Rücksicht auf deinen Bruder genommen, hast zurückgesteckt und nimmst deine Belange nicht so wahr. Wenn du deine Familie weiterhin unterstützen willst, macht es doch noch mehr Sinn, dass du dir endlich einen guten Job erlaubst, einen, an dem du Freude hast, mit dem es dir gut geht. Wenn du gut für dich sorgst, kannst du auf andere Art und Weise für deine Familie da sein – wie immer du es dann willst«, meinte Chris. Felice nickte tonlos.

»Euer Gespräch bewegt mich sehr«, schaltete sich die Heilerin ein. »Ich möchte mich nach innen drehen und etwas Abstand von der Kriegerin nehmen.« »Bleibt pragmatisch«, knurrte die Kriegerin. Visionärin: »Es tut gut, dass sich die Heilerin nach innen gedreht hat, da wird mein Blick klarer. Die Kriegerin mit ihrem ›pragmatisch‹ macht mich wütend.«

Jetzt meldete sich die Künstlerin. Sie hatte bislang außerhalb des Geschehens gesessen. »Auch wenn ich nicht aufgestellt wurde, nur am Anfang benannt, so habe ich doch den Eindruck, ich gehöre dazu, vom Start weg. Ich komme mir hier so klein und unbeachtet vor. Ich bin wie ein Samen, aber nicht so ein kleiner Blumensamen, nein, was Kraftvolles, aus mir wird mal ein starker Baum …, wenn man mich lässt.« »Was brauchst du denn für dich?«, fragte Chris. »Beachtung! Und ich möchte ins Geschehen kommen. Die Wilde hier hätte ich gerne an meiner Seite, einen guten Kontakt zur Heilerin und wir sollten alle zur Visionärin blicken. Die Kriegerin soll sich ein anderes Gewand anziehen. Die braucht einen gänzlich neuen Auftrag.«

Die Stellvertreter veränderten ihre Plätze und es entstand eine gänzlich andere Szenerie. Großes Aufatmen ging durch den Raum. Die Visionärin meinte, jetzt würde ihr Kopf klar, sie sehe plötzlich auch zum Fenster raus. Die Kriegerin grummelte noch vor sich hin, andere Kleider, dann wäre sie ja nackt und was das für ein anderes Gewand sein solle. Die Königin meldete sich endlich. »Ja, Heilerin, ich brauche dich in meinem Gefilde, du hast so lange für anderes gedient. Du darfst und sollst dich um dich selbst kümmern. Als Erstes um die Künstlerin, ich glaube, die braucht noch etwas Beachtung und Stärkung. Letzteres wird von der Wilden kommen, diesem Freigeist.« »Ja genau, ich mache was ich will«, sprühte die Wilde. »Der Pragmatismus kann mich mal.« »Gemach, gemach«, schaltete sich die Königin wieder ein. »Der Pragmatismus der Kriegerin war wichtig, doch jetzt kann die Kriegerin ihre Kraft für ihr eigenes Feld nutzen. Sie soll sich mehr auf die Visionärin ausrichten und die Künstlerin unterstützen.« »Ich rücke ja richtig in die Mitte. Jetzt bin ich zum ersten Mal so richtig im Blickfeld«, meinte die Künstlerin. »Es fühlt sich an wie neu geboren.«

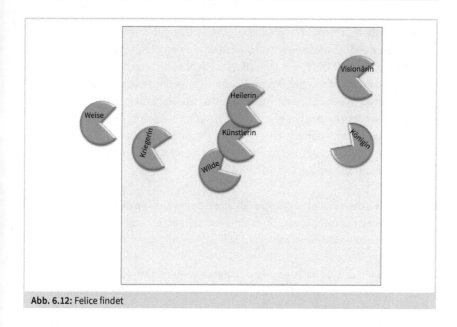

Abb. 6.12: Felice findet

»Ich merke, jetzt habe ich genug gesehen und auch gespürt, wo es für mich hingeht«, meldete sich Felice. »Es ist, als würde eine große Last von meinen Schultern fallen. Ja, ich erkenne, dass ich all die Jahre mehr für die Situation in meiner Familie gelebt habe. Für mein Leben hatte ich mir keinen Raum genommen. Jetzt fühlt sich alles viel freier an.« »Stell dich zum Abschluss an die Position der Künstlerin und schau auf alle deine Kräfte. Sie stehen dir alle für dein souveränes Leben zur Verfügung«, sagte Chris. »Wow!«, war der einzige Kommentar von Felice. Die Gruppe löste die Szenerie auf, stieg aus ihren Empfindungen und Rollen aus und alle setzten sich wieder.

»Felice, eine Frage habe ich noch zum Abschluss. Wenn sich bei euch so vieles um deinen kleinen Bruder drehte, wer in der Familie war für dich da?« »Meine Omama«, kam es spontan. »Und was würde sie heute zu dir sagen?« »Medscher, sie sprach hessisch, Medscher, leb däi Leba.« Felice strahlte.

Chris: »Felice, atme mal tief durch und lass all diese Eindrücke gut bei dir ankommen. Was brauchst du jetzt für dich? Ruhe? Kannst und willst du für dich bereits ein Fazit ziehen? Gibt es etwas, was dir jetzt besonders wichtig geworden ist?«

»Für mich haben sich die verschiedenen Hindernisse geordnet. Ich dachte immer, meine Bewerbungen werden abgelehnt, weil an meinen Fähigkeiten gezweifelt wird oder weil ich eh nicht weiß, was ich will, weil ich alles andere als souverän auftrete oder weil mir meine utopischen Wünsche nicht zustehen, oder, oder. Jetzt sehe ich, wie sehr ich mich meinem Bruder und meiner Familie verbunden, nein, an sie gebunden sehe. Das hatte ich noch nie so realisiert. Auch dass dieses Gebundensein mich fesselt und mich damit daran hindert, sie wirklich unterstützen zu können. Es ist so kurios. Es fühlt sich noch so neu an, mich auf mich und meine kreative Stärke zu verlassen. So ganz traue ich der Sache noch nicht.«

»Diese Unsicherheit in diesem neuen Gefühl ist normal, das weißt du aber auch. Du kannst ja als erstes Projekt auf die fotografische Jagd nach diesem Gefühl gehen. Fange es ein, mache ein Kunstwerk daraus.«

»So, Felice, wir laden dich ein, es dir im Nebenraum gemütlich zu machen. Nimm dir Zeit zum Nachspüren, vielleicht möchtest du auch Notizen machen oder die Eindrücke mit Stift und Farbe für dich festhalten. Mit Maren hast du eine Freundin, mit der du weiter im Gespräch sein wirst. Uns interessiert sehr, welche Veränderungen deine Erkenntnisse bei dir bewirken und was du daraus machst. Wir werden das Geschehene jetzt aus methodischer Sicht reflektieren. Wir wünschen dir einen guten Weg.«

Zum nächsten Treffen brachte Maren Fotos von Felice mit. Sie entstanden, als Felice nach langer Zeit ihre Nikon F100 wieder in die Hand nahm. Es war ihre erste Fototour seit Langem, und dass sie frei und losgelöst war, spiegelte sich in den Aufnahmen. Sie waren kraftvoll und ausdrucksstark. Maren erzählte, dass Felice ein Booklet produzierte, in dem sie ihre Befreiungsgeschichte erzählte. Kurze Zeit später entdeckte Felice eine Kleinanzeige: »In unserem Büro mit angeschlossener Galerie sind noch Arbeitsplätze frei. Wir bieten tolle Kiezlage, großen Showroom und verrückte Kolleginnen.« Felice wagte den Schritt in die Selbstständigkeit und ihr erster Erfolg war ein Autorenvertrag für ein Jugendbuch.

6.5   Wege aus der Überforderung – oder die Heilung der Heilerin

Zwei Wochen nach der großen Herbstkonferenz. Auch wenn in ihrem inneren Dialog noch viele Wenns und Abers kreisten, Carla war klar, sie musste zumindest vorübergehend raus aus diesen Zusammenhängen. Paul, ihr Mann, war ihr eine große Hilfe.

Immer wenn sie wieder in die Rückbetrachtung der Ereignisse fiel, holte er sie aus diesem »Schmerzbaden«, wie er es nannte, heraus. »Ja, es ist vieles so, wie du es siehst. Konzentriere dich darauf, was du jetzt für dich brauchst. Und was ich für dich tun kann.« Sie nahm ihren gesamten restlichen Urlaub, instruierte ihre Stellvertreterin und stellte das Diensthandy aus.

»Was ich jetzt brauche?« So leicht konnte Carla diese Frage für sich nicht beantworten. Es folgten schlaflose Nächte, lange Spaziergänge. War sie kräftemäßig wirklich am Ende? War es die absolute Talsohle, die sie empfand? Hatte sie noch genügend restliche Energie, um sich einen Lösungsweg zu suchen? Brauchte sie Hilfe von Dritten? War das ein Burn-out? Sollte sie zum Arzt gehen?

Ein Gespräch mit ihrem Vorgesetzten konnte und wollte sie in dieser Verfassung auf keinen Fall führen. Der restliche Funken von Vertrauen war für sie zerstört. Sie rekapitulierte die Entwicklungen und machte sich selbst massive Vorwürfe, dass sie diese Dynamik nicht hatte kommen sehen, geschweige denn ihr etwas entgegengesetzt hatte. In solchen Momenten wurde sie streng, aber liebevoll von Paul gestoppt: »Wenn du meinst, das war dein Fehler, dann schau dir an, was dir in den Situationen gefehlt hat.« Das war das Schlüsselwort. »Ein Fehler ist, wenn etwas fehlt.« Das war ein Satz aus einem ihrer sporadischen Coachings. Es wirkte wie ein Türöffner. Das ganze Coachingsetting fiel ihr wieder ein. Schon öfter hatte ihre Beraterin mit den Elementen des Souveränitäts-Codes gearbeitet. Wo waren ihre Figuren? Aus einer der Coachingsitzungen hatte sie die Anregungen mitgenommen, sich für die Elemente ihrer Souveränität wie Königin, Heilerin, Kriegerin etc. selbst Symbole zu suchen, um mit ihnen zu arbeiten. Sie hatte den Beginn des roten Fadens für sich wiedergefunden.

Carla bat ihren Mann, Sparringspartner für sie zu sein. Auch wenn er keine spezielle Ausbildung dafür hatte, die langen Jahre gemeinsamer Diskussionen über Führungssituationen, gelingender oder kritischer Gesprächsführung hatten ihre Beziehung nachhaltig geprägt. Er hatte über die Jahre wirklich zuhören gelernt und auch bei Paul schlugen sich diese kommunikativen Fähigkeiten inzwischen in seiner Tätigkeit und bei seinen Kunden nieder.

Sie arrangierten einen ruhigen Abend. Die Tochter durfte bei einer Freundin übernachten und war damit gut versorgt. Der Wohnzimmertisch wurde freigeräumt. Carla hatte ihre Symbole in einer extra dafür gestalteten Schachtel wiedergefunden. Einzeln holte sie die Dinge heraus. Eine Krone aus Pappmaschee hatte sie einmal für ihren königlichen Aspekt gefunden. Die Kriegerin war ein Holzschwert aus der Ritter-und-Königs-hof-Zeit ihrer Tochter. Für die Künstlerin hatte sie Pinsel aus ihrem Aquarellkurs, da war sogar noch Farbe dran. Für die Heilerin bröselte ein vertrockneter Kräuterstrauß in der Kiste. Der ging nicht mehr. Da musste etwas Frisches her. Sie ging auf ihren Bal-kon und schnitt sich ein paar Küchenkräuter ab. Ihr Blick fiel auf den Topf mit Wermut, ja bitter, das hast du bitter nötig, dachte sie und schnitt ebenfalls etwas davon ab. Für ihre Visionärin hatte sie eine Postkarte von einer ihrer Freundinnen geschenkt bekom-men. Da lag ja ihr Stein mit einem eingravierten Labyrinth. Das hatte beim letzten Mal für die weise Alte gestanden. Selbst das knorrige Wurzelstück, gefunden auf einer Wanderung, war noch da. Also war auch der Aspekt der wilden Freien vorhanden.

Abb. 6.13: Carlas Utensilien

Paul bat sie, zu den einzelnen Gegenständen etwas zu erzählen.»Welche Qualitäten verbindest du mit ihnen? Ich bin da nicht so fit darin.« Durch Carlas Beschreibung der Stärken und Schwächen der verschiedenen Aspekte begann bereits ihre Identifika-tion mit den Qualitäten der Archetypen. Das, was die Gegenstände für Carla darstell-ten, schuf sie durch ihre eigene Interpretation und ihre Empfindungen.

Carla kam bereits ins Erzählen, Beleuchten und Interpretieren. Paul stoppte sie.»Das ist jetzt ein Durcheinander von Gewesenem, deinen Hypothesen und einem ›hätte, wäre, könnte‹. Wäre es nicht besser, wir suchen uns erst deine Frage? Willst du die Situation noch mal anschauen, und wenn ja, welche genau? Hast du das nicht immer Situationsanalyse genannt? Oder willst du eher auf die Zukunft schauen?« Carla über-legte:»Eigentlich habe ich genug analysiert. Über den Vertrauensbruch habe ich mich bereits genügend ausgelassen, auch kenne ich meine Anteile von Leistung und Ehr-geiz. Wie das Ganze entstanden ist, ist mir klar und doch nicht klar. Nur das Gewesene anzuschauen, würde mich immer wieder in meine Hilflosigkeit zurückkatapultieren. Nein, ich möchte mehr darauf schauen, was ich brauche, um da rauszukommen.« Paul:»Dann lass uns auf die Zukunft blicken. Kannst du deine Frage formulieren?«

Carla:»Was hat mich so wehrlos werden lassen … ach, nein, das ist ja wieder zurück-gewandt und problemorientiert. Also: Welche Kräfte und Fähigkeiten brauche ich im

Moment am stärksten?«»Um was zu tun …?«, hakte Paul nach. »… Um besser und souveräner meine beruflichen Drucksituationen handhaben zu können!«»Handhaben?«, fragte Paul.»Nein, um mich besser und souveräner abgrenzen zu können.«

»Lass uns die Frage richtig aufschreiben, damit sie stärker wirkt«, ergänzte Paul. »Ach halt, ich hole noch mein Notizbuch. Da habe ich schon früher alle meine wichtigen Beobachtungen aufgeschrieben«, meinte Carla und lief zu ihrem Schreibtisch.

NOTIZBUCH

Welche Kräfte und Fähigkeiten brauche ich aktuell am stärksten, um mich in meinen beruflichen Drucksituationen besser abgrenzen zu können?

»Dann steigen wir ein. Bodycheck!« Carla setzte sich bequem auf den Sessel und ließ sich von Paul von den Fußsohlen bis zum Kopf durch die Wahrnehmungsübung führen. Obwohl die Übung es nicht erfordert, dass irgendwelche Veränderungen vorgenommen werden, konnte Paul beobachten, wie seine Frau die Schultern entspannte, tiefer atmete und ruhiger wurde.»Mann, ich habe vergessen, dass ich so viele kleine Hilfsmittel ja bereits in petto habe«, bemerkte Carla.»Das hat jetzt schon gutgetan. Ich hatte gar nicht registriert, wie angespannt meine Schultern sind.«

Paul:»Dann schau mal auf deine Frage und auf deine Figuren hier. Welche davon möchtest du einladen, dir zu helfen?« Carla nahm spontan die Krone in die Hand. »Natürlich, es geht um meine Souveränität in beruflichen Situationen …, aber … wenn ich so ganz auf meine innere Stimme höre, dann brauche ich gerade nur zwei … oder drei …, also meine Heilerin«, sie schnupperte am frischen Kräuterbündel, »… und meine Kriegerin.« Carla nahm das Holzschwert und wog es in der Hand.

Paul:»Und wie war das jetzt mit dem Raum? Also wenn das hier dein ganzer Aktionsraum ist, warte, ich schiebe den Sessel noch weg, dann platziere deine Heilerin und deine Kriegerin nach deinem inneren Bild.«

Carla nahm das Kräuterbüschel in die Hand, ließ sich Zeit und spürte schließlich den für sie stimmigen Platz für ihre Heilerin. Sie legte sie Richtung Fenster. Das Holzschwert für die kriegerische Qualität in ihr fand seinen Platz ca. zwei Meter von dem Kräuterbüschel entfernt Richtung Balkontür.»Ich glaube, es ist gut, wenn ich die Balkontür aufmache. Die Kriegerin will ins Freie blicken«, meinte Carla. Sie blickte in Ruhe auf die beiden Symbole auf dem Fußboden. »Ja, die beiden haben viel miteinander zu tun. Ich stelle mich erst auf den Platz der Heilerin, die kam mir als Erstes in den Sinn.«

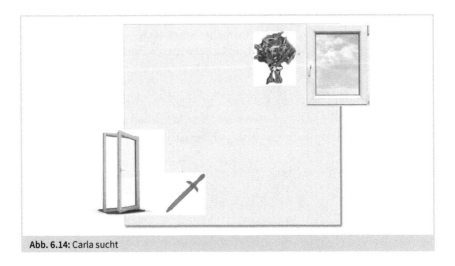

Abb. 6.14: Carla sucht

Carla stellte sich in Position und Blickrichtung des Kräuterbüschels. Sie nahm Kontakt auf zu dem Platz, blickte zum Fenster und zum Holzschwert und wieder zum Fenster und wurde ganz ruhig. Sie nahm sich Zeit, um sich gänzlich auf ihre Körperwahrnehmungen zu konzentrieren. Den Kopf abzuschalten, fiel ihr schwer. An der Stelle stehend sprach sie ihre Wahrnehmungen der körperlichen Empfindungen aus. Paul notierte für sie in Kurzform. »Ich bin hier ganz schwach und mir wird schwindelig, meine Beine zittern richtig, ich habe keine Kraft und will doch so viel geben.« Ihre Hände machten ein paar hilflose gebende Bewegungen. »Meine Handgelenke brennen und fühlen sich an wie gefesselt. Es entsteht ein Kribbeln am Kopf, als ob jemand meine Haare schneidet, und meine Haare sind doch meine Ideen.« Carla stand und ließ sich Zeit. »In meinem Bauchraum entsteht eine große weiße Blase. Die dehnt sich immer mehr aus, will platzen und sich ergießen, aber das geht nicht, das wird nicht angenommen.« Carla wunderte sich nicht über solche komischen Wahrnehmungen, sie waren ihr in anderen Coachingsituationen bereits begegnet. Das Vertrauen in ihren Mann war so tragfähig, dass sie sich traute, die kuriosesten Dinge zu äußern. Auch wenn sie ihre eigenen Sätze gerade nicht verstand, sie wusste, diese Symbolsprache würde sich ihr entschlüsseln. »Jetzt kommt mir ein Satz: Ich kann nicht mehr geben, als genommen wird, auch wenn ich selbst mehr geben kann. Mein Blick geht aus dem Fenster und ich sehe, da ist ja auch noch eine Welt. Komisch, das habe ich bislang gar nicht wahrgenommen. Wenn ich auf die Kriegerin blicke, geht es mir zwiespältig, die sieht nicht gesund aus, aber irgendwie bin ich auch verantwortlich und ich brauche sie.«

Als sich keine neuen Wahrnehmungen mehr zeigten, ging Carla aus ihrer Aufstellung. Sie trank einen Schluck Wasser, schüttelte sich, stellte sich dann neu auf die Position ihrer Kriegerin. Wieder nahm sie sich Zeit, sich einzufühlen. »Ich stehe hier mit Spannung, korrekter Haltung und sehr aufrecht. Mein Rücken ist durchgestreckt. An mir kommt keiner so leicht vorbei. Ich erfülle meine Aufgaben. … Aber ich bin auch sehr müde, ich bin so unendlich müde, ich muss mich ausruhen, darf ich das?« Ihr Körper sackte zusammen, mit hängenden Schultern und gebeugtem Kopf stand Carla auf dem Platz ihrer Kriegerin. »Ich merke, wie mein Körper nur noch stoßweise ausatmet. Es wird eine Zeit lang brauchen, bis ich wieder einsatzfähig bin.« Paul ließ Carla lange so stehen und beobachten: »Noch am Ausruhen?« »Ja.«

Langsam kam Bewegung in Carla. Aus der Position der Kriegerin blickte sie auf die Stelle der Heilerin, schaute auf das Kräuterbüschel und ein erkennendes Lächeln huschte über ihr Gesicht. »Jetzt kommt mir wieder ein Satz. Wir beide, die Gebende und die Kämpfende, haben uns ganz schön verausgabt und verkämpft. Wir haben beide zu viel gegeben. Mit weniger sind wir immer noch gut genug oder sogar besser.« Plötzlich breitet sich ein Lachen auf Carlas Gesicht aus. Auf der Position der Kriegerin wurde sie lebendig und beweglich, lachte, ging ein paar Schritte vorwärts und meinte: »Jetzt mache ich mein Ding!« Carla strahlte Paul an und meinte: »Jetzt hab ich's, das fühlt sich gut an. Ich bin überrascht, hier an dieser Stelle habe ich mich so unendlich müde gefühlt. Jetzt kommt ein Impuls von Kraft. Ich bin also doch nicht ganz leer. Du, das genügt. Mir ist etwas Wichtiges klar geworden.«

»Bevor du mich in deine Erkenntnisse mitnimmst, hole ich uns eine Flasche Wein und dann erzählst du mir dein Resümee, denn als Zuschauer bekomme ich doch nicht alles mit«, bemerkte er grinsend. Sie saßen beide wieder auf dem Sofa, Carla schwenkte ihr Weinglas und resümierte: »Es ist sehr erstaunlich. Manches habe ich gewusst, manches geahnt, aber es auf diese Art und Weise wahrzunehmen, ist noch mal eine ganz andere Qualität. Ich dachte immer, ich bin nicht gut genug. Aber jetzt ist mir klar, ich war *zu* gut, es war *zu viel,* was ich geben konnte. Ich werde mehr darauf achten, was von meinen Aktionen angenommen wird oder angenommen werden kann. Den Rest meines Schatzes behalte ich für mich oder investiere ihn an einer anderen Stelle. Und ich gestehe es mir ein, müde zu sein. Ich stand ja sehr lange in der Position der erschlafften Kriegerin. Das werde ich mir jetzt zugestehen.«

»Für mich tauchen hier deine bislang vagen Überlegungen zu einem Sabbatical wieder auf«, meinte Paul. »Ja, den Gedanken daran hatte ich immer wieder sehr schnell von mir gewiesen. Vor lauter Kämpfen, Wollen, Vorwärtstreiben hatte die Überlegung immer etwas Unmögliches für mich. Jetzt sehe ich es anders. Meine Kriegerin braucht eine richtig lange Waffenruhe, sonst landet sie endgültig im Lazarett«, grinste Carla.

»Lass es uns durchrechnen, ob wir uns das finanziell leisten können, wenn ich eine Zeit lang aussteige. Sehr eindrücklich war für mich, dass ich das Fenster anfänglich überhaupt nicht wahrgenommen habe, als wäre es nicht da. Und dann war es wie eine Neuentdeckung. Dabei habe ich dieses Fenster doch schon so oft geputzt. Wie uns unsere Wahrnehmung immer wieder Streiche spielt! Es ist spannend zu erleben, wie sie funktioniert«, Carla lächelte still in sich hinein. »Ich weiß noch nicht, ob die Entdeckung, dass hinter dem Fenster auch noch eine sinnvolle Welt ist, eine andere Aufgabe in meiner Firma bedeuten kann oder ob diese sogar außerhalb meines jetzigen Arbeitgebers liegt. Dafür brauche ich noch etwas Zeit. Was mich gerade sehr freut, ist der letzte Impuls als Kriegerin. Ich bin wieder zu Kräften gekommen und es war ganz klar, dass ich jetzt *mein* Ding mache. Ich glaube, da kommt bald die Künstlerin noch dazu, die ihr Eigenes schafft. Aber für heute genügt das. Du, ich bin ganz schön erledigt. Es war anstrengend und inspirierend zugleich. Paul, ich danke dir für dein Dabeisein und für deine Begleitung.«

6.6   Das Chaos klärt sich – oder der Visionär gewinnt Zugkraft

Der Teamworkshop des Bereiches Human Ressource Management, verantwortlich für alle Personalfragen der leitenden Angestellten eines internationalen Konzerns, nahm eine unerwartete Wendung. Gerade noch ging es um die immense Arbeitsbelastung, um die Erlaubnis, sie überhaupt wahrnehmen zu können, um dann nach Lösungen zu suchen. Es ging um das Ringen um Stabilität und gleichzeitige Offenheit für all die Aufbrüche im Unternehmen. So wurden in letzter Zeit vermehrt agile Teams eingeführt bzw. sehr viel mehr Eigenverantwortung und Eigeninitiative von Mitarbeiterinnen erwartet. Unausgesprochen standen die Chance und die Unsicherheit, sich als Team neu zu entwerfen, im Raum. Diskussionen, die sie dazu schon länger führten, holten sie jetzt ein. Waren sie jetzt gefordert, wie ein Start-up in einem großen Konzern zu agieren? Es war der Widerspruch schlechthin.

Lähmende Stille lag im Raum. Wie ein Echo klang der eben gesprochene Satz der Führungskraft nach:»... Eines zeichnet sich ab, auch ich werde diesen Bereich verlassen ... Ihr werdet eure Ausrichtung selbst finden müssen.«

»Das nenne ich eine Hiobsbotschaft«, sagte Achmed in die Stille. Und dann brach ein Wortgeschwirr los. Warum? Weshalb? Was bedeutet das? Wo gehst du hin? Wie lange bist du noch da? Wer führt die Gespräche in der Übergangszeit? Was heißt das für uns? Wie sollen wir selbst unsere Ausrichtung finden? Wir könnten, wir sollten ...

Die Moderatorin fing die Stimmung ein und meinte:»Jetzt scheint die mühselig zusammengehaltene Orientierung gänzlich zu zerbrechen. Der Weggang von Ihnen, Susan, als Führungskraft bedeutet nach den neuen Unternehmenswerten, dass Führung auch in diesem Team nicht unbedingt eins zu eins ersetzt wird. Es kann auch für dieses Team bedeuten, dass Führungsaufgaben mehr in Ihr Team wandern. Sie sind aufgefordert und herausgefordert, sich neu zu formieren.«

»Wie wäre es mit einem Spaziergang, um diese Hiobsbotschaft zu verdauen? Da der Weggang Ihrer Führungskraft für jede und jeden von Ihnen etwas anderes bedeutet, ist mein Vorschlag, die Strecke zum See, den es auf diesem Gelände gibt, geht jede und jeder für sich. Nachspüren, nachdenken, was Sie beschäftig. Am See suchen Sie sich eine Gesprächspartnerin, tauschen sich aus und kommen mit Ihren aktuellen Fragen zurück.«

Die Teilnehmer kamen sichtlich aufgeräumter in den Raum zurück. Die Moderatorin registrierte die veränderte Stimmung und sammelte die aktuellen Fragen ein. »Ich höre sehr verschiedene Fragen, die Sie angehen möchten. Es wird nach Klärung ganz pragmatischer Dinge gefragt, aber auch nach der strategischen Ausrichtung Ihres Bereiches und konkretem Vorgehen mit den Veränderungen. Das ist ein weiter Spannungsbogen. Sind Sie offen für ein Experiment? Der Versuch, die aktuelle Situation gemeinsam in ein Bild zu bringen, ohne sie zu zerreden?« Es kam große Zustimmung.

»Damit Sie sich als Teams in Ihrer Situation wahrnehmen können, führe ich sieben Figuren ein, denen Sie hier im beruflichen Umfeld sicher noch nicht begegnet sind. Dennoch, diese Prinzipien haben viel mit Ihrer Situation zu tun, denn es geht ja um all Ihre Fragen und noch einiges mehr. Diese Begriffe stehen für Qualitäten, die in jedem Team für eine effiziente Leistungserbringung zum Tragen kommen. Doch oftmals sind die Teilaspekte nicht ›richtig‹ aufgestellt und ausgerichtet, können ihren Beitrag nicht voll einbringen oder fristen ein unterbelichtetes Dasein. Gelingt es einem Team, sich selbst mit diesen Qualitäten wahrzunehmen und eine sinnhafte Verteilung und einen Einsatz dieser Kräfte zu klären, so findet es zu einer guten Positionierung, die sich im erfolgreichen Umsetzen der operativen Aufgaben zeigt.

Jeder dieser Begriffe steht für eine Qualität mit ihren Stärken und Schwächen in einem Team.

- »Die Königin/der König« steht für das Prinzip *Führung*. Da geht es darum, das Reich des Teams zu bauen und zu erhalten, die Grenzen zu anderen Reichen, also Bereichen zu pflegen, Fürsorge für die Mitarbeiter und ihre Belange, Anforderungen und Leistung … Es geht nicht um Macht um der Macht willen. Das wäre die Schattenseite.
- »Die Heilerin/der Heiler« steht für das Prinzip, die *Balance* im Team zu halten, Engagement immer wieder in den Ausgleich zu bringen, Konflikte anzusprechen. Doch wenn Heilung nicht möglich ist, muss das auch so benannt werden.
- »Die Weisheit/weise Alte« ist das *Erfahrungswissen* im Team, das fachliche Wissen und Ihre Erfahrungen, wie Ihr Unternehmen tickt. Da gehören auch alle beruflichen Erfahrungen dazu, die außerhalb Ihres Konzerns gesammelt wurden, und Ihre Lebenserfahrung. Allerdings, nur etwas wissen, viel reden und nicht handeln geht auch nicht.
- »Die Visionärin/der Visionär« hat die *Ausrichtung an Werten und Zukunft*. Es hat etwas »Priesterliches«. Mit der dadurch möglichen Orientierung entsteht Sinn für alle operativen Aktivitäten. Diese Kraft sollte bedenken, dass es pragmatisch bleibt und die strategischen Formulierungen nicht abheben.
- Ohne das *kämpfende Prinzip* des »Kriegers« oder der »Heldin« würde nichts Neues entstehen, würden keine Probleme gelöst werden. Mit der Kraft der Überzeugung wird Neues geschaffen, z. B. werden Projekte erfolgreich realisiert. Wird diese jedoch überzogen, entstehen unproduktive Kämpfe mit anderen Bereichen.
- »Die Künstlerin/der Künstler« verkörpert das *Prinzip gestalten*. Mit originären Ideen und Schaffenskraft entstehen neue Lösungen, neue Produkte, neue Herangehensweisen. Müssen diese aber um jeden Preis, ohne Abgleich mit umgebenden Fakten realisiert werden, entstehen oftmals nur gekünstelte, seelenlose Lösungen und Angebote.
- Das Prinzip *unabhängig und frei* verkörpern in Unternehmen die Querdenker, die wilden, »freien Köpfe« und ebensolche Phasen. Die Freiheit im Denken, angstfrei zu diskutieren kann Impulse für Neuentwicklungen geben, die dann natürlich überprüft werden müssen. Ohne diese Anbindung bleiben es Hirngespinste.

»Da Sie alle Teil des Geschehens sind, wird jetzt auch jede Stellvertreterin für diese Qualitäten sein. Und Sie merken, Sie fangen sofort an, sich in diese Figuren hineinzudenken, Sie hätten richtig Lust, sie auszugestalten. Aber es geht hier nicht um ein Rollenspiel, sondern es soll noch implizites Wissen mit hereingenommen werden. Damit schlagen wir unserem Denken ein Schnippchen. Mit implizitem Wissen sind Wahrnehmungen, Einschätzungen und Bedeutungen gemeint, die oft noch im Verborgenen schlummern und noch keine Sprache gefunden haben. Bevor wir starten, lade ich Sie ein, einen sogenannten Bodycheck zu machen. Dabei nehmen Sie nur wahr, wie sich Ihr Körper und Sie sich in diesem Körper gerade spüren. Da gibt es kein Richtig oder Falsch, da gibt es nur ein Registrieren und die Aufmerksamkeit schärfen.

Hier habe ich die sieben Qualitäten auf Karten geschrieben und zusammengefaltet. Jeder zieht ungesehen eine Karte und sucht sich im Raum einen Platz. Schauen Sie bitte nicht nach, was auf der Karte steht. Den Raum hier stellen Sie sich bitte als das Aktionsfeld des Teams vor.« Keiner wunderte sich, wie leicht es ging, diesen Platz zu finden und sich ganz auf seine Impulse zu verlassen. Die Moderatorin fing an, eine Person nach der anderen nach ihren Wahrnehmungen zu fragen: »Sie stehen hier in der Mitte, was nehmen Sie wahr?«

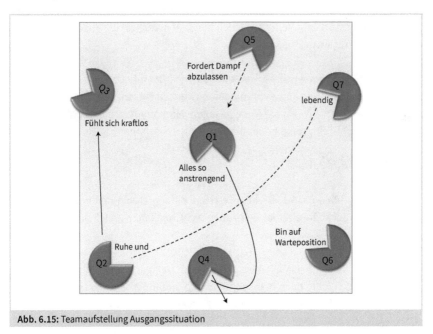

Abb. 6.15: Teamaufstellung Ausgangssituation

Qualität 1: »Also ich stehe hier sehr zentral, habe zu allen anderen Personen Kontakt und muss hier sehr schwer arbeiten. Meine Arme sind ständig in Bewegung, ich komme langsam außer Atem.«

Qualität 2: »Ich möchte hier viel erklären und somit etwas sehr Wichtiges beitragen. Vielleicht bin ich ein Prediger. Ich schaue auf Figur 3 und sie wirkt für mich sehr verloren, wie sie nach draußen blickt. Ich selbst spüre so etwas wie Ruhe in mir.«

Qualität 3: »Ja, das stimmt, ich bin hier irgendwie lost, träume in die Ferne. Eine Ahnung sagt mir, dass ich etwas Wesentliches beitragen soll, aber das kann ich nicht greifen. Ich fühle mich wie ein Lulli, na ja, so kraftlos. Ich hätte gerne mehr Kontakt zum Rest des Geschehens, aber das geht nicht, so wie ich stehe.«

Qualität 1 stöhnt laut und meint: »Oh, das ist hier so anstrengend ... Was ist das hier?!«

Qualität 4: »Ich fühle mich hier an dieser Stelle so müde. Es ist als würde hier alles wegbrechen und ich kann es nicht verhindern. Aber das kann ich mir nicht leisten, ich habe Pflichten zu erfüllen ... Komisch, wie sich das hier anfühlt. Ich schaue auf die Tür, denn da muss ich was verhandeln. Ich blicke aber auch in die Runde und merke, auch hier muss ich etwas tun.«

Qualität 5: »Hier ist einiges im Argen, da muss mal Dampf abgelassen werden und diese schwer arbeitende Figur vor mir sollte Grenzen setzen, statt immer mehr zu arbeiten. Aber das traut sich ja keiner zu sagen. Mir kommt so ein Begriff wie Ruhe, da muss mal Ruhe rein, sonst bricht hier noch alles zusammen.«

Qualität 1: »Ja, zum Beispiel ich.«

Qualität 6: »Ich fühle mich hier wie in Warteposition, ich bin noch nicht dran, ich werde mal was schaffen, aber ich weiß noch nicht, wie und was. Ich denke, ich muss noch warten.«

Qualität 7: »Ich habe komischerweise einen Bezug zu Figur 2, obwohl sie so weit von mir weg steht. Ich fühle mich hier sehr lebendig und möchte gerne etwas machen, etwas Verrücktes, aber auch etwas mit der 2 zusammen.«

Ein kurzer Blick zur Bereichsleiterin, die von der Moderatorin gebeten wurde, außerhalb des Geschehens zu bleiben und sich Notizen zu machen. »Oh«, sie klang sehr aufgeregt, »ich kann sehr viel anfangen mit dem, was hier geäußert wird. Es ist wie ein Spiegel.«

»Da viele Stellvertreter Veränderungswünsche äußerten, wird sich das ganze System gleich bewegen können, jeder nach seinem Impuls, bis jeder einen Platz hat, der sich richtig gut anfühlt. Jetzt los.« Es brauchte einige Zeit, bis jeder der Teilnehmer seinen Impulsen nachging und einen guten Platz für sich hatte.

Qualität 5 ging zu Q1 und strich ihr über die Arme, bis sie ruhiger wurde. Q2, Q3 und Q7 stellten sich näher zusammen und fingen ein Gespräch an, worauf Q3 eine aufrechte Haltung einnahm, plötzlich Kraft und Spannung ausstrahlte und Q7 sehr lebendig wirkte. Q6 stellte sich mit Abstand dazu und meinte: »Die Distanz ist gut, dann höre ich, was kommt, das genügt momentan.« Q4 stellte sich auf die Linie zwischen Q1 und der Dreiergruppe.

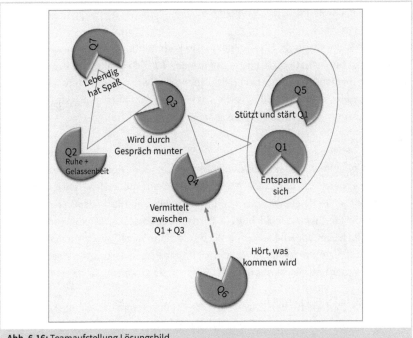

Abb. 6.16: Teamaufstellung Lösungsbild

Nach relativ kurzer Zeit beruhigten sich die Bewegungen. »Achten Sie bitte jetzt auf Ihre Wahrnehmung. Welche Veränderungen gibt es zu Ihrer anfänglichen Position? Zu wem im Raum haben Sie Kontakt? Haben Sie einen Impuls oder eine Idee, was aus dieser Position heraus der nächste Schritt oder die nächste Aktion sein könnte? Nehmen Sie nur wahr.«

Die Moderatorin gab nun eine weitere Anweisung: »Jetzt hat sich das System offensichtlich wieder stabilisiert und es ist für alle eine erträgliche Position und Haltung. An dieser Stelle decken Sie bitte Ihre Karte mit der daraufstehenden Qualität auf und im nächsten Schritt werden wir diese symbolische Sprache decodieren.« Jeder blickte auf seine Karte und es entstand Lachen, Erstaunen und ein großes Aha.

Qualität 1: »Ich bin die Kriegerin und das habe ich deutlich zu spüren bekommen. Ich habe so viel gearbeitet, das war richtig anstrengend. Aber ehrlich gesagt war es mehr Hektik und Schuften als konzentriertes Arbeiten in eine klare Richtung. So erlebe ich das auch im Alltag. Das hat sich erst geklärt, als Hilfe von Q5 kam, oh Manuel, du warst der Heiler. Ja, dich braucht es dringend. Für mich war auch die Dreiergruppe sehr wichtig, damit hat sich etwas geklärt.«

Qualität 2 ist die Weisheit. Eine Teilnehmerin kommentiert: »Hey, Tamara, wie treffend, du bist die Dienstälteste hier in der Runde.« »Ja, ich denke schon, dass ich hier unsere Teamerfahrung verkörpert habe, angenehm war die Ruhe und ich bin überzeugt, dass wir uns auf uns selber verlassen können. Wir haben genügend Erfahrung, um auch unseren Neuentwurf für unser Team selbst zu gestalten.«

Qualität 3: »Achmed, für was bist du gestanden?« »Für die Vision, ja, die ist uns wirklich abhandengekommen. Das war das Gefühl von verloren sein. Aber mit unserer Erfahrung und … Lara, was warst du? … die Wilde! Ja mit unkonventionellem Denken und einer ungewöhnlichen Herangehensweise kommen wir weiter. Als hier in der Dreiergruppe das Gespräch entstand, ging es mir richtig gut. Ich habe auch die Idee, für jeden von uns macht die Arbeit doch Sinn, wir arbeiten gerne. Wir werden formulieren, was wir für unseren Konzern leisten können, nach welchen Werten wir unsere Personalarbeit verstehen. Da gehen wir in Vorleistung und gleichen es mit den Unternehmenszielen ab. Ja, das brauchen wir!«

Qualität 4: »Ich stand für den souveränen Aspekt unseres Teams, für die Königin. Das mit der Tür war komisch, aber ich denke, es geht hier um die Klärung mit unseren Nachbarbereichen. Die Müdigkeit war bezeichnend, immer unsere Belange klären und aufrechterhalten, das zehrt wirklich. Trotzdem war klar, dass ich mich um die Figuren, also unser Team kümmern muss.«

Qualität 5: »Ja, als Heiler habe ich mich hauptsächlich um dieses arbeitende Wesen gekümmert. Mich beschäftigt schwer der Satz, dass es sich keiner zu sagen traut, dass hier alles zu viel ist. Jede ist leistungsorientiert und da es keine objektiven Grenzen von Zuviel gibt, traut sich keiner, Stopp zu sagen. Wir gehen wohl eher in ein Burn-out, wie Enia. Ich hätte mir gewünscht, dass der Krieger nicht nur für die Aufgaben da ist, sondern auch für uns. Also Selbstverteidigung ist angesagt.«

Qualität 6: »Ich stand für die Künstlerin, also unsere Fähigkeit, neue Lösungen zu finden oder Projekte auch mal anders anzugehen. Aber mir war klar, dass meine Zeit erst gekommen ist, wenn der Visionär, die Weise und die Wilde eine neue Ausrichtung erarbeitet haben. Ich will mitbekommen, was am Entstehen ist, der Rest kommt noch, aber dann, dann könnt ihr mit mir rechnen, dann ist Sabirs Zeit. Wisst ihr, dass mein Name Sabir auf Türkisch Geduld heißt?«

Qualität 7: »Lara, als Wilde machst du gerade ein betröppeltes Gesicht.« »Ja, komisch, ich habe so viel Leichtigkeit und Spaß an dieser Stelle verspürt und mir war ganz wichtig, mit Q2, also der Weisen, etwas zusammen zu machen. Was mich jetzt sehr beschäftigt, ist, dass wir sehr wohl die Aufgabe haben, Personalprozesse zu stabilisieren. Wir sind verantwortlich, dass sie eingehalten werden, dass sich das Haus an Regeln hält, dass es arbeitsrechtlich richtig ist. Wie können wir dann etwas wildes Neues entwickeln?

»Und was sagt unsere Führungskraft Susan dazu?« »Als Erstes möchte ich mich ganz herzlich bedanken, dass ihr euch auf diese Art der Analyse eingelassen habt, denn für mich ist das ein wirklich wertvoller Spiegel geworden. Ein Spiegel unsere Situation, aber auch meines Handelns und meiner Verantwortung. Ihr tragt wirklich sehr viel, oft zu viel, wo ich nicht rechtzeitig Grenzen gesetzt habe. Wo auch ich keine Orientierung geben konnte. Da sich die Stellvertreterin für die Königin zum Schluss in die Mitte der Gruppe gestellt hat, sehe ich es als die Fähigkeit dieses Teams, sich selbst steuern zu können. So verspreche ich euch, bis über den Tag meines Stellenwechsels hinaus dafür zu sorgen, dass wir einen eigenständigen Zuschnitt für unseren Arbeitsbereich entwerfen und ihn mit dem Management verhandeln werden. Und was mir noch auffällt, diese Art der Selbstanalyse hat jetzt etwas mehr als eine Stunde gedauert. Nur eine Stunde. Was ist das im Vergleich zu all unseren Diskussionen, die wir bereits geführt haben. Jetzt ist so viel Ruhe im Raum, wir haben eine gemeinsame Sicht der Dinge. Morgen werden wir mit unserer Moderatorin daran weiterarbeiten und aus all den Beobachtungen ganz konkrete Aktionen ableiten und Vereinbarungen treffen. Für heute ist wirklich genug gearbeitet und ich lade euch heute Abend alle zum Essen ein. Ich bedanke mich sehr.«

Nach einem lockeren Abend, an dem viel gelacht wurde, folgte tags darauf die Übersetzung der bildhaften Äußerungen dieser Organisationsaufstellung in konkrete Aktionen. Die bildhafte Sprache wurde auf Sinn und Bedeutung überprüft. Die typische Dynamik in Teams um Deutung und Deutungsgebung war gänzlich verschwunden. Anstatt sich gegenseitig die Wahrnehmung aus den einzelnen Perspektiven zu beschreiben und den Kampf um Wahrheiten zu führen, wurde die gemeinsame Wahrnehmung durch die Aufstellung zur gemeinsam bestätigten Wahrheit.

Circa sechs Wochen später wurde mit einem Review-Workshop folgende Entwicklungen zusammengetragen:

Q1 Krieger: Die Überlastung des Einzelnen wurde als Fakt für das gesamte Team bestätigt, durfte endlich als solche benannt werden. Sie verlor damit das Label der angeblichen Unfähigkeit Einzelner. Die Bemühungen der einzelnen Teammitglieder, persönlich mit der Überbelastung fertigzuwerden, wurde zur Verantwortung aller. Dies führte zur größten Erleichterung in der Runde, auch wenn ganz nüchtern gesehen wurde, dass eine Neuordnung der Aufgaben über die Bereiche hinweg erst noch eingeleitet werden musste. Die Diskussionen, wann welche neuen Aufgaben von diesem Team übernommen werden sollen, fanden eine neue Leitlinie.

Q2 Weisheit: Das Erfahrungswissen des Teams. Die Ruhe und Gelassenheit dieser Qualität zeigte dem durchaus noch jungen Team, dass es sich auf seine Erfahrungen verlassen konnte, sich aber sicher nicht darauf ausruhen sollte. Ihre unterschiedlichen beruflichen Erfahrungen konnten als gemeinsam tragender Boden angenommen werden. Das wurde ein wichtiger Baustein im Selbstvertrauen dieses Teams in sich selbst.

Q3 Vision oder Neuausrichtung: Auf der Basis der Erfahrungen und einem frischen neuen Denken stellte sich das Team dem scheinbaren Widerspruch von stabilen, regelorientierten Abläufen und dem Aufbruch in neue, innovative Organisationsabläufe eines HR-Bereiches und entwarf eine Vorgehensweise.

Q4 König, Führung: Die Bereichsleiterin ging trotz nahem Abschied wieder in ihre Führungsverantwortung, lehnte die Übernahme eines großen Projektes durch ihr Team ab und fand mit ihren Kollegen eine andere Lösung. Sie klärte die Rahmenbedingungen für agiles Arbeiten und die Bedingungen für mehr Eigenverantwortung und die dafür notwendigen Kompetenzen. Entscheidungsvorlagen konnten die Teammitglieder inzwischen eigenständig bei der Geschäftsführung erläutern und vertreten. Entscheidungen konnten schneller eingeholt werden.

Q5 Heiler: Allein die bisher geklärten Schritte hatten bereits viel zur Entlastung jedes Einzelnen beigetragen. Über Belastungen zu sprechen, Stopp zu sagen und dieses auch akzeptiert zu bekommen, wurde nicht mehr dem eigenen Leistungsanspruch geopfert. Der Anspruch an Selbstfürsorge bekam einen gesunden Boden.

Q6 Künstler, als der Entwurf neuer Arbeitsformen und Arbeitsabläufe: Bei diesem Aspekt war sich das Team schnell einig, dass es hierfür die Grenzen seines eigenen Bereiches sprengen musste. Innovationen bei Personalprozessen konnten nur mit den beteiligten Nachbarbereichen entwickelt werden. Dafür wurde ein Innovation-Lab gegründet.

Q7 Wilde: Spaß haben wurde nicht mehr als der infantile Wunsch der beiden Freidenker der Runde abgestempelt, sondern als Hinweis auf genügend Energie und Begeisterung. Begeisterung war Nahrung für alle.

Mit diesem Workshop verabschiedete sich die Bereichsleiterin und übernahm eine neue Funktion. Sie hatte sich von ihrer Vorgesetzten ausbedungen, so lange zu bleiben, bis sie sich von einem stabilisierten Team verabschieden konnte.

6.7 Der Weise wird weise

Alexander war seit vielen Jahren in einer kollegialen Supervisionsgruppe. Es gehörte zu seinem professionellen Verständnis, sich und seine Arbeit regelmäßig zu reflektieren. »Wer als Mensch mit Menschen arbeitet, muss sich als beteiligtes Instrument verstehen«, war seine Devise. Zum nächsten Treffen nach der Absage kam er ziemlich zerknirscht an. Gerne hätte er seine Wunden geleckt, sich über den undankbaren Kunden ausgelassen und die Dreistigkeit dieser jungen Berater. Aber er wusste, seine Kolleginnen hätten diese Art der Egopflege nicht mitgetragen. Als Profi musste er anders damit umgehen.

Als er mit seiner Situation an der Reihe war, formulierte er seine Arbeitsfrage so: »Wie konnte ich so danebenliegen, und soll ich wirklich mit der jungen Truppe zusammenarbeiten?«

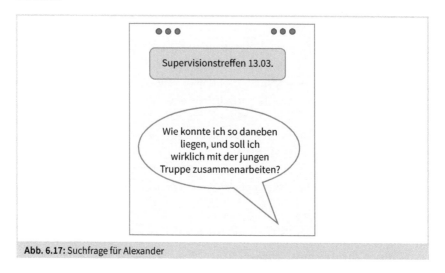

Abb. 6.17: Suchfrage für Alexander

In dieser Supervisionsgruppe nutzten die Teilnehmer ihre eigenen Methoden, so wie sie diese auch bei ihren Kunden einsetzten. Er wünschte sich die Bearbeitung mit dem Souveränitäts-Code, denn er hatte sich alles andere als souverän erlebt. Für ihn war es wichtig, nicht nur zu verstehen, sondern wirklich von außen auf sich und seine Situation zu blicken. Er wollte mit seinen heftigen Gefühlen umgehen können. Die Herangehensweise beim Souveränitäts-Code war in der Kollegenrunde vertraut und auch, dass sie lieber sich selbst als Stellvertreter einsetzten und nicht auf Figuren oder Symbole zurückgriffen. Das waren die Varianten, die sie eher bei ihren Kunden einsetzten.

Die Frage war also: Welche Aspekte waren ihm wichtig? Alle! Aber er kannte seinen Hang zum großen Theater und winkte innerlich ab. Er wählte eine Kollegin als Weise und stellte sie zentral in die Mitte. Eine Person für den Krieger stellte er mit dem Rücken zur Weisen. Sie kam vor einer Bücherwand zum Stehen, die sich im Raum befand. Der aufgestellte König setzte sich sofort auf den Boden und blickte suchend auf das Parkett. Auf die Frage der Moderatorin, ob noch weitere Qualitäten für einen nächsten Schritt bedacht werden sollten, winkte Alexander ab und meinte: »Das muss genügen.« Die Kolleginnen dieser Supervisionsgruppe waren in dieser Art der Fallbearbeitung geübt. Jede und jeder konzentrierte sich auf die körperlichen Wahrnehmungen bei sich und ob ein Bezug zu den anderen aufgestellten Fähigkeiten bestand.

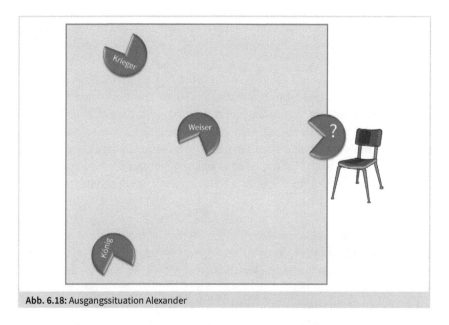

Abb. 6.18: Ausgangssituation Alexander

Die Weise sprach als Erste: »Also ich bin hier sehr groß und mächtig. Wahrscheinlich bin ich schon sehr alt. Ich dominiere hier alles. Ich könnte Geschichten um Geschichten erzählen, Anekdoten und Listen herunterbeten. Mein Brustraum fühlt sich so aufgebläht an und ich würde gerne ausatmen und lockerlassen, aber das geht nicht. Der Krieger da braucht gar nicht so angestrengt nach außen zu blicken, da gibt es eh nichts zu sehen.«

Dann meldete sich der Krieger. »Also ich fühle mich hier sehr zerrissen. Ich sehe die Weise zwar nicht, denn ich habe sie im Rücken, aber ich fühle mich an sie gebunden, nein, sogar gefesselt. Eigentlich möchte ich gerne losziehen, aber dann doch nicht. Hier hinter mir ist mein Feld, hier kenne ich mich aus. Die Weise ist nicht nur eine gute Kraft in meinem Rücken. Ach, einen König gibt es auch noch? Den nehme ich nicht wahr.«

König:»Als mich Alexander in sein Feld führte, hatte ich sofort den Impuls, mich auf den Boden zu setzen. Erst war das sehr bequem. Ich wollte mich nur auf die Muster vor mir auf dem Boden konzentrieren, sehr interessant diese Holzmaserungen, vielfältig ..., aber je länger ich hier sitze, desto einsamer werde ich hier. Ich habe keinen Überblick mehr, was um mich herum passiert. Da steht noch was Großes im Raum, auf das ich mich verlasse. Das hat so etwas wie ein Eigenleben und ich selbst komme nicht mehr mit.«

Dagmar aus dem Beobachterkreis meldete sich.»Also, das Phänomen haben wir ja gelegentlich, dass einer aus dem Beobachterkreis merkt, dass er in die Dynamik hineingezogen wird. Ich glaube, ich habe etwas mit dem Geschehen zu tun. Darf ich es ausprobieren?« Sie stellte sich an den Rand des Feldes und wechselte wieder auf einen leeren Stuhl außerhalb.»Ja, da ist eindeutig ein Unterschied, da reagiere ich nicht als Dagmar.«»Nach den Regeln der Strukturaufstellungen nehmen wir es halt auf«, brummte Alexander.

»Die Wahrnehmung ist so eindeutig! Ich fühle mich hier außen wie ein kleines Knäuel, wie ein trotziges Etwas. Als Alexander begann, war ich schnell wütend, dass er keine weiteren Qualitäten wählte, nicht einmal als Vorbereitung. Als normale Beobachterin ist mir das ja egal. Dieses Gefühl ist jedoch immer stärker geworden, also hat es was mit deiner Geschichte zu tun, Alexander. Ich bin ein Teil, der wütend ist, wütend, nicht in Betracht gezogen zu werden. Und auch jetzt ist es die Wahrnehmung, nicht wirklich willkommen zu sein. Ich werde noch außerhalb des Geschehens gehalten. Ich habe große Lust, das ganze Gehabe dieser großen Weisen einfach kaputt zu schlagen, ja, ich bin sehr destruktiv unterwegs.«

»Scheinbar will hier etwas integriert werden«, meinte die Moderatorin.»Aber bevor wir in die Lösungsgeschichte gehen, die Frage an dich, Alexander: Kannst du mit dem entstandenen Bild und den Aussagen etwas anfangen? Findest du erste Antworten auf deine Frage, warum du so danebenliegen konntest?«»Wow, ich bin geplättet.

Natürlich wusste ich, wie stolz ich auf mein Wissen und meine Erfahrung bin, aber dass es so mächtig und unverbunden im Raum steht, war mir nicht klar. Dann frage ich mich, was in mir hat den Überblick verloren, wenn die Weise doch so stark ist. Wissen ist wohl nicht das Einzige, das es braucht, um erfolgreich zu sein. Sehr ambivalent bin ich mit dem ›trotzigen Etwas‹. Ja, es ist meine Geschichte, ich kann viel damit anfangen.«

»Zurück zum Geschehen, bei wem entsteht eine Reaktion, wenn das ›trotzige Etwas‹ spricht?« »Für mich ist es sehr lästig«, meinte die Weise. »Ich spüre den Angriff von außen und ich habe keine Lust, mich mit diesem ›freien Radikalen‹ zu beschäftigen. Da kann ja jeder daherkommen und ich denke, früher habe ich ständig radikales Gedankengut aufgenommen, das kenne ich inzwischen, ist nicht mehr neu. Heute stehe ich darüber.« Das »trotzige Etwas« wurde sichtlich wütender. Der Krieger meinte: »Ich hätte gerne mehr Kontakt zu diesem ›Etwas‹, seine Kraft könnte mir helfen, aus meiner Ambivalenz herauszukommen.« Der König ergänzte: »Eigentlich habe ich keine Lust oder Kraft, dennoch weiß ich, dass ich mich um dieses ›Etwas‹ außerhalb meiner Grenzen kümmern sollte.«

»Alexander, gibst du bitte diesem ›trotzigen Etwas‹ einen Platz in deinem Geschehen?«, bat die Moderatorin. »Ach, nein, stell du sie oder überlasse es dem ›Etwas‹ selbst«, antwortete Alexander. »Spinnst du?«, platzte das »Etwas« heraus. »Jetzt zeige ich mich schon und du willst dich immer noch nicht um mich kümmern! Meine destruktiven Kräfte werden immer größer. Ich stehe kurz davor, der Weisen hier die Luft rauszulassen, dann kannst du sehen, wo du bleibst.«

Die Moderatorin wandte sich an Alexander. »Kannst du realisieren, was gerade geschieht? Auf beiden Ebenen, der Ebene der Aufstellung, in der dir deine Situation gespiegelt wird, und der Ebene deines realen Lebens, in der du als Beobachter deiner selbst hier bist, … auf keiner der beiden Ebenen übernimmst du Verantwortung für die Integration dieser ›Etwas‹-Qualität. Diese wird immer wütender und destruktiver und bedroht deine zentralen Fähigkeiten von Wissen und Erfahrung.«

Lähmung lag in der Luft. »Alexander, das könnte schon ein Ergebnis zu einem Teil deiner Fragestellung sein. Ich bin mir jetzt nicht sicher, ob wir weitermachen oder hier abbrechen sollen«, meinte die Moderatorin. Alexander war sichtbar am Kämpfen mit sich selbst. Die Moderatorin gab diesem Prozess Raum. Sie wusste, die Gruppe trug die Spannung mit.

Nach einer gefühlten Ewigkeit räusperte sich Alexander und wandte sich direkt an das ›trotzige Etwas‹. »Danke, dass du dich zeigst. Ich gebe zu, es fällt mir sehr schwer, deine Existenz zu akzeptieren. Aber ich würde meine Erfahrung verraten, wenn ich die Botschaft von ausgeblendeten Teilen ignoriere.« »… als das *von mir Ausgeblendete*; sprich diesen Anteil direkt an. Sonst bleibst du so akademisch im Kopf«, intervenierte die Moderatorin. »Es tut mir leid, dass ich dich so lange ignoriert habe«, wandte sich Alexander jetzt direkt an das »trotzige Etwas«. »Bitte suche dir wirklich selbst deinen Platz, nicht weil ich nicht will, sondern weil ich hilflos bin und noch nicht weiß, wie ich mit dir umgehen kann.« Das »trotzige Etwas« atmete tief auf. »Endlich! Als Erstes wünsche ich mir, dass der Krieger nicht gegen die Bücherwand ins Feld zieht. Da kann er nur tote Bäume töten. Er soll sich umdrehen und Richtung Tür blicken, da spielt die Welt. Ich gehöre dann zwischen Krieger und Weisen, aber freistehend«, grinste die Stellvertreterin und platzierte sich selbst. »Ich bin frei und wild und habe viel Energie. Gleichzeitig tanke ich von der Weisen in meinem Rücken und schicke den Krieger in die weite Welt, ha, in die agile Welt. Da draußen tut sich so viel und der Krieger soll neue Länder für dich erobern, ach nein, vielleicht genügt es, sie auszukundschaften.«

Der König erhob sich und meinte: »Jetzt kann ich mich von diesen Mustern am Boden lösen und habe wieder Interesse, auf das große Ganze zu blicken. Ich weiß, an den Grenzen meines Reiches fängt ein anderes an. Mit dem ›trotzigen Etwas‹, das jetzt gar nicht mehr so trotzig wirkt, bin ich wieder bereit, mein Reich lebendig zu gestalten.«

Alle blickten gespannt auf die Weise. »Ich glaube, ich war gar nicht so weise. Ich wollte mit meinem Wissen alles beherrschen. Ich will nicht nur verstehen, ich will auch verstanden werden. So aufgebläht zu sein, war sehr anstrengend. Jetzt, indem ich langsam akzeptiere, dass mein Wissen Grenzen hat, dass ich viel wissen, aber nicht damit herrschen kann, geht es mir hier an dieser Stelle besser. Wenn ich zu dieser Wahrheit stehe, brauche ich weder den Krieger noch das ›trotzige Etwas‹ abzuwerten. Im Gegenteil, ich brauche sie. Danke, dass ihr da seid.«

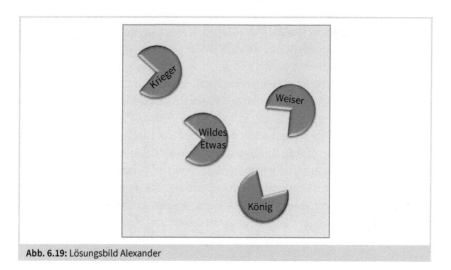

Abb. 6.19: Lösungsbild Alexander

»Alexander, jetzt ist es an der Zeit, dass du die Position deiner weise gewordenen Weisen einnimmst. Schau dir den Werdegang deiner Geschichte an, nimm Kontakt auf zu deinen Stellvertretern, die für dich gearbeitet haben. Hier ist auch noch dein Handy. Wir haben wie üblich die Aufstellung per Video auf deinem Smartphone aufgenommen. So kannst du die Details der Aussagen noch mal ansehen.«

Beim nächsten Treffen der Supervisionsgruppe erschien ein gelöster Alexander. Er erzählte, dass er den Widerstand der Weisen noch öfter verspürt hatte. Aber jetzt war er gewarnt und konnte die widerstreitenden Gefühle und ihre Bedeutung einordnen. Er hatte sich zu einer Weiterbildung zum agilen Coach angemeldet und schilderte, wie spannend er es fand, Altes neu zu entdecken und Neues in seine bestehenden Konzepte aufzunehmen. Die Kooperation mit der jungen Beratergruppe in seinem Co-Working-Büro würde ihm großen Spaß machen. Und manchmal konnte er mit seiner alten Weisen so richtig angeben.

6.8   Die junge Wilde mit Anbindung – oder die integrierende Kraft

Trotz anstrengender Bergtour tobte es noch lange in Susanne. Nach dem Gespräch mit der Personalreferentin nahm sie sich in den nächsten Wochen in der Arbeit zurück. Sie ging pünktlicher nach Hause und auch inhaltlich hielt sie sich bei Diskussionen und mit ihren Ideen bedeckt. Das war sehr anstrengend für sie. Sie begab sich mehr auf Beobachtungsposten zu sich selbst. Dann entschied sie sich, das Coachingangebot ihrer Firma anzunehmen, und griff zum Telefonhörer. Drei Namen wurden ihr von der Personalabteilung empfohlen. Vorab hatte sie sich ausführlich auf deren Homepages informiert und sich für eine Frau Angelo entschieden.

Beim Erstkontakt fiel ihr schnelles Sprechen auf. Es war anspruchsvoll, ihr zu folgen, die Fülle der Themen, Abläufe, ihre Betrachtungen und Bewertungen nachzuvollziehen. Schnell war klar, analytisch hatte sie ihre Situation bestens durchdrungen. Ja, dass sie ein Wildfang war und ist, dabei lächelte sie, war ihr seid Kindesbeinen an vertraut. Nach Beendigung des Studiums hatte sie zwei wirklich tolle Jobangebote. Keines davon nahm sie an. Sie warf sich stattdessen ins Ungewisse einer Weltreise. Ihre Eltern waren entsetzt.

»Susanne, in diesem ersten Treffen werden wir erarbeiten, um was es in diesem Coaching für Sie gehen soll, um welche Themen und vor allem, welche Ziele Sie erreichen möchten.« »Also ich bin nicht auf der Welt, um mich den herrschenden Gewohnheiten und Regeln anzupassen. Es gibt so viele quere, ich meine unsinnige Denk- und Arbeitsweisen. So entsteht ja nichts Neues. Ich erlebe zu viele Kolleginnen und Kollegen, die nur durch die Gänge schleichen und mit halber Kraft in der Arbeit sind. So will ich mein Leben nicht vergeuden. Es muss doch Möglichkeiten geben, mit Freude seine Aufgaben zu gestalten, nicht nur zu erfüllen. Hey, ich habe mindestens 35 Jahre Arbeit vor mir, aber doch nicht so! Aber wenn ich nur anecke und rausgebissen werde, ist das auch keine gute Aussicht, nee, wirklich nicht. Ich weiß nicht, wie ich mit mir selbst souverän umgehen kann.«

»Angenommen, dieses Coaching ist richtig gut für Sie, was wäre für Sie ein gutes Ergebnis?« »Hm, dann weiß ich, wie ich meinen Teil für die Umsetzung neuer Ideen platzieren kann. Dann bin ich mit meinen Aktionen auch nicht mehr so allein.« »Sondern?«, fragte die Beraterin nach. »Dann habe ich Mitstreiter, mit denen ich auf gleicher Wellenlänge liege. Ja, dann weiß ich, wie ich meine Kraft einsetzen kann, wie ich kämpfen kann.« »Susanne, wer Neues aufbauen will, wird immer wieder auf Widerstände stoßen.« das gehört zur Natur der Dinge. Sie sind bereit zu kämpfen, das haben Sie eindrücklich vermittelt. Wer kämpft, geht auch immer Risiken ein. Es ist die Frage, ob wir den Preis dafür erkennen können und bezahlen wollen.« »Ja, da haben Sie wirklich recht«, resümierte Susanne. »Dann formulieren Sie daraus jetzt Ihre Arbeitsfrage«, forderte die Beraterin Susanne auf.

Susanne formulierte: *»Wie soll ich meine Fähigkeiten einsetzen, damit ich die Risiken tragen kann und Erfolg habe?«*

Abb. 6.20: Arbeitsfrage Wilde

»Und angenommen, Sie finden darauf gute Antworten und setzten sie um, wer außer Ihnen selbst wird diese Veränderungen noch wahrnehmen und begrüßen?« Susanne schaute kurz erstaunt auf. »In erster Linie wird es mir besser gehen. Ob meine Kollegen, mein Vorgesetzter das registriert? … Vielleicht auch meine Freundinnen, wenn ich nicht mehr nur über die Arbeit lamentiere, … dann werde ich mich im Alpenverein auch wieder engagieren können.« Susanne fand noch eine ganze Reihe weiterer Personen und Situationen, die sie in und mit ihren Veränderungen begrüßen und unterstützen werden.

An dieser Stelle schlug die Beraterin Susanne Folgendes vor:»Susanne, wir können Ihre Themen hier im Rahmen des Coachings erarbeiten. Das ist in zwei bis drei Sitzungen gut möglich. Die Erfahrungen im Alltag werden wir mit etwas Abstand in weiteren ein oder zwei Sitzungen reflektieren und ggf. neu aufkommende Fragen klären. Da ich Sie jedoch sehr turbomäßig erlebe, möchte ich Ihnen eine Bearbeitung in einer Coachinggruppe anbieten. Ich leite eine Gruppe von Coachees, in der jede und jeder an seinen Fragestellungen arbeitet, wofür die Gruppe zur Verfügung steht. Der Vorteil von dieser Einzelarbeit in der Gruppe, wie ich es nenne, ist, dass man noch viel vertrauter mit den Qualitäten der eigenen Souveränität wird. Zusätzlich wird verschlüsselt gearbeitet, sodass jede und jeder seinen Schutzraum hat. Das heißt, die persönlichen Situationen bleiben geschützt, wir erzählen keine umfassenden Details.«

Sie war sehr schnell offen für diese Gruppe und auch für eine neue Methode, um ihre Situation zu beleuchten. Sie hatte sich in den letzten Wochen intensiv mit der Frage nach einer Ausbildung zur Organisationsberaterin beschäftigt und meinte grinsend: »Her mit allem Neuen, ich probiere es gerne am eigenen Leib aus.«

Am vereinbarten Termin ging es nach dem Verbriefen der Spielregeln schnell zur Sache. Über die Hintergründe wird in der Gruppenarbeit recht wenig gesprochen. Das ist für die Erkenntnisse nicht notwendig und Teil des Schutzes für jeden Teilnehmer. Wenn gewünscht, wird die Arbeitsfrage veröffentlicht. Susanne wählte Stellvertreterinnen für »Die Wilde«, »Die Kriegerin«, Die Königin« und »Die Künstlerin«. Die anderen drei Qualitäten wählte sie ebenfalls aus den Teilnehmern aus, führte sie aber noch nicht aktiv ins Feld. Mit dem Hinweis, die Stellvertreterinnen mit ihrem Rollennamen anzusprechen und einzeln im Raum nach ihrem eigenen inneren Bild aufzustellen, begann Susanne mit der Wilden und führte sie in eine Ecke des Raumes mit Blick nach innen. Es folgte die Kriegerin in der entgegengesetzten Ecke, beide sahen sich an. Die Königin wurde von ihr wie als die Spitze eines Dreiecks zu diesen beiden Figuren platziert und die Künstlerin stand ganz am Rand mit Blick zum Fenster hinaus.

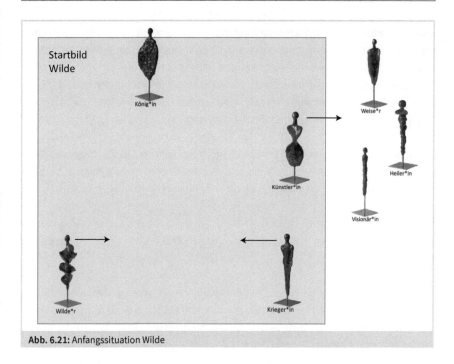

Abb. 6.21: Anfangssituation Wilde

Die Beraterin als Leitung der Aufstellung fing an, die Stellvertreterinnen nach ihren Wahrnehmungen zu befragen. »Wilde, was kannst du körperlich hier an dieser Stelle wahrnehmen?« Wilde: »Ich werde hier sehr unruhig, die Beine zappeln, ich will nicht länger hier stehen, eigentlich will ich durch die Gegend sausen und Schabernack treiben, damit die hier mal aufwachen. Ich will hier alles wachrütteln. Die Kriegerin interessiert mich, da könnte was zusammen gehen, aber ich pfeife auf die Königin, sie wirkt für mich, als wolle sie mich nur disziplinieren und die andere Figur da – ich weiß gar nicht, wer sie ist, die geht mich nichts an.«

»Kriegerin, wie geht es dir an dieser Stelle?« Kriegerin: »Also ich bin mächtig und wohlgerüstet, ich kann so richtig kämpfen und um mich schlagen. Mein Markenzeichen ist die Schnelligkeit. Aber ich kämpfe mehr so allgemein, so richtig weiß ich nicht, um was es gehen soll. Zu der Wilden habe ich Bezug, aber die ist mir zu wild, weiß nicht, ob ich sie in meine Armee aufnehmen will.«

»Königin, wie sind deine Wahrnehmungen hier an dieser Stelle?«»Hm, also zuerst war ich sehr beeindruckt vom Schauspiel der Wilden und der Kriegerin, aber je länger ich hier stehe, desto kleiner komme ich mir vor und das ist irgendwie nicht richtig. Mir fehlt die königliche Würde. Meine linke Schulter fühlt sich so taub an, da steht die Künstlerin, da stimmt was nicht. Ansonsten blicke ich in die Mitte, da ist viel Bewegung, aber nicht wirklich etwas zum Fassen.«

»Künstlerin, wie geht es dir und welche Wahrnehmungen sind hier?«, fragte die Beraterin weiter. »Ich will hier etwas Einzigartiges schaffen, ganz was Tolles, ich brauche niemanden dazu, aber ich gehöre auch nicht zu dem, was sich hier abspielt.«

An dieser Stelle vergewisserte sich die Beraterin bei Susanne, ob sie mit den Äußerungen etwas anfangen könne. Mit voller Konzentration war Susanne dabei und nickte heftig.

Jetzt meldete sich »Die Heilerin« von der Wartebank. »Ich merke, dass ich in diesem Feld drin bin. Ich habe den Eindruck, ein Vakuum füllen zu wollen, und das sogar anstelle der Künstlerin.« Statt einer möglichen Entrüstung kam von der Künstlerin ein Signal der Entlastung. »Das klingt gut für mich, die Heilerin soll wirklich an meine Stelle, ich komme erst später zum Zug.« Die Heilerin wurde von Susanne ins Feld geführt, etwas neben dem Platz der Künstlerin und mit Blick in die Mitte. »Ja, hier habe ich einen Auftrag. Ich sehe die Kolleginnen, die Beteiligten und spüre, was sie treiben. Hier kann ich mit ihnen mitleben, ihre Motivation erfahren, deren Hoffnungen, Ängste und etwas über die blauen Flecken, die sie sich bereits geholt haben. Sie brauchen mich als Sprachrohr.« »Auf wen hat das Hinzukommen der Heilerin eine Wirkung?« »Auf mich«, kam zeitgleich die Reaktion von der Wilden und der Kriegerin. Beide wollten sich mit etwas Abstand hinter die Heilerin stellen. »Wir stützen sie, dafür sind wir auch bereit, uns zu mäßigen.« »Außerdem sollte die Königin diesen Zug anführen, damit klar ist, wo es hingehen soll.« Die Königin stellte sich an die Spitze des Zuges, der hier entstanden war. Das war für alle wohltuend. Die Künstlerin meinte abschließend: »Von mir wird noch revolutionäres Neues kommen, aber noch ist nicht meine Zeit, ich brauche den Unterbau, der hier gerade entsteht.« Zum Abschluss stellte sich Susanne an jede Position des entstandenen Bildes und nahm die Atmosphäre auf. Aus der Perspektive der Wilden war ihr der Kontakt zur Heilerin besonders wichtig. Damit wurde diese Aufstellung beendet.

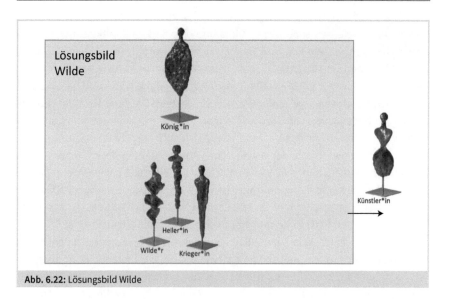

Abb. 6.22: Lösungsbild Wilde

»Susanne, dies ist eine sehr intensive emotionale Arbeit, wie Sie merken. Der innere Prozess ist damit angestoßen und soll seinen Raum bekommen. Nehmen Sie diese Bilder, Gefühle und Aussagen mit. Es wurde für Sie mitnotiert. Im nächsten Einzelcoaching gehen wir an die Entschlüsselung. Denn was sich hier zeigt, ist wie eine Symbolsprache, die Stück für Stück decodiert wird.«

In der nächsten Einzelsitzung kam die Aufstellung zur Sprache: »Susanne, was haben Sie mit den Botschaften der Aufstellung gemacht und was hat die Aufstellung mit Ihnen gemacht?« »Also ich bin immer noch sehr erfüllt, das hat einen so starken Eindruck hinterlassen und ist auch nach 14 Tagen noch voll präsent. Mir ist klar geworden, dass ich sehr einseitig unterwegs war. Ja, ich bin stolz auf meine Kraft, dass ich nicht im konventionellen Denken verhaftet bin. Stattdessen war ich gerade in diesem Stolz verhaftet. Ich hatte ja sehr schnell erkannt, um was es in meiner Abteilung geht, wo die Projekte stehen und dass vieles im politischen Machtkampf stecken bleibt. Aber was ganz blank war bei mir, ist, dass ich mich für die Motive und Erfahrungen der Kolleginnen bemühe, ihnen zugestehe, dass auch sie mit Idealen unterwegs waren und vielleicht noch sind. Ich habe bereits begonnen, mit ihnen darüber ins Gespräch zu kommen, mehr nach ihren Erfahrungen zu fragen, was ihnen an der Arbeit in unserem Bereich wichtig ist und womit sie kämpfen. Es zeigt sich bereits, dass viele sich ein anderes Klima und eine andere Streitkultur wünschen. Natürlich haben wir sehr konträre Themen zu verantworten, die nicht von vorneherein willkommen sind. Ja, ich will mich mehr für die unterschiedlichen Wahrheiten interessieren. Das hat mir die Heilerin vermittelt. Und die Wilde und die Kriegerin haben sich für diese Phase hinter die Heilerin gestellt. Das fand ich sehr bezeichnend. Es genügt nicht, meine Motive und mein Wollen zu kennen, sondern auch die meines Umfeldes. Neben den Menschen werde ich mich noch mehr um die Absichten und Entstehungsgeschichte der strategischen Ausrichtung kümmern. Wo kam diese her? Wer verbindet was damit? Welche Kraft für Veränderung hat sie? Wenn das die Grundlage unseres Abteilungsauftrages ist, will ich sie gänzlich verstehen. Das kann ich aber wiederum nur mit meinen Kolleginnen gemeinsam. Was das ganz revolutionär Neue aus der Aussage der Künstlerin sein kann, weiß ich noch nicht. Ich habe aber auch die Schattenseiten der Wilden und der Kriegerin erkannt. Ich denke jetzt nicht mehr in entweder-oder, sondern sehe, dass die inspirierende Kraft den Preis der Kompatibilität zahlen muss, will sie Wirkung erzeugen. Und dass die Kriegerin sich auch ausruhen darf, um kluge Pläne zu schmieden. Die werden jetzt zusammen mit den Kolleginnen entstehen. Ich bleibe dran!«

7 Interviews mit souveränen Menschen

Meine berufliche Tätigkeit als systemische Organisationsberaterin und Coach schenkt mir viele interessante und inspirierende Begegnungen mit Menschen. Es sind Selbstständige, die sich mit ihrem Geschäft etablierten, es sind Verantwortliche aus klein- und mittelgroßen Betrieben oder aus großen Konzernen mit den größenbedingten Machtkonstrukten. Mit manchen entstand für kurze Zeit eine intensive Zusammenarbeit, andere durfte ich über viele Jahre begleiten, manche mehr als ihr halbes Berufsleben. Aus manchen Kontakten sind Freundschaften geworden. Gerade weil ich dieses Buch aus meiner Perspektive als Beraterin schreibe, ist mir sehr bewusst, wie viel ich selbst aus all den Begegnungen lernen durfte. Ich bekam Input, Anregung und Rückmeldungen zu meiner eigenen Souveränität. Nicht zuletzt ist genau aus diesen Begegnungen und Erfahrungen das Konzept des Souveränitäts-Codes entstanden.

Eine immer wiederkehrende Beobachtung möchte ich vorausschicken. Wiederholt wurde ich von Unternehmen in den neuen Bundesländern beauftragt, größere Veränderungen mit Maßnahmen des Changemanagements zu begleiten. Mein erstes Briefing einer Geschäftsführung zu den Prinzipien und Dynamiken von Veränderungsmanagements wurde schnell vom Tisch gewischt. Die Aussage war, wir haben die Wende gestemmt, einen größeren Change könne man als Unternehmen und als Gesellschaft gar nicht erleben. Damit hatten sie einfach recht. Die aktuell anstehenden Changemaßnahmen waren trotzdem sinnvoll, wie wir schnell erarbeiteten. Wir konnten jedoch an einen ganz anderen Erfahrungshintergrund anknüpfen und die Maßnahmen beinhalteten zuletzt auch andere Schritte als bei westdeutschen Unternehmen. Und noch etwas kam dazu: Ich hatte es mit tollen, taffen »Ostfrauen« zu tun. (Ich durfte sie so nennen.) Zum einen waren die Managementboards mit auffallend mehr Frauen besetzt als in derselben Branche in den alten Bundesländern. Zum anderen bewegten sie sich freier, nahmen kein Blatt vor den Mund und ließen sich auch nicht die Butter vom Brot nehmen.

Ob noch selbst erlebt, da sie in Zeiten der DDR aufgewachsen waren, oder weil Begriffe und Verhalten noch direkt von den Eltern vermittelt wurden, in den Gesprächen mit diesen Frauen wurde immer wieder deutlich: Der politische Hintergrund, egal, wie man zu ihm stand, hatte prägenden Einfluss auf ihr heutiges Verständnis als Führungskräfte. Sie hatten politische und damit wirtschaftliche Restriktionen erlebt und waren damit gezwungen gewesen, ihre Wege zu suchen. Der Alltag forderte viel Kreativität, um an die »Bückware«, die Artikel der Mangelware, zu kommen. Beziehungen waren wichtig, ebenso die gegenseitige Unterstützung. Heute zeigt sich das in einer starken Lösungsorientierung. Selbst Jammern als emotionales Ventil hat darin selten Platz.

Durch die selbstverständliche Berufstätigkeit der Frauen war die Versorgung der Kinder nicht ein individuelles Problem, das Gelingen oder Versagen keine Einzelzuschreibung. Berufstätig zu sein, ihr eigenes Einkommen zu haben, minderte de facto die Abhängigkeit vom Mann, ebenso die tiefer liegenden psychischen Empfindungsmuster von Unabhängigkeit. Es war für mich oft zu erleben, dass sich diese Frauen bei Meinungsbildung und Entscheidungen auf eine selbstverständliche Art und Weise bewegten und sich nicht von den Männern in der Runde abhängig definierten.

Die Geschäftsführerin eines ostdeutschen Mittelständlers brachte es für sich so auf den Punkt: »Frauen erarbeiten sich ihre Souveränität. Männer verlernen ihre Arroganz und kommen so zur Souveränität.« Natürlich sind das keine statistischen Aussagen. Es sind Trends aus dem Erleben Einzelner. Vergleichen Sie die Geschichten mit Ihren eigenen Erlebnissen.

Ich danke allen Interviewpartnerinnen und -partnern für ihre ehrlichen und offenen Einblicke.

7.1   Interview 1: Souverän sein durch Muster brechen

WL: **Frau Vollant[34], ich bedanke mich zu Beginn ganz herzlich für Ihre Bereitschaft und Ihre Zeit, in Ihrer Position sind die Terminkalender sehr eng. Sie sind im Management eines großen Automobilherstellers der Premiumklasse und verantworten heute die PKW-Montagewerke weltweit. Sie führen ein virtuelles Team, das weltweit aufgestellt ist. Ihre Werksleiter sitzen in unterschiedlichen Ländern mit unterschiedlichen Sprachen und Kulturen. Davor gab es natürlich andere Funktionen, die Sie übernommen haben, also ein längerer Weg mit viel Erfahrungshintergrund, wie Souveränität wächst und wie Sie heute agieren. Was sind und waren für Sie Situationen, in denen Sie sich souverän erlebten?**

---

34   Name von der Autorin geändert.

KV: Ja, heute erlebe ich mich souverän. Ich bin relativ neu in dieser aktuellen Position, greife heute wieder auf Erfahrungen früherer Funktionen zurück. Dies im Gegensatz zu den letzten acht Jahren in einem Bereich, der mir komplett fremd war. Da komme ich später darauf zurück. Heute stehe ich auf dem Boden meiner Fachlichkeit. Ich selbst kann viel souveräner auftreten, wenn ich weiß, um was es geht. Ich beobachte auch Kollegen, die ohne oder mit wenig Fach-Know-how sehr souverän auftreten, aber das ist nicht meine Art. Ich brauche fachliche Kompetenz und Erfahrung, um souverän handeln zu können.

WL: **Ist das typisch für Sie oder handelt es sich dabei um ein Mann-Frau-Thema?**

KV: Ohne in Klischees zu rutschen, erlebe ich es schon als Männerthema. Ich beobachte, dass Männer taktisch viel stärker auftreten, auch wenn ihnen die Detailexpertise fehlt. Sie kommen mit Meinungen, die dann auch gehört werden. Nur, es wird gefährlich, wenn aufgrund fehlender Fakten entschieden wird. Bei mir ist es so, dass ich manchmal länger brauche, bis ich entscheidungsfähig bin, da ich mir die fachliche Expertise hole. Die hat man nicht immer parat. Auf dem Boden von Fakten sind Entscheidungen nachhaltiger und fundierter. Hier erlebe ich mich heute sehr souverän und mit jeder Vorgehensweise und Entscheidung, die sich als richtig erwiesen hat, wird man immer souveräner. Wenn ich ein konkretes Erlebnis herausgreife, dann gehe ich heute in Sitzungen, in denen einem die Schuld an einer schwierigen Situation zugeschoben wird, klar und strikt vor. Eigene Versäumnisse werden korrigiert, ganz klar. Bei mir kommt die Sachlage klar auf den Tisch, hier ist mir Transparenz wichtig. Ich lasse keine Ablenkungsmanöver zu.

WL: **Das heißt, Sie kennen die Spiele der Macht, erkennen die Muster, die Ihnen »angeboten« werden, und wissen damit umzugehen.**

KV: Ja, da bin ich ganz klar. Es geht nicht um Verteidigung, sondern um Lösungsfindung im Sinne des Unternehmens und nicht um Schuldzuweisungen. Fingerpointing erzeugt nur Stellungskriege und damit Stillstand. Mir ist aber auch vertraut, dass in Zeiten, in denen ein besonders starker Druck auf dem Unternehmen lastet, diese Muster wieder hochkommen. Da muss man sehr souverän sein, um sich nicht darin zu verfangen. Das hilft uns nicht weiter. Darum glaube ich sehr wohl, dass es souveräne Menschen braucht, die nicht in dieses Fingerpointing einsteigen. Eine souveräne Führungskraft kann ihrer Firma sehr viel geben: Klarheit, Transparenz und Richtung. Fair Play ist ein Zeichen von Souveränität.

WL: **Um es für die Leserinnen noch konkreter zu machen: Gibt es für Sie weitere Situationen, in denen Souveränität deutlich wird?**

KV: Zum Beispiel Mitarbeiterdialoge, die sind mir wichtig. Natürlich machen wir immer wieder Townhall Meetings. Aber das ist nicht wirklich effektiv für mich. Zum einen trauen sich Mitarbeiter in so ganz großen Versammlungen selten, wirklich ihre Fragen zu stellen, und ich kann auch nicht immer authentisch und offen antworten. Ich habe meine eigene Art, ich mache diese Dialoge gerne auch in kleiner Runde. Hier kann ich auf Ängste viel besser eingehen und kritischen Mitarbeitern wirklich zuhören. Ich bin für die Mitarbeiter dieses Bereiches relativ neu. Mir ist bewusst, ich löse dadurch Fragen aus. Daher kümmere ich mich um das, was den Menschen am Herzen liegt. Dem stelle ich mich gerne. Ich lege Wert auf eine persönliche Note. Souveränität ist für mich eine Frage der Erfahrung. Es gehört für mich dazu, aus Situationen zu lernen, in denen man nicht so souverän war. Das erfordert viel Selbstreflexion, die mir heute viel Freude bereitet.

WL: **Wie würden Mitarbeiter Sie beschreiben?**

KV: Ich glaube, die sagen:»Die weiß, von was sie spricht, weiß, um was es bei uns hier geht, und ihr liegt die Aufgabe am Herzen. Sie ist offen und integrierend.« Meine Mitarbeiterinnen sehen, dass die Produktion von Autos nicht mein ursprüngliches Fachgebiet ist. Ich komme aus der Betriebswirtschaft und der Logistik, und beide Seiten akzeptieren, dass hier gelernt werden will. Dafür sagen sie:»Die hört auf die, die Erfahrung haben.«

WL: **Was waren für Sie wichtige Herausforderungen, die richtiggehende Lernschübe produzierten?**

KV: Das war bei meinem letzten Job, denn ich habe einen mir bis dahin fachfremden Bereich übernommen. Es war für mich gänzlich neu, über entwicklungsnahe Themen zu sprechen, die zehn Jahre in der Zukunft liegen. Bereiche und Ansprechpartner waren neu und auch die Art zu arbeiten. Ich saß 30 Stunden die Woche in Gremien, musste Entscheidungen treffen zu Themen, zu denen mir zu diesem Zeitpunkt fundiertes Fachwissen fehlte. Da habe ich wahrlich gelitten, denn es entsprach nicht meinem Verständnis. In dieser Phase habe ich sehr viel gelernt, auch damit umzugehen.

Ich baute mir ein Netzwerk mit den Entwicklern auf, um die Art, wie ich arbeiten wollte, zu ermöglichen. Das Muster bis dahin war, man holte sich aus der Vorstandssitzung Entscheidungen ab, um mit viel Arbeitsaufwand und vielen Prüfschleifen auszuloten, was möglich war. Mein Vorgehen war anders. Ich habe mit den Entwicklern Ideen und Konzepte zu einer soliden Entscheidungsbasis geführt und bin dann erst zum Vorstand, um mir das Go zu holen. Da bin ich wirklich anders vorgegangen. Das ist selbst beim Vorstand anfänglich nicht auf Gegenliebe gestoßen, denn ich habe das Diktat der Geschwindigkeit vordergründig nicht bedient. Ich war mit meinen Entscheidungen oft etwas später im Rennen, war in den Sitzungen auch nicht so lautstark unterwegs, denn ich hatte ja bereits die Entwicklung durch die intensive Vorarbeit hinter mir. Ich gab ein ganz anderes Erscheinungsbild ab. Ja, es gab sehr kritische Stimmen, die meinten, ich vertrete meinen Bereich mit seinen Belangen nicht richtig, wenn da vorab Absprachen getroffen wurden. Doch ich bin mir in meiner Vorgehensweise treu geblieben und das hat sich bezahlt gemacht im Sinne einer ganzheitlichen Zielerreichung.

WL: **Das heißt, Sie durchbrachen eingeschliffene Muster in der Vorgehensweise und akzeptierten auch nicht, sich regelmäßig eine Portion Frust abzuholen.**

KV: Ja, so kann man das nennen. Natürlich war der Übergang dahin auch schwierig. Vorher war die Zusammenarbeit eher als Kampf ausgelegt, man war misstrauisch. Es war ein schwieriges Jahr, in dem ich mich selbst natürlich auch hinterfragte, an meine Grenzen kam, aber das Vertrauen wuchs. Vertrauen im mich selbst war einer der großen Gewinne aus dieser harten Zeit.

WL: **Das klingt danach, dass es darauf ankommt, für sich zu wissen, was die eigene Art zu arbeiten ist, und ihr mit offenen Augen im Abgleich mit dem Geschehen treu zu bleiben.**

KV: Ja, und das muss man erleben, um es wirklich zu verstehen, denn oft ahmt man etwas nach, was andere machen und einem als richtig nahelegen. Ich war froh, dass ich meinen Stil durchgehalten habe.

WL: **Was übrigens eine Definition von Souveränität ist, sich unabhängig von der Außenwelt nach seinem Maßstab zu bewegen und zu entscheiden und damit seine eigenen Werte zu leben.**

KV: In diesem ganz neuen Umfeld sind mir meine Selbstverständlichkeiten und Werte erst so richtig bewusst geworden. Ich habe mich mit meiner Art, die mir inzwischen so selbstverständlich war, neu erkannt, gleichzeitig das neue Umfeld mit seinen Aufgaben und Menschen aufgenommen, ich war unter Beschuss des Vorstandes, ... es war eine harte Zeit. Da wurde ich mir wirklich bewusst, wie ich sein will, wie ich arbeiten will, wie ich mit den anderen umgehen möchte. Und es ging darum, es so auch durchzuhalten. Es muss ja nicht immer die harte Tour sein, vielleicht genügt es ja, Ihr Buch zu lesen und sich dies alles bewusst zu machen ... *(lacht)*.

Ich habe mich auch meinem Chef gegenüber positioniert und gemeint, ja, meine Ergebnisse kommen für dich später, aber dafür sind sie fundiert und es gibt keine mehrfachen Wiederholungsschleifen. In der Summe bin ich schneller. Es war schön zu erleben, als dieser Chef meine Art als erfolgreich anerkannte.

WL: **Bei so viel Belastung und Druck, wie sorgen Sie gut für sich?**

KV: Oh ja, das habe ich für mich auch gelernt. Zum einen gehe ich ziemlich pünktlich aus dem Geschäft. Ich bin leistungsfähig, acht bis zehn Stunden am Tag, aber nicht 15 Stunden. Beim Nachhausefahren kann ich schon gut abschalten und zu Hause ist zu Hause. Abgrenzen heißt für mich auch, ich muss am Wochenende nicht unbedingt meine Mails bearbeiten. Da hat mir mein Sohn auch geholfen. Am Abend wollte ich für ihn da sein, da hat das Büro keinen Platz bekommen. Und Sport ist ein wichtiger Aspekt, ich gehe regelmäßig joggen.

WL: **Wenn ich Ihnen zuhöre, erkenne ich in Ihren Schilderungen die sieben Aspekte der Persönlichkeit, kein Wunder, Sie sind mir sehr vertraut. Ich höre sehr stark die fürsorgliche Königin, die sich um die Belange der Mitarbeiter kümmert und das an den Grenzen kommuniziert. Die Visionärin, die Orientierung gibt. Die Heilerin ist bei Ihnen stark im integrierenden Vorgehen vertreten, also Mitarbeiter mit ihrem Wissen und ihren Fähigkeiten einzubinden. Dass Sie kämpfen und sich und Ihren Bereich verteidigen können, war ganz zu Beginn unseres Gespräches bereits im Raum. Wenn Sie für sich beschreiben, wie wichtig Ihnen Fachkenntnisse sind, kombiniert damit, »das große Ganze« zu sehen, dann spricht hier eine Weise aus Ihnen. Da lebt eine starke Mannschaft in Ihnen. Was ich noch nicht gehört habe, jedoch in Ihrem Gesicht sehe, ist die »wilde Kraft«. Wo und wie lebt die bei Ihnen?**

KV: Das Ungestüme und den Entdeckergeist habe ich sicherlich, aber den lebe ich hier nicht voll aus. Da werde ich auch noch darüber nachdenken. Diese Kraft wird hier in unserem großen Konzern schon arg gedeckelt. Auch zu Recht, denn wir brauchen die Stabilität. Je größer ein Unternehmen, desto mehr Regeln und verlässliche Abläufe braucht es. Ein bisschen wild sein, ein bisschen rebellieren wird hier eher bestraft. Die aktuelle Zeit fordert von uns verantwortlichen Managern, ordnungspolitisch klar zu bleiben. Wir sorgen für Stabilität und das erfordert nun mal Disziplin, aber wir sind auch auf dem Weg der Transformation. Zwischen diesen beiden Dynamiken den Weg zu finden, ist eine wahre Herausforderung.

In meinem vorherigen Bereich war das auf der Managementebene leichter möglich. Es war eine kleinere Gruppe Verantwortlicher, die Vertrauensbasis war damit stabiler und es war eine andere Art der Offenheit untereinander möglich. Die Spielräume fürs Spinnen und Visionieren, für Feedback geben und fachlichen Austausch wurden vom zuständigen Geschäftsführer gefördert. Für meine neuen Mitarbeiterinnen war es eine größere Veränderung. Als solide, analytische Entwickler, vormals geführt von einer ebensolchen Führungskraft, sollten sie zu einer anderen Art der Herangehensweise finden. Da ist es nicht leicht, bisherige Erfolgsrezepte zu verlassen und noch nicht zu wissen, ob eine andere Herangehensweise wirklich erfolgversprechender ist. Aber sie haben sich Schritt für Schritt auf fachübergreifende Arbeitsgruppen, auf Entwürfe statt fertiger Konzepte eingelassen, Spannungen ausgehalten und verstanden, dass für ein Zukunftskonzept die Zahlen hinter der Kommastelle nicht wichtig sind. Letztendlich haben sie die Veränderung mitgetragen.

Heute sorge ich dafür, die Gestaltungsräume für meine Bereiche aufrechtzuerhalten, ggf. auch auszudehnen. Den Spielraum für Neues ermögliche ich durch die Trennung unserer operativen Besprechungen, bei denen stringent das Tagesgeschäft besprochen wird, von den co-kreativen Besprechungen, wenn wir gemeinsam über etwas Neues, neue Herangehensweisen nachdenken. Das sind unterschiedliche Taktungen, da muss man sich auch darauf einstellen können. Da braucht es Ideen, Kreativität, nicht sofortige Bewertungen. Wir sehen uns als Team in unserer Zusammenarbeit und Strategieumsetzung.

WL: **Die Neuerungskraft des Wilden will eingeordnet werden.**

KV: Wir dürfen in der aktuellen Phase nicht vergessen, dass wir die Transformation für das Neue brauchen, aber der aktuellen Situation auch ihren Tribut zollen müssen.

WL: **Das klingt nach bodenständiger Visionärin. Was hätten Sie erwartet, noch gefragt zu werden im Zusammenhang mit Souveränität?**

KV: Ich denke, das Äußere gehört ebenfalls dazu, wie man sich kleidet, wie man auftritt. Auch wie man spricht. Für mein Auftreten im Vorstand habe ich intensiv an meinem Bild von Autoritäten gearbeitet. Seminare und Coaching waren da hilfreich, mich selbst zu reflektieren, z. B. auf meine Sprache zu achten, das macht viel aus.

WL: **Trotz alledem hört es sich nach Anpassung und Lernen an, aber auch danach, dem eigenen Stil treu zu bleiben.**

KV: Ja, verbogen habe ich mich nicht. Die Wirkung ist größer, wenn eine Frau kommt, die ihre Linie hält. Natürlich stelle ich mich auf den anderen ein, bleibe aber auch bei mir.

WL: **Herzlichen Dank für diese Einblicke und für dieses Gespräch.**

KV: Ja, ebenfalls, das hat richtig Spaß gemacht und ist wieder ein Stück Selbstreflexion.

7.2 Interview 2: Souverän sein durch Mut und Reflexion

WL: **Hallo, Herr Glasner[35], herzlichen Dank für Ihre Zeit und Ihre Bereitschaft für dieses Interview. In diesem Gespräch möchte ich mit Ihnen aus zwei Perspektiven auf Souveränität und ihre Wirkungen blicken. Zum einen interessiert die Leser natürlich Ihr persönlicher Weg. Was hat in Ihrem Leben zu Ihrer Souveränität beigetragen und was macht sie heute aus?**

Zum anderen sind Sie seit März 2014 verantwortlicher Leiter des Personalmanagements eines großen mittelständischen Unternehmens bzw. seiner Tochtergesellschaften. Sie stellen Menschen ein, begleiten Mitarbeiter vom Eintritt in Ihr Unternehmen über alle arbeitsrechtlichen Veränderungen bis zum Austritt. Sie beraten Führungskräfte in personalrelevanten Fragen und verantworten kollektives Arbeitsrecht. In arbeitsrechtlich relevanten Situationen souverän handeln zu können, ist für alle Beteiligten wie unter einer Lupe zu stehen. Für die Leserinnen

---

35   Name von der Autorin geändert.

ist es besonders interessant, welche Bedeutung Souveränität in Bewerbungssituationen zukommt. Können Bewerberinnen und Bewerber mit Souveränität punkten?

Sie sind seit zehn Jahren in diesem Markenunternehmen mit ca. 1800 Angestellten sehr unterschiedlicher Berufsgruppen. Die Mitarbeitergewinnung und die Ausbildung gehören ebenfalls zu Ihrem Verantwortungsbereich. Es ist ein Unternehmen, das jeder kennt. Hier führen Sie ein Team mit neun Kolleginnen.

Zum Einstieg, was sind für Sie die wichtigsten Komponenten von Souveränität?

MG: Souveränität hat für mich viel mit Selbstsicherheit und Selbstbewusstsein zu tun. Aber das muss man auch ausstrahlen. Es muss nach außen gebracht werden. Das gelingt extrovertierten Personen sicher leichter, wobei Introvertierte sicher auch souverän sind, es ist halt die Frage, an was und wie es erkennbar wird. Souveränität speist sich stark aus Selbstbewusstsein und da kann jeder etwas für sich selbst machen, es hat was mit Reflexion zu tun. Fachwissen ist eine wesentliche Komponente, es vorzuweisen, sehe ich ebenfalls als sehr wichtig an.

WL: Hat das Fachwissen für Sie eine Gewichtung im Zusammenhang mit souveränem Auftreten?

MG: Das ist sozusagen eine Grundvoraussetzung, aber kein Automatismus. Das heißt, man kann fachlich sehr fit und erfahren sein, trotzdem nicht unbedingt souverän auftreten. Dann gibt es topfitte Fachspezialisten, die jedoch alles andere als souverän sind. Andererseits kann es im Endeffekt kein souveränes Auftreten ohne Fachlichkeit geben. Wobei, manche schaffen es schon, fehlendes Fachwissen eine Zeit lang zu überspielen, der schmale Grat zum Blenden ist hier immer da. Aber irgendwann fliegt es auf. Fachlichkeit ist sehr wohl ein wichtiger Baustein.

WL: Ein interessantes Zusammenspiel von Fachlichkeit und Souveränität. Hört sich an wie zwei separate Faktoren, die sich doch gegenseitig beeinflussen.

Wie sind Sie Ihren Weg gegangen? Hat Sie die Souveränität gefunden oder haben Sie sich gesucht?

MG: Tja, Souveränität wird einem nicht geschenkt. Das wächst langsam. Da ist viel »trail and error« angesagt. Ich z. B. war im Sport anfänglich wirklich nicht souverän, aber als dann immer mehr Anerkennung kam, traute ich mir mehr zu, das stärkt und es kommt noch mehr positive Rückmeldung. Es ist, als würde man sich eine Grundkondition zulegen. Wenn man in jungen Jahren eine gute Basis legen konnte, trägt einen das schon durchs Leben. Auch in meinem ersten Job als Supermarktkassierer war ich sehr unsicher, aber Sicherheit wächst mit dem Tun!

Ich bin überzeugt, dass man in den verschiedenen Lebenslagen auch immer wieder neu anfangen muss. Man ist nicht einmal souverän und dann für immer. Es ist, als nähme man sich seinen Grundstock an gewachsener Souveränität mit, aber es gilt immer wieder, in eine nächste Stufe zu gehen. Auch wenn ich seit Jahren souverän meinen jetzigen Job mache, heißt das nicht, dass ich in ein paar Monaten ebenso souverän die Windeln meines ersten Kindes wechseln werde.

WL: **Da haben Sie spannende Wochen vor sich. Ich wünsche eine gute Geburt. Sie sprechen von Sport, ich bleibe in Ihrem Bild – was waren für Sie die herausforderndsten Trainingseinheiten in Sachen Souveränität?**

MG: Dinge, die ich noch nie getan habe, doch anzugehen. Da war das Abitur, oh, schaffe ich das überhaupt, dann Studium, dann erster Job. Das stand jeweils wie ein Berg vor einem, Neuland, habe ich noch nie gemacht, ist das wirklich zu schaffen? Jedes Mal, wenn ich zurückblickte, dann erschien es im Nachgang klein und ich hatte einmal mehr die Erfahrung, auch das ging.

Als Praktikant in meiner Anfangszeit hier im Unternehmen nahm mich der Leiter der Personalentwicklung mit in eine große Veranstaltung für Führungskräfte. Ich sollte moderieren, das hatte ich bis dahin noch nie. Es war gänzlich neu für mich, vor so einer großen Gruppe zu stehen. Aber dieses Gefordertsein, das Zutrauen zu bekommen und selbst den Mut zu haben, es zu tun, daran bin ich immer wieder gewachsen. Gleichzeitig stand ich in der Prüfungsphase am Ende meines Studiums, das war schon ein gehöriger Druck. Roter Kopf, schwitzige Hände, aber rein und durch und dann zu merken, ja, es geht, du kannst das. Es muss ja nicht perfekt sein. Heute stehe ich vor einem Auditorium von Studenten, stelle mein Unternehmen vor, weiß, die wollen alle alles von mir, und es läuft. Je mehr solcher Schlüsselerlebnisse dir geschenkt werden, desto mehr kannst du wachsen. Eine nächste Stufe war die Geschäftsführung, das ist der Klassiker für weiche Knie. Du sollst etwas vortragen, kennst die Situation nicht, kannst die Personen nicht einschätzen. Heute ist es ein vertrauter Rahmen für mich und ich kann mit Hierarchie gut umgehen.

WL: **Also ist souverän werden auch ein Sichlösen von Autoritäten!**

MG: Ja, genau, man findet seine Haltung dazu. Auch bei meinem Einstieg in meine Führungsaufgaben hier war ich unsicher, eine ganze Zeit lang. Und du machst auch Fehler, das meinte ich vorhin mit »trail und error«. Ja, Fehler gehören dazu, da sollte man auch keine Angst davor haben. Ich hatte eine längere Phase der Unsicherheit. Besonders gut kann ich mich an eine der ersten schwierigen Situationen erinnern. Es ging um die Verlängerung eines Arbeitsvertrages für eine Auszubildende. Aufgrund der Sachlage sah ich es als eine pragmatische Lösung, den Arbeitsvertrag trotz gegenteiliger Entscheidung der bisherigen Vorgesetzten noch für ein paar Monate zu verlängern. Dem Fachbereich war damit gedient. Ich bekam heftig Gegenwind von der verantwortlichen Ausbildungsleiterin und erst im Nachgang habe ich verstanden, dass mein Preis der Verrat an ein paar wichtigen Prinzipien unseres Hauses war. Im Nachgang verstand ich, dass es manchmal wichtiger ist, den Pragmatismus für die gemeinsamen Werte zurückzustellen. Ich verantworte ja nicht nur diese Einzellösung, sondern die gesamte Linie unserer Personalpolitik.

Es ist eigentlich eine platte Erkenntnis, aus Fehlern zu lernen, aber es gehört auch die Bereitschaft dazu, bewusst zu reflektieren. Die Bereitschaft, sich sein eigenes Agieren anzuschauen und sich einzugestehen, wenn etwas nicht o. k. war. Es ist ja auch ein Aspekt von Souveränität, sich einzugestehen, dass man Fehler macht, dass es normal ist, aber dann braucht es die Bereitschaft, daraus zu lernen. Ohne die Fehler wären mir manche Prinzipien nicht klar geworden. Heute hole ich mir systematisch die verschiedenen Meinungen und Empfehlungen zu einer Sachlage und kann schneller sagen, so kann man es machen und so nicht.

WL: **Während also zu Beginn der Pragmatismus als Wert im Vordergrund stand, sind im Laufe der Zeit noch weitere Entscheidungsprämissen hinzugekommen.**

MG: Ja, unbedingt, das ist das Wesentliche in Sachen Souveränität. Man wird klarer in seiner Ausrichtung. Wobei Pragmatiker ohne Vision genauso Schwierigkeiten haben werden, wie Visionäre ohne Pragmatik nichts umsetzen werden.

Eine gewisse Risikoneigung gehört auch dazu, sich reintrauen in Situationen, aber nicht kopflos, das wäre arrogant, sondern mit Respekt und Demut, der Situation angemessen. Also nicht der Sorglosigkeit erliegen. Ich bin da ein Anhänger des Sorglosigkeitstheorems.

WL: **Das bedeutet für Sie ...?**

MG: Also aus Unwissenheit oder Übermut in eine Sache zu springen, ist die eine Seite. Wenn ich glaube, alles ist machbar, wäre das arrogant. Die andere Seite ist, wegen zu viel Erfahrung unaufmerksam zu werden. Da gibt es Studien, die besagen, dass die größten Katastrophen von den besten Fachleuten oder Spitzenteams verursacht wurden, wenn die Routinen und der Glaube an die Beherrschbarkeit überhandnahmen. Das hat sich bei großen Flugzeugabstürzen gezeigt oder auch bei der Tschernobyl-Katastrophe, das Tschernobyl-Team wurde kurz vorher noch als das große Fachteam ausgezeichnet.

WL: **Also geht es darum, die Aufmerksamkeit trotz Erfahrung zu pflegen.**

MG: Ja, das braucht es wirklich. Reflektieren ist mir sehr wichtig geworden. Ich mache viele Dinge mit mir selbst aus. Wobei mir auch Gespräche, hauptsächlich mit guten Freunden, sehr wichtig sind. Die sind in anderen Branchen, aber in ähnlichen verantwortungsvollen Positionen. Es ist gut, verschiedene Meinungen zu hören und abzugleichen. Mein Part ist dann oft, arbeitsrechtliche Fragen und Abwägungen zu erläutern. Selbst wenn ich zu Personalfragen gefragt werde, kläre ich dabei Prinzipien und Regeln für mich.

Diese Gespräche tragen mich, da werde ich schon auch hinterfragt, bekomme Hinweise, ich profitiere von anderen Meinungen. Ob ich damit so richtig an meinen blinden Fleck komme, na ja, vielleicht denke ich da mal an einen Coach, aber bislang komme ich sehr gut mit meiner Art der Reflexion zurecht. Ich halte mir regelmäßig selbst den Spiegel vor. Wobei, ich habe in der letzten Zeit verschiedene Persönlichkeitstests gemacht. Das war schon sehr interessant, sie haben vieles bestätigt und zugleich weitere Anstöße gegeben. So etwas lässt mich manches noch differenzierter betrachten.

WL: **Reflektieren und für sich ein Level für Risikobereitschaft finden gehört damit zum Souveränwerden.**

MG: Die Sache mit dem Risiko und der Risikoeinschätzung ist mir wichtig. Es gibt natürlich immer wieder Aufgaben oder Situationen, da scheut man sich, die machen erst mal Magengrummeln. Mein Spruch dazu:»Hilft ja nichts«, entweder es muss gemacht werden oder es ist eine Chance, wegducken ist nur eine Scheinlösung. Ja, ich bin nicht nur frohen Mutes in meine Führungsaufgabe gesprungen. Aber es war eine Chance und wegducken hilft ja nicht, da ist es wieder ... Mache das Beste daraus, mehr als Scheitern kann man nicht, ist dann meine Devise.

WL: ... also ein Mittelmaß finden ...

MG: Ja, genau das braucht es, wobei das Mittelmaß nicht unbedingt die Mitte sein muss. Auch wenn ich mich inzwischen routiniert in der Geschäftsführungsrunde bewege, braucht es schon immer wieder die Erinnerung, dass dies besondere Situationen sind. Mit der richtigen Portion Demut seine eigene Wichtigkeit einzuschätzen und damit wirkungsvoll zu sein. Das hat nichts mit Kuschen zu tun, sondern mit Respekt vor der Rolle und Verantwortung aller Beteiligten und der Zusammenarbeit.

WL: **Im Abgleich zu den anderen Interviews, in denen alle Frauen von sich aus den Unterschied der gelebten Souveränität bei Frauen und Männern ansprachen, wurde das in unserem Gespräch von Ihnen nicht thematisiert. Ist es kein Thema?**

MG: Na ja, die Stereotypen greifen schon. Männer müssen eher mal auf »dicke Hose« machen oder überspielen fehlende Fachlichkeit, wie ich eingangs meinte. Das erlebe ich bei Frauen nicht so. Frauen sind eher auf der emotionalen Seite unterwegs. Aber ich kenne es auch anders, emotionale Männer und taffe Frauen. Da verändert sich gerade vieles.

WL: **Eine weitere interessante Perspektive für die Leser ist ja der Blick eines Personalverantwortlichen auf die Bedeutung von Souveränität in Bewerbungssituationen. Wie wichtig ist es, souverän aufzutreten?**

MG: Souveränität steht nicht an erster Stelle. Es kommt auf die Anforderungen der Aufgabe, des Jobs an. Es muss nicht per se der souveränste Mitarbeiter sein. Natürlich stellt sich in Bewerbungssituationen jeder möglichst gut dar. Eine gute Selbstdarstellung ist jedoch nicht gleich Souveränität. Fachlichkeit bleibt hier sehr wichtig. Es gibt Positionen und Aufgaben, da kann auch eine noch etwas unsichere Person die passende sein, z. B. wenn der Kundenkontakt nicht im Vordergrund steht und die Person ja noch lernen und wachsen kann. Bei Führungskräften, Menschen, die unsere Firma mit viel Außenkontakt vertreten, brauchen wir natürlich souveräne Persönlichkeiten. Da erwarte ich von einer 26-Jährigen aber auch noch nicht die gleiche Souveränität wie von einem 40-Jährigen. Wichtig ist immer die Verbindung mit Fachlichkeit, Souveränität braucht eine Grundlage. Sich souverän darstellen zu können, schließt für mich Selbstkritik mit ein, differenziert abwägen zu können, was die eigenen Leistungen und Möglichkeiten sind, und die eigenen Grenzen zu kennen. Offenheit und Ehrlichkeit mit sich und dem Gegenüber ist für mich ein Zeichen von Souveränität.

WL: **Da schließt sich der Kreis zu Ihren Beschreibungen zum Einstieg. Souveränität hat ihre Basis in der Fachlichkeit, Selbstreflexion und Selbstkritik und kann reifen und wachsen.**

MG: Herzlichen Dank.

7.3 Interview 3: Souverän sein durch Genügsamkeit

WL: **Als Director Quality Management bei einem Großkonzern verantworten Sie das Thema Qualität der Produktion im Konzern. Ein sehr interessanter Berufsweg hat Sie in die heutige Position gebracht. Sie haben an der Fachhochschule Karlsruhe Wirtschaftsingenieurswesen studiert, sind Ingenieurin geworden, Schwerpunkt Kunststofftechnik. Zum Beginn Ihres Studiums war die Frauenquote bei zwei Prozent. Wie kam es zu dieser Studienwahl?**

MR: Nach dem Abitur wusste ich erst nicht so richtig, was ich wollte. Per Zufall bin ich in einen Vortrag einer sehr inspirierenden Frau gekommen. Sie war eine der ganz wenigen Frauen im Maschinenbau. Sie hatte mich so begeistert, dass ich mich für ein technisches Studium entschied. Heute freue ich mich darüber, dass der Anteil der Frauen größer geworden ist, nicht wegen der Quote, sondern wegen der Qualitäten, die damit ins Unternehmen kommen. Da hat sich viel verändert und Frauen haben ihre Rolle inzwischen gefunden.

Gestartet bei einem Kleinstunternehmen, wechselte ich zu einem Mittelständler. Wir waren damals ein Zulieferer für die Industrie. Das Projekt, in dem ich mitarbeitete, kam in Schieflage und unser Kunde wollte explizit mich in dieser Situation als Projektleiterin. Ich war die Wunschkandidatin. Das war für mich damals sehr erstaunlich. Ich hätte mir diese Rolle nicht zugetraut.

Bei meinem nächsten beruflichen Wechsel sagte man mir, ich solle auf jeden Fall eine Teamleiterstelle annehmen. Das hatte ich für mich so noch nicht gesehen und habe dann, von außerhalb kommend, gleich eine Leitungsfunktion übernommen. Das war ein Novum bei meinem neuen Arbeitgeber.

WL: **Da wird ein roter Faden sichtbar. Sie gehörten zu der Zwei-Prozent-Quote der weiblichen Studenten in Ihrem Jahrgang. Sie sind wiederholt in Situationen gegangen, die Sie für sich nicht bewusst anstrebten. Auch der neue Arbeitgeber ist mit Ihnen neue Wege gegangen.**

MR: Ja, das wiederholte sich, auch beim nächsten Meilenstein. Das war nach ca. neun Jahren, als ich fachlich etwas anderes machen wollte. Man hatte mich ohne viel Aufsehens in die Managementebene gesetzt. Das war ein großer Schritt. Ich dachte damals, das schaffe ich nie. Der Vorgänger war ein sehr präsenter Mensch, raumfüllend, da gab es keine Ecke in seinem Verantwortungsbereich, die er nicht ausgeleuchtet hatte. Ich merkte jedoch bald, dass ich mit meiner Art, die Mitarbeiter aktiv anzusprechen und Unterstützung anzubieten, sehr schnell auch auf dieser Ebene Fuß fasste.

Wiederum der nächste Schritt kam zustande, als ich vom Produktionsbereich angesprochen wurde, zu ihnen zu kommen. Das wurde von den Vorgesetzten mit Blick auf einen weiteren Karriereweg kritisch gesehen oder zumindest als ungewöhnlich. Allerdings wollte ich unbedingt einen Querwechsel in den Produktionsbereich, weil es ein ganz anderes Fachgebiet für mich war.

WL: **Also zwei, drei Mal eine Zu-Mutung im wahrsten Sinne des Wortes! Sie wurden gesehen mit Ihren Fähigkeiten und Sie haben Aufgaben angenommen, in denen Sie sich selbst (noch) nicht sahen. Bei dem letzten beschriebenen Schritt kam die Entscheidung jedoch von Ihnen. Sie mussten sich ja auch dafür durchsetzen.**

MR: Für mich war das eine ganz tolle Entscheidung. Seitdem weiß ich, das Gehirn ist wie ein Muskel. Ich musste und durfte so viel lernen. Ich kannte ja nur wenig von dem neuen Bereich. Das hat mich inspiriert. Ich kam mir vor, als würde ich in Windeseile durch alle Schulstufen jetten. Dieses Lernendürfen hat mich so richtig jung gemacht und ja, es war auch hart. Nicht nur, weil mich der abgebende Bereich hat spüren lassen, dass sie mich lieber behalten hätten.

WL: **Und es gab noch einen weiteren beruflichen Schritt. Wie kam der zustande?**

MR: Die Anfrage, ob ich für eine nächste Stufe bereit wäre, beantwortete ich mit »ja, schon«. Ich war dafür offen, brannte aber nicht dafür, denn ganz so wichtig war es mir doch nicht. So ging ich in das Auswahlverfahren und war mir aus den vorherigen Erfahrungen sicher, die Stelle zu bekommen. Dem war dann nicht so.

WL: **Jetzt war wohl gefordert, eine klare Positionierung zu finden, zu zeigen, dass man wirklich will!**

MR: Ja, das wurde mir nach dieser Erfahrung sehr deutlich, da ging ich noch mal in mich und prüfte mich selbst. Daraus entstand Klarheit, was ich wirklich will, und die Entscheidung, für mich zu kämpfen. Aus den ermunternden Zuschreibungen bislang kam ich zu einem eigenen klaren Anspruch an mich selbst. Heute, nach zwei Jahren, führe ich einen großen Bereich mit einer breiten thematischen Streuung. Kürzlich hat ein Kollege auf die Überlegung der Jobrotation gemeint, nein, nein, das wäre ihm zu groß.

WL: **Sie strahlen so viel Leichtigkeit aus. Wie passt Ihre lockere Art zu diesem großen Verantwortungsbereich?**

MR: Ich bin gerne in den Bergen und hatte einen sehr guten alten Freund, Bergführer seines Zeichens. Der meinte:»Maja, was du am Ende des Tages brauchst, ist einfach nur ein Stück Brot und einen Löffel voll zu essen. Du kannst eh nur einen Löffel auf einmal in den Mund nehmen. Es genügt eine sichere Unterkunft und dieser Happen.« Das war so einprägsam für mich. Ja, im Einfachen steckt so viel Erfüllung. Ich kann mit ganz wenig zufrieden und glücklich sein.

WL: **Daraus entsteht Ihre innere Unabhängigkeit!?**

MR: Man sagt mir oft, ich hätte so eine innere Freiheit. Das stimmt. Ich definiere mich nicht über die Verantwortungsebene, nicht über das Auto, nicht über ... was auch immer. Wirklich wichtig ist für mich, dass es dem Unternehmen gut geht, dass die Mitarbeiter sinnvolle Rahmenbedingungen zum Arbeiten haben.

WL: **Für was sind Sie noch bereit zu kämpfen?**

MR: Gerechtigkeit! Das ist mir sehr wichtig, auch wenn es schwierig ist in einem Großkonzern. Dazu gehören auch Arbeitssituationen, die Leistung ermöglichen, Besprechungen, die Sinn machen, ressourcenschonend vorzugehen und den Blick für die Zukunft offen zu halten. Und die Kunden, ich kämpfe gerne für Kunden. Schon mein Großvater und mein Vater waren im Automobilbereich tätig. Dazu beitragen zu können, dass sich der Kunde freut, wenn er sein Auto bekommt, das kenne ich aus meiner Familie. Hilfsbereitschaft ist wichtig und dass jeder dabei ist, ebenso Leistung. Wenn jemand ohne nachvollziehbaren Grund seinen Teil nicht beiträgt, dann kann ich sehr klar werden.

WL: **Was empfehlen Sie nachkommenden Frauen, die sich erst auf den Weg machen?**

MR: Meine Empfehlung ist, sich nicht zu sehr zu verbeißen, sich nicht vorzunehmen, Familie und Beruf jeweils 100 Prozent zu machen. Ich sehe so viele junge Frauen, die beide Lebensbereiche zu 1000 Prozent machen wollen und doch nur scheitern können. Meine Empfehlung ist: Geht davon aus, dass ihr bereits gut seid, 80 Prozent reichen oft – und nicht perfekt sein wollen.

WL: **Das hört sich nach der Suche nach dem eigenen Maßstab an?**

MR: Ja, und der ist nicht von vorneherein gegeben. Dazu gehört viel Reflexion, dass ich immer wieder in mich höre und frage, was tut mir gut. Aber auch die Dinge anpacken, dazu stehen und sich mit den Ergebnissen zeigen. Für sich selbst einstehen. Bin ich Projektleiterin, dann vertrete ich die Belange selbst und überlasse die Lorbeeren nicht einem Mann. Das war in der Vergangenheit oft der Fall.

Ich muss meine Ergebnisse und Leistung nicht ständig vor mir hertragen. Einmal erläutert genügt, aber dafür möchte ich den Raum, ich möchte aussprechen können und dass zugehört wird. Wenn dieser Raum beschnitten wird, verliere ich manchmal die Geduld. Beobachten Sie mal, was passiert, wenn jemand in den Raum kommt. Wie kommt sie oder er rein? Wohin geht die Aufmerksamkeit? Wie hole ich mir die Aufmerksamkeit? Heute schleiche ich nicht mehr in die Sitzung, wenn ich mich verspätet habe. Heute komme ich rein, sage: »Hallo, wie kann ich unterstützen?«

WL: **Also viel beobachten, ausprobieren und sich Raum nehmen.**

MR: Ja, genau, und es mir zugestehen, diese Facetten zu leben. Ich suche mir aus, welche der Erwartungshaltungen ich bediene und welche nicht. Diese Selbstsicherheit wächst durch Ausprobieren. Inzwischen kann ich mich gut auf mich selbst verlassen. Damit sehe ich, was die Situation braucht, und lasse mich auf die Menschen vor mir ein.

WL: **Lassen sich die Kategorien der Souveränität auch auf ein Team, Ihr Team anwenden?**

MR: Ja, doch, denn worauf ich stolz bin, ist, dass wir sehr gut zusammenspielen. Ich höre viel zu und an einem bestimmten Punkt ist es akzeptiert, dass ich entscheide, da wird auch gefolgt. Mein Team meldet mir zurück, wenn etwas nicht stimmt. Ich schaue mir das an und kann auch sagen, sorry, da habe ich mich getäuscht oder da ist mir ein Fehler unterlaufen. Das ist kein Beinbruch.

WL: **Das ist das Modell von Führen mit Hofstaat, d. h. bewusst auf Berater hören, deren Expertise einholen und dann entscheiden. Es hört sich leicht an bei Ihnen.**

MR: Da sind schon etliche Lernschleifen dahinter. Ich kenne sehr wohl die Phasen, in denen ich mich in etwas hineingesteigert hatte. Dann kreisten die Gedanken nur noch um diese Themen, um die Arbeitswelt und ich wurde immer schwächer. Das konnte ich Gott sei Dank registrieren und damit aussteigen ... 24 Stunden das Unternehmen im Kopf, schlechter schlafen, das waren die Anzeichen. Ich musste in solchen Situationen raus in die Natur. Die Distanz hilft. Auch wenn ich jemandem Dritten erkläre, was mich bewegt, dann fällt mir meistens die Lösung ein. Heute erkenne ich bereits sehr früh, wenn ich anfange, mich in etwas hineinzusteigern, und gehe bewusst innerlich auf Distanz zu mir selbst. Das ist wie am Berg, wenn man sich zu sehr auf eine gefährliche Stelle fokussiert, dann stürzt man auch ab. Wenn ich mir sage, ja, das ist eine schwierige Stelle und du kannst sie schaffen, dann schaffe ich sie auch.

WL: **Hier wird Ihr »Rezept« sehr deutlich: Sich ganz bewusst immer wieder distanzieren, auch von sich selbst, sich einen Sparringspartner holen, immer wieder neu auf die Ereignisse blicken, auch bei Mitarbeiterinnen nachfragen, ob es so, wie es läuft, gut läuft. Damit halten Sie sich souverän.**

MR: Richtig, das stabilisiert mich. Was mich im Gegenzug in Bewegung hält, ist, immer wieder etwas Neues lernen zu wollen, lernen, helfen wollen, Veränderungen herbeiführen. Ich brauche immer etwas Neues.

WL: **Wo und wie lebt die Künstlerin in Ihnen?**

MR: Hm, fragen, fragen, immer wieder aufs Neue fragen, warum ist etwas so, wie es ist. Ich konnte ja einige Zeit meinen Neuheitsstatus nutzen und einfach nachfragen.

Ich bin von einem Bereich mit 1.500 Mitarbeitern in einen Bereich mit 78.000 Mitarbeitern. gekommen. Da kann man nicht alles wissen und damit viele Gewohnheiten hinterfragen. Die Welt verändert sich ständig, da machen Abläufe manchmal keinen Sinn mehr, ohne dass dies mit einem Fehler verbunden sein muss. Nur den Sinn nicht immer wieder zu hinterfragen, das wäre ein Fehler. In diesem Sinne ist meine Künstlerin unterwegs, das sinnhafte Neue immer wieder zu suchen.

Ich kann mir auch vorstellen, später aus diesen Aufgaben mal rauszugehen und als Bäckereifachverkäuferin zu arbeiten oder selber zu backen und zu verkaufen. Oder mit Tieren im Therapiebereich zu arbeiten, ach, mir wird immer etwas einfallen, was mir richtig Spaß macht. Ich hänge nicht an der Hierarchie. Aktuell bin ich dabei, einen großen Teil meines Bereichs abzugeben und neue Aufgaben zu übernehmen. Es geht also immer weiter, indem ich mich neuen Aufgaben stelle.

WL: **Herzlichen Dank für dieses Gespräch und viel Erfolg mit Ihren nächsten neuen Aufgaben.**

7.4 Interview 4: Souverän sein durch Kampfbereitschaft

WL: **Hallo Martin, danke für deine Bereitschaft zu diesem Interview. Wir kennen uns aus unserem früheren Arbeitsleben, waren bei dem gleichen Arbeitgeber. Du erst in der Informationsverarbeitung (IT), dann bald als Assistent der Geschäftsführung. Ich war damals in der Funktion der Organisationsentwicklerin. Wir hatten im Zuge der Aktionen des Management Development und der Veranstaltungen für die Managementebene miteinander zu tun. Dazwischen liegen viele Jahre, Job- und Firmenwechsel. Jetzt bin ich neugierig, was aus dieser ersten Berufsphase geworden ist. Du bist ja als erfolgreicher Schnellstarter, als strahlender Optimist und cleverer Projektmanager gesehen worden. Manchmal überlegte ich mir, ob es hinter dieser gelebten und nach außen gezeigten Rolle noch einen anderen Martin gibt.**

Steigen wir ein. Von 0 bis 10, wobei 0 einem »Ich fühle mich alles andere als souverän« und 10 »Ich lebe meine Souveränität, voll und immer« entspricht: Wie souverän erlebst du dich heute?

MW: Sehr spontan 8.

WL: **Was macht die »8« für dich aus?**

MW: 8 heißt für mich, ich lebe mein Leben so, wie es gewollt ist, wie ich es will. Das lässt sich noch mal differenzieren in beruflich und privat. Es ist einfach gut, so wie sich mein Familienleben entwickelt hat mit meiner Frau und meinen beiden, jetzt inzwischen erwachsenen Söhnen. Ebenso meine berufliche Tätigkeit. In beiden Feldern habe ich meinen Platz gefunden.

Eines möchte ich gleich vorausschicken: Meine Souveränität hat sehr viel mit meiner Kindheit zu tun. Ich hatte mit meinen Eltern optimale Startbedingungen. Sie waren beide selbstständig und viel beschäftigt. Dadurch hatte ich viele Freiheiten, konnte so einiges für mich ausprobieren und früh Eigenständigkeit erlangen. Für mich ist es wie Kopf und Geist entwickeln. Vielleicht war das körperliche sogar noch ausschlaggebender zu Beginn. Ich war immer der Größte in der Klasse und ich war sehr spontan. In den ersten Schuljahren ist viel über Raufereien ausgetragen worden. Da war ich klar im Vorteil. Ich war stärker und habe siegen gelernt. Ein Schuljahr habe ich in einem österreichischen Internat verbracht, da war ich der Piefke. Ich habe mir die Gruppe der vier Stänkerer genauer angesehen und mir den Anführer als Erstes vorgenommen und ordentlich verdroschen. Dann die anderen. Wobei ich auch Glück hatte. Einer von denen war wesentlich stämmiger als ich und stärker. Nur durch ein unglückliches Stolpern von ihm konnte ich ihm eine blutige Nase schlagen. Danach waren wir beste Freunde. Das hätte auch anders ausgehen können.

WL: **Also du hast bereits sehr früh gelernt, die Spielregeln und deine Duftmarken zu setzen.**

MW: (grinst) Ja, die Sprache der Grundschule. Dann ist mir ein Mitschüler begegnet, der ließ nicht mit sich raufen. Der kam mit Argumenten. Das war eine neue Gefechtssituation für mich. Ich war gefordert, verbal einzusteigen. Ich musste Stellung beziehen, ich wollte ja das Zepter in der Hand behalten und selbstbestimmt handeln.

WL: **Du benutzt klassische Kriegsmetaphern, ist dir das bewusst?**

MW: Mmmh, jetzt schon. Auch heute sage ich noch, ja, so ist das Leben. Mir ist schon klar, dass ich einen superguten Start in dieses Leben hatte. Ja zum Kämpfen sagen zu können, hat auch damit zu tun, dass ich sehr sorgenfrei leben konnte. Zu verlieren war nie existenziell. Ich hatte Rahmenbedingungen, die mich nicht zwangen, weit in die Zukunft zu blicken.

WL: **Das scheint zu deinem Naturell geworden zu sein. Diese Unbedarftheit zieht sich durch dein Leben. So bist du wohl auch in dein Studium gestolpert, wie du es gerade erzählst.**

MW: (lacht) Ja, so war das, da hast du recht. Ich habe Betriebswirtschaftslehre mit dem undifferenzierten Bild studiert, da kann man dann alles machen. Das Praktikum verbrachte ich in den USA. Dort war ich in der Holding eines großen Wirtschaftsunternehmens, also direkt im Machtzentrum, hatte oft mit dem Vorsitzenden und dem gesamten Managementboard zu tun. Ich war schnell anerkannt, bekam Lob und einen extra Bonus, der vorab nicht vereinbart war. Und trotzdem, ich war so ohne Kalkül unterwegs, habe vor lauter Sorglosigkeit aber auch nicht die Chancen gesehen.

Es kam die Bundeswehr. Da bin ich ebenfalls so reingestolpert. Erst als Soldat begannen die inhaltlichen Auseinandersetzungen. In meiner Gruppe diskutierten wir uns in die Verweigerung hinein. Ich war der Einzige, der die Konsequenzen zog und als aktiver Soldat den Weg der Wehrdienstverweigerung ging. Mit allen Stufen und Folgen. Damals lernte ich, mich inhaltlich mit Fakten, Belangen und Verfahrensregeln auseinanderzusetzen, Stellung zu beziehen und mich zu verteidigen. Letztendlich wurde ich anerkannt.

Es folgte ein halbes Jahr auf See. Den Tipp und den Türöffner bekam ich von einem älteren Kollegen bei der Bundeswehr. Ich heuerte auf der Sea Cloud, einem Viermaster, an. Ich gehörte zum Deckpersonal, bin die 60 Meter hohen Masten hoch, Segel setzen und mit den Touristen durch die Karibik segeln. Da war es wieder, das sorgenfreie Leben. Aber die Aufgaben forderten mich sehr und ich habe an Selbstbewusstsein gewonnen. Es folgte ein weiteres Jahr, in dem ich mich treiben ließ, bis es sich so richtig ungut anfühlte.

WL: **Zu dem Arbeitgeber, bei dem sich dein Berufsbild endlich ausformte und du Fuß gefasst hast, kamst du über einen Studentenjob. Wie hat sich dein Weg entwickelt?**

MW: Studentenjob, reingestolpert, ja, auch da. Es begann in der IT (Informationsverarbeitung) mit Programmieren. Diese Kleinteiligkeit war aber wirklich nicht meines. Dennoch habe ich mich reingearbeitet. Ich hatte und habe die Gabe, schnell zu verstehen, um was es geht, konnte abstrahieren und Zusammenhänge verstehen. Solange ich noch nicht selbst in der Lage war, Entscheidungen zu treffen, konnte ich zumindest sehr schnell Empfehlungen aussprechen.

Wenn ich mir heute die verschiedenen internen Wechsel ansehe, dann sehe ich viele Führungskräfte, die an mich glaubten, mir Aufgaben und Verantwortung gaben, die mich aber auch konfrontierten mit der Frage: »Martin, was willst du wirklich?« Ich dachte nie lange nach, war nie grüblerisch und wog die Dinge auch nicht ab, sondern griff sorglos zum Telefonhörer und rief z. B. einen Geschäftsführer an. Ich fragte unbedarft nach neuen Möglichkeiten und Aufgaben. So bekam ich eine Assistenten-stelle. Später kam ich auf ähnlichem Weg in den Stab für strategische Projekte, übernahm dann die Leitung des Büros der Geschäftsleitung und war damit unter anderem für Organisation und Ablauf der großen Hauptversammlungen zuständig. Ich bewegte mich sorglos im dichtesten politischen Machtgetriebe.

WL: **Ist das immer gut gegangen?**

MW: Nein, sicher nicht. Da waren schon ein paar dicke Schnitzer dabei.

WL: **Andere Menschen bewegen sich nicht so leicht in einem Feld, in dem so viele Interessen aufeinanderstoßen. Ging es mit dieser Leichtigkeit immer so weiter?**

MW: Nein, nicht wirklich. Ich hatte alle zwei bis drei Jahre innerhalb des Hauses etwas Neues gemacht. Mal aufseiten der IT, dann Projekte aufseiten der Fachbereiche, war wie gesagt in strategischen Projekten involviert und hatte verschiedene Leitungs-funktionen. Das alles hat mir über die Jahre ein großes Netzwerk ermöglicht, das ich auch bewusst pflegte. Ich bin mit großer Offenheit an alles herangegangen und hatte ein überbordendes Selbstvertrauen.

Das Ende der Sorglosigkeit war erreicht, als ich selbst zum Spielball in diesem Getriebe wurde. Zwar sah ich die verschiedenen Interessen und Vorgehensweisen, aber ich hatte sie in ihrer Bedeutung unterschätzt. Als ich zum Geschäftsführer einer Tochter berufen wurde, wusste ich um die Ablehnung meiner Bewerbung durch einen Vorstand. Mein Protegé setzte meine Berufung durch und ich nahm an. Dann lief es wie in einem schlechten Film. Mein Befürworter starb und ich wurde binnen kürzester Zeit abserviert.

WL: **War das ein Absturz für dich?**

MW: Nein, ich war immer noch getragen von meinem Selbstvertrauen und meiner Sorglosigkeit. Ich wollte mich nicht lange im Alten aufhalten. Zunächst genoss ich die Auszeit und verbrachte viel Zeit mit meinen Söhnen. Wir waren Skifahren, Wandern, Mountainbiken. Ich war voll überzeugt, ich finde nahtlos etwas, wenn ich wieder will. Für meine Frau war das nicht so leicht. Es kam zu heftigen Spannungen und Auseinandersetzungen.

WL: **War es so, dass du leicht wieder etwas gefunden hast?**

MW: Nein, dem war nicht so. Es folgten sehr harte Jahre. Auf eine Empfehlung hin nahm ich Kontakt zu einer Unternehmensberatung auf, die auf Bankberatung spezialisiert war. Die wollten ihr Osteuropageschäft aufbauen und gaben mir die Verantwortung dafür. Also das war eine ganz neue Branche für mich, ein neues Fachgebiet und das Länderwissen hatte ich auch nicht. Zusätzlich sind solche Investoren absolute Cracks. Die kennen und unterstützen sich untereinander. Als Neuling bleibst du da außen vor. Ich bohrte mich in die Arbeitsthemen rein. Ich war nach all den Jahren wieder Lehrling, war nicht im Netzwerk und verstand erst mit der Zeit die Kultur des Unternehmens. Meine Sorglosigkeit ließ mich lange nicht richtig hinsehen. Ich wollte nicht wahrhaben, wer den Preis für das maximale Gewinnstreben dieser Firma bezahlte.

WL: **Was hast du aus dieser Zeit für deine Souveränität mitgenommen?**

MW: Arbeite nie für eine Firma oder übernimm keine Aufgaben, mit denen du dich nicht identifizieren kannst. Ich habe mich sehr, sehr lange mit meiner Sorglosigkeit identifiziert und erst spät erkannt, dass dies nicht genügt. Es muss etwas geben, was darüber hinausweist. Heute arbeite ich bei einer Tochter des Bundesministeriums der Finanzen. Ich bin mit wesentlich mehr Fachlichkeit unterwegs und vor allem: Ich kann zu den Prinzipien unserer Gesellschaft Ja sagen. Es geht um schwierige Finanzpakete aus der Finanzkrise 2008, für die wertschonende Lösungen gesucht werden. Das kann nie nur auf Kosten der einen Seite gehen. Wir pflegen einen wertschätzenden Umgang mit unseren Kunden und suchen und ringen um Lösungen mit ihnen. Wenn sie finanziell überleben können, ist auch uns gedient.

Und ich schätze das Arbeitsklima. Inzwischen leite ich ein Team von Topspezialisten. Alle erfahrener als ich. Ich profitiere von deren Erfahrung und meine Mitarbeiter profitieren von meiner Analyse- und Abstraktionsfähigkeit. Ich kann verschiedene Aspekte in ihren Wechselwirkungen schnell überblicken und Auswirkungen einschätzen. Wir gehen sehr offen und mit viel Wertschätzung auch im Team miteinander um. Ich bin mit meinem Team mit großen Projekten unterwegs, die viel strategische Aufmerksamkeit bekommen. Heute ist mir mein Beitrag klar, den ich für unsere Kunden und für unsere Gesamtleistung erbringe.

WL: **Martin, durch deine ganze Geschichte zieht sich für mich ein roter Faden. Dein Start ins Leben und in dein Berufsleben war getragen von Sorglosigkeit, Leichtigkeit und Selbstbewusstsein. Mit diesen Qualitäten bist du erfolgreich geworden. Es wirkt jedoch auch so, dass genau diese Stärken mit ihren Schattenseiten einen sehr hohen Preis von dir gefordert haben. Die harten Jahre deiner Konsolidierung waren fast genauso lange wie die leichten Jahre deines Aufstiegs. Heute kannst du deine Fähigkeiten in einem wertorientierten Rahmen einsetzen und du wirkst damit zufrieden.**

MW: Da ist wirklich etwas dran. Jetzt bedanke ich mich für dieses Gespräch. Es hat mich sehr berührt, so auf meinen beruflichen und damit auch persönlichen Werdegang zu blicken. Ja, gelegentlich über Souveränität nachzudenken, macht schon Sinn.

7.5 Interview 5: Souverän sein durch Kompetenz und Unabhängigkeit

WL: **Beate, dies ist ein besonderes Interview für mich, denn wir kennen uns seit vielen Jahren. Ich habe dich und deine Firma in vielen Phasen als Organisationsberaterin begleitet. Es liegt schon etwas zurück, seitdem du in die Führungsrolle reingewachsen bist. Dein beruflicher Weg hatte bedeutende Aufgaben für dich parat. Du warst und bist immer noch Führungskraft von jetzt ca. 70 Mitarbeiterinnen. Du hattest die kaufmännische Geschäftsführung einer IT-Tochterfirma, die du in dieser Rolle in die Unabhängigkeit geführt hast, und es gab ebenso gewichtige strategische Gründe, diese Ausgründung nach vielen Jahren in einen Merger zu führen. Da waren nicht nur umfangreiche gesellschaftsrechtliche, juristische und finanzielle Fragen zu klären, sondern das ganze Gebilde einer Firma neu aufzusetzen, alle Prozesse stimmig zu gestalten und allem voran die Mitarbeiter dabei mitzunehmen. Ohne souveränes Handeln ist dies doch gar nicht möglich, oder?**

Also was ist Souveränität für dich?

BG: Souveränität hat für mich etwas von Kontrolle und Wissen, d. h., wie sicher fühle ich mich in dem Fachgebiet. Souveränität entwickelt sich mit der Zeit. Ich selber empfinde mich oft nicht so souverän, bekomme aber von anderen sehr wohl diese Rückmeldung. Ich weiß, in welchen Themen ich mich wohlfühle, da erlebe ich mich souverän. Bei anderen Themen ist das Selbst- und Fremdbild unterschiedlich, denn ich bekomme sehr viel Souveränität bestätigt, obwohl ich es für mich anders wahrnehme.

Für mich ist es die Verbindung von Wissen, Erfahrung und mich wohlzufühlen. Wenn ich mich in einem Kontext auskenne, habe ich ein Gefühl für Möglichkeiten und wie Lösungen entstehen können. Wenn ich mich in einem unbekannten Kontext bewege, dann wird es schwieriger. Wobei ein unklarer Kontext in vertrauter Umgebung nicht das Problem ist.

WL: **Das ist jetzt interessant, denn der Aspekt »fachlich fundiert zu sein« als wichtige Voraussetzung, um sich souverän zu bewegen, habe ich wiederholt von Frauen gehört. Ist das typisch?**

BG: Ja, ein sehr guter Hinweis. Ich erlebe es schon eher frauenspezifisch. Aber auch Frauen können darüber hinauswachsen. Im Rahmen des inzwischen vollzogenen Mergers (Firmenzusammenschluss) habe ich meine eigene Stelle als Geschäftsführerin wegrationalisiert und bin aus meinem vertrauten Fachgebiet am Ende in ein ganz anderes eingestiegen.

WL: **Die Offenheit muss frau ja erst mal haben!**

BG: Ja, ich war länger in einer unklaren Situation, was für mich folgen könnte. Habe natürlich an Lösungen gearbeitet. Bei solch einem Firmenzusammenschluss ist jedoch so viel in Bewegung, da gehen Pläne nicht immer auf. Der Geschäftsführer der Muttergesellschaft meinte, ich könne sehr wohl einen IT-Fachbereich übernehmen. Mein Fachgebiet war bislang die kaufmännische Geschäftsführung mit dem gesamten Personalbereich. Da hatte ich an einem fachlichen Wechsel gezweifelt und war überrascht von dem klaren Zuspruch. Er meinte, dies kannst du genauso wie die anderen Bereichsleiter, wenn nicht sogar besser. Und genau so ist es dann auch gekommen.

WL: **Was hat er da bereits bei dir gesehen?**

BG: Was er sah, war sicher mein eigenverantwortliches Arbeiten. Ich verstehe schnell den Kontext, kann komplexe Themen durchdringen, die notwendigen Fragestellungen herausarbeiten und die Umsetzung zum Abschluss bringen. Auch die Zeitleiste in unwegsamen Abläufen einzuhalten, ist ein Kraftakt für sich. Für den Geschäftsführer war es eine große Entlastung, denn er bekam den gesamten Firmenzusammenschluss abgewickelt und musste nur noch seine endgültigen Unterschriften leisten. Meine Stärke ist, volle Verantwortung zu übernehmen und Dinge zu Ende zu bringen.

WL: **Wie würden dich deine Mitarbeiter beschreiben, jetzt um diese Zeit sind kaum noch welche im Büro ...**

BG: Ich denke, dass sie mit der Steuerung des Bereiches sehr zufrieden sind. Ich greife nicht viel ein, sondern achte darauf, dass sie sich entfalten, dass ihr Vorgehen Platz bekommt und fundiert ist. Ich sorge für die strategische Ausrichtung und Weiterentwicklungen. Auch von den Kunden kommt ein gutes Echo zurück. Für mich gehört es auch zur Souveränität, zuzugeben, welche Themen ich nicht beherrsche. Wobei da meine eigene Erwartung an mich oft größer war als die meiner Kunden und Mitarbeiter. In meiner Rolle und Verantwortung als Bereichsleiterin darf ich mich nicht in tiefer Fachlichkeit verlieren. Verstehen, um was es im Wesentlichen geht, ist wichtiger.

WL: **Welche Ereignisse auf deinem Weg waren dir besonders wichtig, haben dir einen ordentlichen Schub gegeben?**

BG: Wie gesagt, ich bin eher diejenige, die auf Fachlichkeit und Wissen baut, ob das jetzt ein typisches Frauenthema ist oder nicht. Ich hatte nicht so den Blick auf mein Potenzial. Ich weiß, Frauen werden für ihr Wissen eingestellt, Männer für ihr Potenzial – alter Spruch. Wenn ich auf die Vergangenheit zurückblicke, dann waren es die Situationen, in denen wir aufgefordert waren, ganz neue Themen anzugehen und sie dann selbst drei Ebenen höher vorzutragen. Also Situationen, in denen ich Zuspruch und Rückmeldung bekam für das, was ich leiste. Dadurch wächst das eigene Vertrauen. Auch später, durch sehr fördernde und fordernde Vorgesetzte. Gehe rein in die Aufgabe, trau dich, mache! Diese Erfahrungen haben mich weitergebracht.

Auch ein Vorgesetztenwechsel wurde für mich sehr wichtig, auch wenn es am Anfang richtig knackig war. Da wechselte mein Lernen von den sachlich-inhaltlichen Fragen hin zum Umgang mit konfliktären Situationen. Wie bewege ich mich, wie löse ich Aufgaben, wenn der Umgang nicht unterstützend konstruktiv ist?

WL: **Das klingt nach emotionaler Abnabelung, zu sich stehen, auch wenn man sich nicht auf eine vertrauensvolle Beziehung verlassen kann.**

BG: Oh ja, am Ende habe ich mich über zwei Jahre durch eine Situation gearbeitet, in der es anfänglich hieß: »Mit dir geht es gar nicht« bis jetzt zu: »Du bist meine beste Geschäftsführerin«. Das war wirklich mein größtes Lernfeld.

WL: **Was ist da passiert?**

BG: Ich hatte einen ausgewachsenen Konflikt mit dem neuen Geschäftsführer. Einen Schlüssel zur Lösung habe ich in einem Seminar gefunden. Es ging um Konfliktmanagement. Zum einen die Erkenntnis, dass mich Konflikte Energie kosten, anderen sie jedoch Energie geben können. Es gibt also einen unterschiedlichen Umgang und eine andere Bewertung von Konflikten. Wenn der Konflikt mein Gegenüber nicht belastet, er sogar so etwas wie Spaß am Ringen erlebt, dann kann ich mich auch anders darauf einstellen.

Ein weiterer Schlüssel war »Konflikt-Kooperation«. Meine Erkenntnis war: Es kann nur einen Konflikt geben, wenn es eine gemeinsame Sache gibt, um deren Bewertung, Gestaltung, Zuständigkeit oder dergleichen gerungen wird. In jedem Konflikt steckt also auch eine Kooperationsmöglichkeit. Damit wurde mir vieles klar. Also habe ich mich auf die Suche nach diesem Gemeinsamen gemacht. Wie kann ich aus dem Konflikt eine Kooperation machen. Ich habe gelernt, mit Widerspruch umzugehen, mit dieser Art von Menschen umzugehen.

Veränderungen zu gestalten, mit allen Regeln der Kunst Changemanagement als Vorgehensweise zu planen und den Weg dann zu gehen, ist das eine. Hier erlebte ich den Unterschied zu »von außen verändert zu werden, ohne dass ich wollte«. Womit ich mich selbst stabilisierte, war mein Blick zurück, was ich mit dieser Firma aufgebaut hatte, zu sehen, ich kann was, und im Vertrauen darauf mir selbst zu sagen: Ich habe den längeren Atem.

WL: **Du bist damit in einen konstruktiven Kampfmodus gegangen, außerhalb deiner Komfortzone.**

BG: Ja, genau. Das war eine harte Zeit. Inzwischen bewege ich mich in Konflikten viel souveräner.

WL: **Ich höre das Prinzip, sich auf sich selbst zu besinnen, die eigenen Kräfte zu sammeln, Konfliktmuster zu erkennen und Lust am eigenen Kämpfen zu gewinnen.**

BG: Richtig, damit konnte ich mich leichter auf meine jetzige neue Position einlassen. Habe mich reingetastet und innerhalb eines halben Jahres war ich wirklich drin in den Themen.

WL: **Wie erleichternd zu erleben, dass alles kein Hexenwerk ist.**

BG: Ja, diese Erkenntnis lebt heute fest in mir – alles kein Hexenwerk. Ich habe mich selbst darin gefordert, meine Komfortzone zu verlassen. Ich habe Verhandlungen mit Kunden geführt, was in dem Maße noch nie von mir gefordert war. Machen, ausprobieren und erleben, es funktioniert gut.

WL: **Da wird schon eine gewisse Zähigkeit deutlich.**

BG: Ja, die hatte ich dann entwickelt.

WL: **Du bist auch Mentorin für Nachwuchsführungskräfte. Welche Erfahrungen gibst du an sie weiter?**

BG: Aktuell habe ich zwei Frauen, wobei eine explizit eine Mentorin für sich gesucht hat. Ich habe wiederholt den Eindruck, wenn du dich als Frau wie ein Mann verhältst, z. B. sehr strikt bist, wird dir das als Frau härter angekreidet als einem Mann. Solche Bewertungsfehler gibt es häufig. Das taucht selbst in den Assessments auf, da ist dieser Fehler im System angelegt. Weiter die Frage, was traue ich mir selbst zu? Hier sollten Frauen mutiger sein und die richtige Kombination finden.

Andererseits ist es wichtig, den eigenen Stil gut zu kennen und ihn mit der umgebenden Kultur und den Gepflogenheiten zu vereinbaren. Eine sehr stark ziel- und ergebnisorientierte Vorgehensweise als Alleinkämpferin in einer eher kooperativ gelebten

Unternehmenskultur bewirkt leicht das Gegenteil. Ich empfehle, erst die Kontakte zu den Personen aufzubauen, die Thematiken und Probleme zu verstehen und dann stringent vorzugehen. Wenn ich auf dem Weg zu den Zielen dann Fehler mache, kann ich auch zurückrudern. Das wird mir dann nicht übel genommen.

WL: **Hier taucht der dienende Aspekt von Führung auf. Es geht nicht um Führung und Macht an und für sich – wie das Wort so schön sagt –, sondern es dient dem gemeinsamen Zweck. Was habe ich dich zum Thema Souveränität noch nicht gefragt, was du erwartest hättest?**

BG: Vorbilder, sich bewusst Vorbilder holen oder im Sinne von Beobachtungsobjekten Personen beobachten, was macht sie oder er konkret? Wie agiert die Person genau und welche Wirkung entsteht? Da kann man sich viele Facetten abschauen, gute wie weniger gute. Mir geht es auch darum, mir bewusst zu sein, dass ich auf meiner Ebene *immer* auch Vorbild bin und beständig von Mitarbeiterinnen und Kolleginnen wahrgenommen werde. Dieses Bewusstsein lasse ich nie einschlafen.

WL: **Bettina, vielen Dank für diese Einblicke in deinen Weg. Ich wünsche dir viel Erfolg bei den neuen Aufgaben, die bei dir bereits wieder an die Tür klopfen.**

8 Die praktische Theorie zur theoretischen Praxis

Dem Pragmatiker geben die vorangegangenen Kapitel und Ausführungen sicher genügend Einblicke und Anregungen, um sich selbst auf den Weg zu mehr wirkungsvollem Agieren im eigenen beruflichen und privaten Umfeld zu machen. Die im Übungskapitel beschriebene Bewusstseinsarbeit erzeugt Wirkung, allein das könnte bereits genügen.

Für alle, die an theoretischen Hintergründen interessiert sind, ist das folgende Kapitel gedacht. Es beschreibt die Wissensquellen, auf die der Souveränitäts-Code zurückgreift. Es ist mir bewusst, dass es im Rahmen dieses Buches nur rudimentäre Einblicke sein können. Diese sind wie eine Fensteröffnung in die dahinterliegenden Theorien.

Zu Persönlichkeitsentwicklung oder Persönlichkeitstraining werden unzählige Seminare angeboten wie z. B.:

- Zeit- und Selbstmanagement
- Kommunikation und Gesprächsführung
- Rhetorik
- Verhandlungsführung
- Stimme und Körpersprache
- Stressmanagement
- Resilienz
- usw.

In der Summe wird Persönlichkeit als Charisma und als die neue Fähigkeit beschrieben, die neben dem unerlässlichen Fachwissen mehr denn je ins Gewicht fällt. Die Wirkung der eigenen Persönlichkeit erweist sich als Schlüsselqualifikation für den beruflichen und persönlichen Erfolg, so das Versprechen. Dem ist grundsätzlich nicht zu widersprechen. Nur handelt es sich hier um sogenannte Image-Ethik. Image im Sinne eines Bildes, eines Eindrucks, den wir im Außen erzeugen wollen. Man bezeichnet dies auch als »Sozialtechniken«, also Techniken, mit denen das soziale Leben zum Funktionieren gebracht, beherrscht oder beeinflusst werden soll. Machen wir A, entsteht B. Diese Image-Ethik steht im Gegensatz zur Haltungs- oder Charakterethik. Diese meint, seine innere Einstellung zu sich und der Welt, seine

Werte und Wesenszüge wirklich zu kennen. Wer hier weiter sucht, trifft auf die Philosophen Immanuel Kant und den Psychoanalytiker und Philosophen Erich Fromm. Sich mit ihren Schriften auseinanderzusetzen, ist immer eine Reise wert.

8.1   Image-Ethik versus Charakterethik

Die Image-Ethik der Persönlichkeitsentwicklung gibt »Tools« oder sogenanntes kommunikatives Handwerkszeug an die Hand. Die Modelle zu Kommunikation z. B. aus der Transaktionsanalyse oder Gesprächsführung nach NLP, dem Neurolinguistischen Programmieren, sind wirklich hilfreich. Doch sie bleiben manipulatives Handwerk, wenn wir es nicht mit unserem inneren Kern, mit einer wertschätzenden Haltung verbinden. Dazu gehört, dass wir uns kennen, annehmen und uns selbst wertschätzen können.

Die Charakterethik hingegen beschreibt Wege des Erkenntnisprozesses zur Persönlichkeitsentwicklung und gibt mögliches Vorgehen an die Hand.

Stephen R. Covey ist einer der Verfechter der Haltungsethik. In seinem Buch »Die 7 Wege zur Effektivität«[36] stellt er gleich zu Beginn die Frage: »Wer bedauert auf seinem Sterbebett, dass er nicht mehr Zeit im Büro verbracht hat?« Covey spricht von charakterlichen Eigenschaften, wie Mut zur Auseinandersetzung, Fleiß, Leistung und Qualität, aber auch von Demut und Bescheidenheit. Er spricht von Umsicht, Fairness, Güte, Konsequenz und Zuverlässigkeit. Alles Begriffe und Forderungen, die scheinbar nicht mehr in die Welt 4.0 von Digitalisierung und Social Media passen. In Summe geht es ihm um Integrität. Hier entsteht ein Zirkelschluss, denn nur wer den Mut hat, sich selbst zu leben und zu seinen Überzeugungen zu stehen, ist integer, und wer integer ist, hat den Mut, nach seinen Werten zu leben.

Mein Plädoyer ist, Kommunikationsstärke, positive Ausstrahlung, Selbstsicherheit und Überzeugungskraft nicht als schauspielerische Leistung, sondern als Ergebnis einer inneren Klarheit zu verstehen. Als systemische Beraterin weiß ich natürlich auch, dass der Zugang über die sozialen Techniken durchaus hilfreich und sinnvoll ist. Es gibt so viele Türen zur Persönlichkeitsentwicklung, Sie sollten nur nicht in

---

36   Covey, Stephen R. (1999), S 13

der ersten stehen bleiben. Der Weg ist ein Reifungsprozess mit vielen Schritten, auf dem Sie sich immer öfter selbst begegnen, sich erleben, reflektieren und Neues ausprobieren. Das »Ich« ist keine feste Größe. Es organisiert sich mit jeder bewussten Erfahrung neu. Und da gibt es noch das »Selbst«, das über das »Ich« nachdenken und reflektieren kann. Aus Übung wird Reife, so gelingt uns dieser Weg immer besser. Er eröffnet uns Freiheit für das eigene Denken, Fühlen und Handeln.

Der Reifungsweg für Individuen hat seine Eigenzeitlichkeit, auch wenn er von außen unterstützt und forciert werden kann durch

- Begegnungen mit verschiedensten Menschen,
- ehrliche Freunde,
- Reflektieren der Lebensereignisse,
- fundierte Persönlichkeitschecks,
- Feedback, das wir uns geben lassen, gerade auch dann, wenn es nicht schmeichelt,
- eine Haltung, die Scheitern als, wenn auch harte, Lernchance zu nehmen,
- gute Bücher zum Thema,
- Mithilfe von Coaching usw.

8.2   Die Grundlagen des Souveränitäts-Codes

Der Souveränitäts-Code öffnet die Tür zur Haltungsethik. Er lässt Sie Ihre innere Einstellung, Ihre Kräfte, Fähigkeiten und Emotionen erkennen. Durch die ganz spezielle Herangehensweise wird Ihre Innenwelt für Sie transparent, erlebbar und damit gestaltbar.

Im Folgenden werden die Hintergründe des Souveränitäts-Codes wie eine Aufstellung aufgeschlüsselt.

Wenn Selbstreflexion und Selbstvertrauen sowie der Umgang mit den eigenen Gefühlen die wesentlichen Schlüssel zur Souveränität sind, was kann dafür hilfreich sein? Was leisten theoretische Modelle und wie öffnen sie uns den Blick auf uns selbst? Auf welche Aspekte der umfangreichen Erkenntnisse aus Psychologie, Biologie und Kybernetik greift der Souveränitäts-Code zurück? Das erfahren Sie in dem folgenden Kapitel – Futter für den Kopf.

Es gibt immer eine Schlüssel- oder Einstiegsfrage und dann die Suche nach den Faktoren, die zusammenspielen. Das ist in der Beratungsarbeit ebenso der Fall wie in der forschenden Annäherung an die Wirkungsweise des Souveränitäts-Codes. Die Frage in diesem Fall lautet:»Was sind die Erklärungsmodelle, die zum Souveränitäts-Code führen, und was erzeugt seine starke Wirkung?«

Elemente/Bausteine des Souveränitäts-Codes:
- Person und Persona, unser Verständnis von der Entwicklung einer Persönlichkeit
- Typentheorie und ihr Beitrag zur Souveränitätsentwicklung
- Neuropsychologie – der Körper lernt und mit dem Körper lernen
- Das Phänomen der Informationsgewinnung in Aufstellungen, der Körper als Medium
- Systemtheorie
- Haltung oder: Erwarte nichts von einer Aufstellung und sie schenkt dir viel
- Das Arbeiten mit Metaphern und die Wirkung der Archetypen

8.2.1   Person und Persona – unser Verständnis von der Entwicklung einer Persönlichkeit

Mit Persona ist nicht die weibliche Form von Person gemeint. Es ist ein Begriff aus dem griechischen antiken Theater, der die Schauspielermaske meinte.[37] Die Psychologie bezeichnet mit Persona die nach außen hin gezeigte Einstellung eines Menschen. Persona wird oft auch als Maske oder Rolle verstanden. Sie dient der sozialen Anpassung und ist eine Überlebensstrategie. Wir zeigen das Verhalten und das Bild von uns, das wir als sozial angemessen einschätzen, von dem wir glauben, dass es von uns erwartet wird, mit dem wir hoffen, das zu erreichen, was wir erreichen wollen, mit dem wir hoffen, erfolgreich zu sein. Es ist damit ein zweckgebundenes Verhalten.

Manchmal haben wir diese Rolle oder Rollen so stark angenommen, dass sie zu unserem Selbstbild geworden sind. Auf die Frage»Wer bist du?«antworten wir oft mit unserer beruflichen Identität. Dann sind wir Innovationsmanagerin, Qualitätsbeauftragte, Schreinerin, IT-Fachkraft, Führungskraft usw. Die richtige Frage zu diesen Antworten wäre eher:»Was bist du?«Aber sind unsere Rollen wirklich der Kern unserer Person, beschreiben sie unsere Persönlichkeit?

---

37   Siehe dazu auch: https://de.wikipedia.org/wiki/Persona (Abrufdatum: 10.02.2020)

Eine andere Antwort könnte sein:»Ich bin Tochter, Sohn von …, die wiederum Tochter, Sohn von … ist.« Das ist eine Antwortmöglichkeit in Gesellschaften, in der Familie und Abstammung Vorrang vor Individualismus haben.

Könnten wir auf die Frage »Wer bist du?« nicht auch antworten:»Ich bin die, der ständig was einfällt. Ich bin eine, die fürsorglich ist und sich trotzdem gut abgrenzen kann. Ich bin jemand, der in sich ruht und merkt, wenn er wieder mal aus dieser Zentrierung fällt.« Egal, wie die Antwort lautet, sie ist immer auch ein Spiegel der Gesellschaft, in der wir leben.

Aus dem bisher Gesagten wird ersichtlich, es geht um Identität. Diese Identität ist nie unabhängig vom sozialen Kontext. Mit was identifiziere ich mich? Welche Maske, welchen Mantel ziehe ich an. Und jetzt wird es spannend: Denn wer oder was ist dann das »Ich«, das sich hier unterschiedlich kleidet? Wie bewusst oder unbewusst legen wir uns diese Kleider an und fühlen wir uns wohl darin? Kann sich der Kern meiner Person in diesen Hüllen entfalten? Registrieren wir, wenn uns der Kokon zu eng wird, und wie entstehen ggf. Risse und der Durchbruch in unser eigenes Selbst?

Wenn Souveränität der Ausdruck von Selbstbestimmung und Eigenständigkeit in allen Belangen ist, dann ist Identität der Schlüssel dazu. Identität wiederum entsteht durch Selbsterkenntnis.

Seit der Antike ist uns das Bestreben bekannt, den Menschen zu verstehen und sein Handeln zu kategorisieren. Die Aufforderung:»Gnothi seauton – Erkenne dich selbst!« ist eine der meistzitierten Inschriften, eingemeißelt am Apollotempel in Delphi. Ist diese Inschrift als Anspruch an ein Individuum zu verstehen, so möchte die moderne Persönlichkeitsforschung kollektiv gültige Erklärungsmodelle anbieten, um die Entwicklung der Person zu verstehen. So vielfältig wie wir Menschen in unseren unterschiedlichen Kulturen sind, so vielfältig sind die Herangehensweisen der Erklärungsmodelle. Sie erstreckt sich von der empirischen Suche (beobachten, messen, wiederholen) nach Unterschieden zwischen den Menschen bis hin zu einer eher philosophischen Suche nach dem Sinn des Lebens. Dabei ist der Philosoph René Descartes (1596–1650)[38] einer der frühen Persönlichkeiten in der Geschichte der Hirnforschung, der die Psyche des Menschen als Maschine begriff und sie unter

---

38   Siehe dazu: Perler, Dominik (2006)

wissenschaftlichen Beobachtungskriterien untersuchte. Damit wurde er zum Brückenbauer zwischen Materie und Geist.

Spätestens seit Sigmund Freud hat die psychologische Suche nach dem Wesen des Menschen Einzug in die moderne Wissenschaft gehalten. Diese und viele weitere Ansätze zeigen: »Wir Menschen sind bunt«, wie eine Teilnehmerin am Ende eines Seminars zum Souveränitäts-Code resümierte. Die Literatur definiert Persönlichkeit als »einzigartiges Muster von Eigenschaften eines Menschen, die relativ überdauernd dessen Verhalten bestimmen«[39].

Daraus ergeben sich einige Fragen: Wie steht es denn um Ihre einzigartigen Muster von Eigenschaften? Kennen Sie Ihr Muster? Können Sie vom Stand weg die Einzigartigkeit Ihrer Eigenschaften beschreiben? Ich nicht, obwohl ich mich wahrlich schon lange damit beschäftige. Zusätzlich ermöglicht mir mein berufliches Engagement, sehr viele Menschen kennenzulernen, sie zu beobachten und in Abgleich zu bringen. Und doch sind uns unsere eigenen Fähigkeiten und Muster nicht offensichtlich präsent.

Erkenne dich selbst. – Wie? Indem wir uns kennenlernen!

Dieses große Wort von der Selbsterkenntnis können wir ganz wörtlich nehmen. Sich selbst kennen, sich erkennen, ist die bewusste Begegnung mit sich selbst. Wie begegnen Sie sich? Stellen Sie sich vor, es kommt jemand zu Ihnen, der sieht aus wie Sie, der bewegt sich wie Sie, spricht wie Sie. Interessante Person, denken Sie da, oder? Die schaue ich mir genauer an. Wie sieht die Person aus? Wie wirkt sie auf mich? Wir beobachten diese fiktive Person und damit unser Handeln. Wir beobachten uns also bei unserem eigenen Denken, was wir denken und wie wir denken.

Und wie steht es um das Selbstwertgefühl, um das Wissen um den eigenen Wert im Leben? Würde ich dieser Person trauen, vertraut sie sich selbst, hat sie Selbstvertrauen? Resultieren aus diesem Selbst*wert*gefühl eigene Wertvorstellungen, relativ unabhängig von äußeren Einflüssen? Spätestens ab hier wird es kompliziert. Denn wie können wir eigene Wertvorstellungen von äußeren unterscheiden? Wir sind umzingelt von Images, wie wir sein sollen, wie wir sein wollen, vom Aussehen bis zum Lebenserfolg. Wir sind längst in einer »Like«-Gesellschaft angekommen, haben

---

39   Kratzmeier, Peter (2008), S. 472

unzählige Vorbilder und sind süchtig nach Reaktionen zu unseren Lebensäußerungen. Wir posten, wir bloggen, wir youtuben und je mehr wir uns in diesem technisch-virtuellen Raum bewegen, desto eher besteht die Gefahr zu glauben, wir sind die Persona, die wir für diese Öffentlichkeit erschaffen. Wie viel Wunsch- und Schein-Identität steckt doch in jedem Avatar, den wir für uns anlegen!

8.2.2 Typentheorie und ihr Beitrag zur Souveränitätsentwicklung

Die Typentheorie macht genau das, was der Begriff nahelegt: Sie teilt Personen in Typen ein und stellt sogenannte Merkmale fest. Bekannt sind die vier Temperamente (Luft, Wasser, Feuer, Erde) des antiken Persönlichkeitsmodells des Hippokrates. 200 Jahre später hat der römische Arzt Galenus Begriffe wie Sanguiniker, Phlegmatiker, Choleriker und Melancholiker geprägt. Auch wenn wir heute um ihre Undifferenziertheit wissen, sie sind in unserem Alltag noch vorhanden.[40]

Zur Typentheorie gehören auch die Kategorisierung nach dem Körperbau (Sheldon) und die Bedeutung der Reihenfolge der Geburt (Sulloway). Das erste Kind in einer Familie wird von anderen Botschaften und Situationen geprägt als nachfolgende Geschwister. Für diese wiederum gibt es bereits jemanden, der vor ihnen ist. Das hat Auswirkungen auf Lernen und Prägung.

Typen bilden klar umgrenzte Muster von Persönlichkeitscharakteristika, die nicht überlappende Kategorien darstellen. Würde man ausschließlich dieser Kategorisierung folgen, entstünde das bekannte »Kästchendenken«. Bei aller Vorsicht können sie jedoch eine erste Orientierung anbieten.

Mehr Spielraum für die menschliche Vielfalt lassen die Beschreibungen von Persönlichkeitsmerkmalen zu, sogenannte Traitansätze. Es werden persönliche Verhaltensweisen beschrieben, zwischen deren Pole die jeweils persönliche Ausprägung liegt. Sie finden sich heute in vielen Persönlichkeitsinstrumentarien wieder. Zum Beispiel beim MBTI (Myers-Briggs Typenindikator)[41] oder in seiner Weiterentwicklung zum »WorkPlace Big Five«, dessen Grundlage das Fünf-Faktoren-Modell ist. Dieses Modell

---

40   Siehe dazu auch: https://de.wikipedia.org/wiki/Temperamentenlehre (Abrufdatum: 05.02.2020)
41   Bents, Richard/Blank, Reiner (2005)

wurde seit den 1930er-Jahren von verschiedenen Forschern weiterentwickelt und gehört heute zu den gängigsten Instrumenten der Persönlichkeitsdiagnosen. Diese Typenbeschreibungen – auch Persönlichkeitsinventar genannt – bieten einen individualisierten Spiegel, in dem man sich interessiert betrachten kann. Nicht in dem Sinne »Aha, so bin ich!«, sondern mit der forschenden Frage: »Bin ich so, ist mir das vertraut? Und besonders, ist mir das dienlich?«.

Der Myers-Briggs Typenindikator als Beispiel beschreibt vier Dimensionen:
- Introversion und Extraversion, wie wir zur Welt stehen,
- die Art, wie wir wahrnehmen,
- die Art, wie wir Entscheidungen treffen, und
- die bevorzugte Art der Herangehensweise an Aufgaben.

Diese Eigenschaften und Fähigkeiten spiegeln sich in den Handlungen einer jeden Person. Sie stellen stabile persönliche Größen dar, die das Verhalten des Individuums in bestimmten Situationen und im Generellen prägen. Jede Dimension hat zwei Grundqualitäten. So kann die Art, wie wir wahrnehmen, eher über die Sinneswahrnehmung (sehen, hören, riechen, schmecken, tasten) oder über die Intuition geprägt sein. Die Art, wie wir zu Entscheidungen kommen, erstreckt sich über das analytische Durchdringen von Zahlen und Fakten bis hin zur werteorientierten und fühlenden Entscheidung.

Die zentrale Aussage ist, wir bewegen uns in unterschiedlicher Ausprägung zwischen diesen jeweiligen Polen, es gibt kein »nur so oder so« und die vier Dimensionen korrespondieren untereinander. Dieses Modell lässt ein viel breiteres Spektrum an Persönlichkeitsfacetten zu.

Dieser Typenindikator (MBTI) geht wie der »WorkPlace Big Five« auf die Grundlagenarbeiten von C. G. Jung zurück. Diese haben im Laufe der Jahrzehnte ihre Differenzierungen erfahren. Während die Fragen des Erhebungsbogens beim Typenindikator eine Person auch im privaten Umfeld beleuchtet, konzentriert sich der »WorkPlace Big Five« primär auf das berufliche Verhalten. Somit hat er in der Wirtschaft inzwischen eine noch größere Akzeptanz gefunden.

Es kann sehr hilfreich sein, für sich zu verstehen, ob man eher extravertiert oder introvertiert ist, wobei diese Kategorie am leichtesten zu beobachten ist. Fällt mir der Kontakt mit anderen leicht? Kann ich schnell ein Gespräch anfangen? Kommen mir die Ideen eher im Gespräch und Austausch mit anderen? Oder bin ich eher zurückhaltend und erzähle erst, wenn mir eine Situation vertraut ist, etwas über mich? Kenne ich Rückzug als meine produktivste Zeit? Brauche ich eher Ruhe zum Auftanken und wird mir ständige Aktion bald zu viel?

Fragen zu meiner Wahrnehmung können sein: Wie nehme ich all die vielen Informationen auf? Kann ich schnell ins Detail gehen oder verschaffe ich mir erst einen Überblick? Konzentriere ich mich eher auf die konkrete Handlung oder entdecke ich die verborgenen Möglichkeiten?

Haben Sie schon mal darüber nachgedacht, wie Sie immer wieder zu Entscheidungen kommen? Wie funktioniert das bei Ihnen? Die einen sortieren Fakten, prüfen Kriterien, klären Grundsätze und Prinzipien und entscheiden dann. Andere orientieren sich mit ihrer Entscheidung an ihrer inneren Stimme, an dem, was für sie Sinn macht.

Auch die Art und Weise, wie wir an Aufgaben herangehen, ist durch zwei unterschiedliche Pole geprägt. Die einen machen sich klare Pläne und halten sich auch strikt daran. Sie sind fokussiert, pünktlich und genießen es, wenn Aufgaben abgeschlossen sind. Für andere ist die Offenheit in der Vorgehensweise wichtig. Sie sehen sich von ständigen Veränderungen eher angeregt und können gut damit umgehen. Pläne werden nach den Erfordernissen schnell geändert und Routinen als tödlich erlebt.

Meist ist ein Aspekt der jeweiligen Fähigkeit stärker ausgeprägt, fällt uns leichter und im Idealfall sind es genau die Fähigkeiten, die wir im beruflichen Kontext brauchen. Es ist nicht so, dass wir die Fähigkeiten des anderen Pols nicht beherrschten, jedoch fallen sie uns nicht so leicht. Es unterlaufen uns mehr Fehler oder es ist mühseliger. Wir nennen es unsere Schwächen oder Fehler. Ein Fehler ist, wenn etwas fehlt. Hier beziehe ich mich auf das Schattenkonzept von C. G. Jung.[42] Sein psychologischer Begriff des Schattens hat sowohl eine individuelle als auch eine kollektive Bedeutung. Es ist das, was im Schatten liegt, das, was noch nicht beleuchtet ist und im Laufe des Lebens entdeckt und integriert werden möchte. »Der Schatten aber ist ein lebendiger Teil der Persönlichkeit und will darum in irgendeiner Form mitleben.«[43]. Am besten, man widmet sich ihm. Clare W. Graves, Professor für Psychologie am

---

42   Jung, Carl Gustav (2011)
43   Ebd., S. 30, 44

Union College in New York, spricht hier von der stufenweisen Entwicklung des Bewusstseins. Für C. G. Jung führt die Beschäftigung mit unseren Schattenanteilen und ihre Integration zu dem reifen Menschen, der wir am Ende unseres Lebens sein können.

Schatten im kollektiven Sinne sind Eigenschaften ganzer Gruppen von Menschen, die nicht im gemeinsamen Bewusstsein sind. Entweder weil sie verdrängt wurden und nach wie vor werden oder weil sie abgesunken sind, d.h. vergessen wurden. Handelt es sich dabei jedoch um weiterhin aktive Seelenanteile, lautet das Grundgesetz der Verdrängung, dass diese Kräfte an einer anderen, unerwarteten Stelle zutage treten. Da sie nicht bewusst integriert sind, haben sie oft unkontrollierte bis zerstörerische Wirkung. Erst wenn der konstruktive und der destruktive Anteil eines verdrängten Inhalts gesehen werden, ist eine lebensdienliche Integration möglich. Sie kostet Bewusstseinsarbeit, für ein Kollektiv wie für jedes Individuum.

Der Souveränitäts-Code beachtet ebenfalls den kollektiven wie auch den individuellen Schattenanteil der Archetypen, indem er die Achillesferse der jeweiligen Fähigkeiten verdeutlicht und bei individuellen Aufstellungen die persönlichen Blockaden erkennbar werden und Lösungen entstehen.

Psychodynamische Persönlichkeitsmodelle
Zu den beschriebenen Persönlichkeitskategorien und der Typenlehre gesellen sich die psychodynamischen Persönlichkeitsmodelle. Hier geht es um die innerseelischen Kräfte, die wir als innere Instanzen verstehen können, die in ihrem Zusammenspiel und in ihrem Widerspruch uns als Person letztlich ausmachen. Persönlichkeitstheorien, die »hypothetische Aussagen über die Struktur und die Funktionsweise individueller Persönlichkeiten« beschreiben, hat Philip G. Zimbardo dargestellt.[44]

Mit diesen psychodynamischen Modellen kommen wir dem Souveränitäts-Code noch ein Stück näher. Der Souveränitäts-Code lässt genau diese Dynamik, also die Prozesse, die innerhalb einer Person ablaufen, erkennbar werden. Ein Teil davon ist uns durch Selbstgespräche und Reflexionen wichtiger Ereignisse vertraut und dann kommen die unbewussten Teile dazu. Schaffen wir Möglichkeiten, sie ins Bewusstsein zu holen, können sie uns zu emotionalem Wachstum und zur Weiterentwicklung anregen.

---

44   Zimbardo, Philip/Gerrig, Richard (2004), S. 601ff

Die einen Schulen und Lehrmeinungen haben ein grundlegendes Interesse an der Struktur der Persönlichkeit, andere eher am Prozess der Veränderung. Mein Interesse gilt der Struktur der Persönlichkeit, symbolisiert durch die sieben Archetypen und den daraus möglichen Prozess der Veränderung für das Individuum. Bevorzugtes Konzept ist das »Selbstkonzept«, mit dem Ziel, Selbstverantwortung für sein Leben aufgrund von Selbsterkenntnis zu ermöglichen.

8.2.3 Neuropsychologie – oder mit dem Körper lernen

Die individuelle Geschichte jeder einzelnen Person ist, neben der genetischen Veranlagung, im direkten Sinne geprägt durch emotionale Eindrücke, die wir im Laufe unseres Lebens aufnehmen. Erlebnisse, die uns Freude, Angst, Begeisterung oder Aggressionen erleben lassen, prägen unser Selbstbild. Unser Selbstbild spiegelt sich in unserer Souveränität. Lange war der konkrete Zusammenhang zwischen von außen kommenden Reizen und der Gefühlsinnenwelt des Menschen unklar.

Die Souveränität des Menschen hängt mit seiner individuellen und unmittelbar erlebten oder verdrängten Geschichte zusammen.

Ulrich Jürgen Heinz

Die Erkenntnisse der Neuropsychologie der letzten 20–30 Jahre haben einen wichtigen Beitrag zum Verständnis von Körper und Psyche geleistet. So ging unser abendländisches Denken (und geht es oftmals noch) von einem dualistischen Bild aus: Körper *und* Geist, wie zwei Pole, die sich getrennt gegenüberstehen, die ein scheinbarer Widerspruch sind oder sich sogar bekämpfen. Wobei der Geist als der edlere Teil verstanden wurde.

Heute wissen wir: Das, was wir Psyche nennen, ist die Wahrnehmungsfunktion der Zellstrukturen (Ulrich Jürgen Heinz). Jede Zelle unseres Körpers hat ihre ganz spezifischen Aufgaben im Organismus. Sie nehmen Informationen auf und geben sie weiter. Sie produzieren Botenstoffe, die wiederum Gefühle wie Freude oder Angst erzeugen. Unser Gehirn arbeitet mit einer nicht vorstellbaren Frequenz von 30.000 Impulsen pro Sekunde und diese lösen weitere fünf Millionen Impulse in unseren Gehirnnetzwerken aus. In dieses Flitzen und Flirren von Informationen auf neuronaler Ebene kommen Impulse von außen. Bestimmte Situationen, Wörter, Sätze oder Fragen lassen im Menschen unterschiedliche Reaktionen in Form von Gedanken,

Erinnerungen, Sympathie oder Ablehnung entstehen. Einher gehen oft auch körperliche Reaktionen. Etwas regt uns auf, geht meist mit einer Beschleunigung des Pulses einher, der Blutdruck kann ansteigen und die Pupillen erweitern sich. Dann ist das zentrale Nervensystem bereits aktiv geworden. Diese Reaktionen geschehen automatisch, aufgrund neurologischer Abläufe in unserem Gehirn.

Wir wissen auch: Wir kommen nicht mit einem fertig ausgebildeten Gehirn auf die Welt. Auf dem Weg des Lernens bilden sich die angelegten neuronalen Verbindungen erst aus. Erfahrungen, die wir oft machen, hinterlassen mit der Zeit richtig gehende Nervenautobahnen, -bundesstraßen oder -trampelpfade.[45] Neue Eindrücke brauchen Wiederholung, bis sie stabil verdrahtet sind. So entstehen Denk- und Gefühlsmuster und die Welt ist so, wie wir sie wahrnehmen können.

»Das Gehirn ist die wichtigste Komponente unseres zentralen Nervensystems. Das menschliche Gehirn besteht aus drei miteinander verbundenen Schichten. Im tiefsten Bereich des Gehirns, dem Hirnstamm, befinden sich Strukturen, die hauptsächlich an autonomen Prozessen wie Pulsfrequenz, Atmung, Schlucken und Verdauung beteiligt sind. Dieser zentrale Kern ist umgeben vom limbischen System, das an Prozessen von Motivation, Emotion und Gedächtnis beteiligt ist. Das Großhirn (Cerebrum) umschließt diese beiden Strukturebenen. Im Großhirn befindet sich die Gesamtheit des menschlichen Geistes. Das Cerebrum und dessen Oberfläche, der zerebrale Kortex, integriert sensorische Informationen, koordiniert die Bewegungen und ermöglicht abstraktes Denken und Schlussfolgern.«[46]

Bei einem neuen, unbekannten Impuls macht unser Gehirn einen Abgleich. Es differenziert Bekanntes, Ähnliches oder Fremdes. Ist die Situation oder Botschaft nicht bedrohlich, wird sie also vom limbischen System als unserem Angstverwaltungszentrum als unbedenklich freigegeben, steht der Impuls als potenzielle neue Information bereit. Wir lernen.

Daher betone ich für die Übungen in diesem Buch, die Sie für sich selbst angehen, den ruhigen, geschützten Raum und die ungestörte Zeit für sich. Arbeiten Sie mit einer zweiten Person, sind das Vertrauensverhältnis zu diesem Menschen und der

---

45   Hüther, Gerald (2005)
46   Zimbardo, Philip/Gerrig, Richard (2014), S. 90

Raum (im übertragenen Sinne), den Sie für sich haben, bedeutend. Im Coaching oder in Seminaren sorge ich für diese lernfördernden Bedingungen.

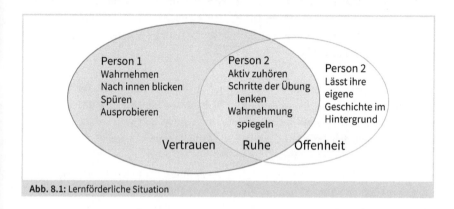

Abb. 8.1: Lernförderliche Situation

Unsere Atmung ist eine weitere Steuerungsmöglichkeit unserer Psyche, um mit Neuem umzugehen. Erschreckt uns etwas, halten wir unwillkürlich den Atem an bzw. reduzieren ihn und damit unsere Aufnahmefähigkeit. Biologisch ist es klug, sich in Akutsituationen nur noch auf das zu fokussieren, was uns ggf. bedroht. Dafür aktivieren wir dann all unsere Kräfte. Doch wirklich elementar lebensbedrohliche Situationen sind in unseren Breitengraden durch gesellschaftliche Regeln und Ordnungen auf ein Minimum geschrumpft. Trotzdem ist der Atem der meisten Menschen aus Gewohnheit reduziert. Es wird ein altes Muster aufrechterhalten, das für die wenigsten Situationen heute Sinn macht. Im Gegenteil, es reduziert unsere Wahrnehmungsfähigkeit und damit unsere Lebendigkeit. Der in uns allen innewohnende biologische Reflex ist der Hintergrund für die Atem- und Körperübungen auf unserem Weg der Selbsterkundung.

Eine weitere Entdeckung der Neurobiologen erklärt uns den biologischen Vorgang von Denken und Emotionen. Auf der Suche nach weiteren Modulen stießen Forscher auf Spiegelneuronen. Die Entdeckung war, dass beim Beobachten von bestimmten Bewegungen oder Gefühlsäußerungen eines Gegenübers die gleichen Areale im Gehirn aktiviert werden, wie wenn die emotionalen oder physischen Bewegungen vom Beobachter selbst ausgeführt würden. Das ist messbar und nachweisbar. Sie kennen das, wenn Sie angelächelt werden, ist die Wahrscheinlichkeit groß, dass Sie zurücklächeln. Wenn Ihr Gegenüber in die berühmte Zitrone beißt, sind Sie selbst am Schlucken. Jetzt auch? Sie lesen doch nur davon. Das ist die Wirkung von Spiegelneu-

ronen. Die geistige Vorstellung läuft neuronal real in uns ab. Spiegelneurone scheinen also Teil eines Resonanzbodens zwischen eigenem Erfahren und der Vorstellung
von dem zu sein, was andere gerade erleben.[47] Das schließt die nicht so plakativen
Handlungen und Haltungen mit ein. Die Forderung nach Authentizität bekommt hier
ihre Erklärung. Wir gehen davon aus, dass unser Gegenüber auf subtile Weise unsere
wahre Haltung registriert.

Fazit: Wir sind neuronale Gewohnheitsmenschen geworden. Auch unsere Gefühle
folgen dieser Prägung. Unsere Gefühle prägen unser Denken und unser Denken
prägt unsere Gefühle. Wenn wir annehmen, dass etwas halt so ist, dass das meine
Prägung ist, dass sich das nicht ändern lässt, dann lässt es sich auch nicht ändern.

Auch das rationale Denken ist von Gefühlen beeinflusst. Entgegen der gängigen Meinung sind auch an allen rationalen und wissenschaftlich-mathematischen Begrün-
dungen emotionale Einflüsse beteiligt. Emotional positiv gefärbte Aspekte einer wissenschaftlichen Theorie werden durch die Schalt- und Filterwirkungen von positiven
Gefühlen zu einem positiven Ganzen verbunden. Das ist vergleichbar der emotionalen Besetzung von anderen umfassenden »Gedankengebäuden« (z. B. Ideologien,
Weltbilder, Religionen usw.). Stimmige Lösungen sind mit Gefühlen der lustvollen
Entspannung (sogenannten Heureka-Gefühlen) gekoppelt. Widersprüche dagegen
gehen mit Unlustgefühlen einher und Unstimmigkeiten werden tendenziell ausgeschlossen, bagatellisiert oder ignoriert. Aufgrund dieser Mechanismen bahnen sich
positive und negative Gefühle richtiggehend den Weg zu »stimmigen« Lösungen. Das
heißt, wir nehmen die emotional entspannenden und affektenergetisch ökonomi-
schen Lösungen als unsere Wahrheit. Ähnliche Mechanismen spielen ebenfalls beim
Phänomen der Kreativität, der Intuition und des Humors eine wichtige Rolle.[48]

Wenn Sie diesen Gedankengängen folgen, läuft es auf die ernüchternde, aber auch
erstaunliche Tatsache hinaus, dass wir im Außen nur sehen, was wir im Innen wahrnehmen können. So ist die Welt ein Spiegel unseres Innenlebens. Interessieren
uns bestimmte Zusammenhänge, werden sich diese auch zeigen. Wenn wir uns für
bestimmte Themen interessieren, werden wir mit Informationen dazu überhäuft.
Das erinnert Sie an den Google-Algorithmus? Wenn wir im Internet unterwegs sind,

---

47   Ebd., S. 75ff
48   Siehe dazu auch: http://www.ciompi.com/de/affektlogik.html (Abrufdatum: 04.06.2020) und Ciompi, Luc
     (1998)

stimmt das sicher. Die Aufmerksamkeitslenkung gilt jedoch vorrangig für die analoge Welt. Wenn wir uns für gelbe Autos interessieren, werden uns erstaunlicherweise plötzlich viele auf den Straßen begegnen. Unsere Aufmerksamkeit lenkt uns. Ist das dann Zufall? Unsere Außenwelt entsteht durch das, was wir im Inneren sind. Ganz radikal gedacht, im ganzen Universum gibt es keine Zufälle, sie entstehen durch unsere Wahrnehmung und die Bedeutungsgebung unserer vermeintlichen Fundstücke durch uns. Bewusstsein, und damit unsere Wirklichkeit, entsteht durch die Wahrnehmung unseres Geistes (mentale Ebene), unserer Psyche (psychische Ebene) und unseres Körpers (somatische Ebene). Emotionen lösen Gedanken aus, diese führen zu Handlungen, diese wieder zu Emotionen und dies alles prägt unser Bewusstsein. Was wir als Zufall beschreiben, ist das, wovon wir die Ursache nicht kennen.

Hier sind wir bei der Definition von Niklas Luhmann. Nach ihm gibt es in der Umwelt weder Ereignisse noch Dinge. Für ihn ist alles, was wir beobachten, unsere eigene aus dem Inneren kommende Konstruktion.[49]

Die Umwelt, so wie wir sie wahrnehmen, ist unsere Erfindung.
Heinz von Foerster, Physiker, Kybernetiker und Philosoph

Wenn Sie diesen Gedankengängen nicht folgen, bleibt der Vorteil des Zufalls trotzdem bestehen, denn mit Zufall ist alles möglich. Er gibt keine Grenzen. Wir nehmen den Zufall als Geschenk und denken weiter. Ein Zufall fällt uns zu. Es kommt auf unsere Reaktion, auf unser Verhalten und damit auf unsere inneren Verhältnisse an, was wir aus dem Zufall entstehen lassen. Es liegt an uns, ob wir eine Wahrnehmung als wahr annehmen. Ob Zufall oder unbewusst herbeigeführt, lernen und sich verändern fordert, sich neuen Impulsen zu öffnen. Wir geben uns eine Chance, wenn wir zumindest hypothetisch den Gedanken erlauben, es könnte so oder auch anders sein.

Aber halt: Unser Körper hat gelernt und wir sind das geworden, was wir sind, vom Körper zum Logos, ein auf Verstehen und Sprache angelegter Mensch. Und jetzt wollen wir mit dem Logos, mit dem Kopf durch die Wand hinein in unsere Souveränität? Nein, wir brauchen unser »Lernmedium«, unseren Körper dazu.

---

49   Luhmann, Niklas (1987), S. 146

Wie entdecken wir unser Verhalten, das uns mal mehr, mal weniger souverän handeln lässt? Indem wir agieren! Wenn wir die Wirkung unseres Verhaltens bewusst erleben, folgen Überlegungen dazu und wir beginnen über unsere Denkweise nachzudenken. Es ist, als wenn ein Tausendfüßler beginnt, darüber nachzudenken, wie es kommt, dass er läuft. Die Ursachenforschung hat begonnen, um unsere Einstellungen und Muster zu entdecken und zu überprüfen, um unsere Persönlichkeit eigenverantwortlich zu gestalten.

Mit der denkenden Beobachtung kommen wir weit, aber nicht überallhin. Ist dann die Methode des alternativen Denkens das, was sie verspricht? Auch diese Methode bedient sich des Denkens. Das ist kein Mittel gegen unseren blinden Fleck bzw. zum Erleuchten unseres Schattens. Mit alternativem Denken ist eine systematische Beobachtung und Wahrnehmung seiner selbst gemeint, im Gegensatz zu chaotischen Denkprozessen, die sich dem Springen der Gedanken und den unreflektierten Empfindungen hingibt.

Probleme kann man niemals mit derselben Denkweise lösen,
durch die sie entstanden sind.
Albert Einstein

Dieses bekannte Zitat von Albert Einstein greift besonders für die neue Herangehensweise des Souveränitäts-Codes bei der Entwicklung unserer Persönlichkeit. Natürlich möchte ich die analytische Herangehensweise bei der Entdeckung der eigenen Persönlichkeit nicht in Abrede stellen. Sie bietet viele nützliche Modelle, wie Typologien und Testverfahren zur Frage:»Wie bin ich als Person konstruiert?« Das sind hilfreiche Annäherungen.

Was wir über uns denken, können wir jedoch nicht nur mit unserem Denken erfassen. Wir brauchen unsere Wahrnehmung mit allen fünf Sinnen und damit unseren Körper dazu.

Mit dem Souveränitäts-Code gehen Sie folgende Schritte:
* 1. Schritt: Offenheit für Neues, lernfördernden Rahmen schaffen; lassen Sie sich von Ihrer Neugierde beflügeln.
* 2. Schritt: Wahrnehmung erweitern. Das kann vielgestaltig sein. Der Schwerpunkt liegt auf der Integration der Körperweisheit, des Körperwissens, dessen, was wir bislang nicht mehr oder noch nicht wahrnehmen konnten.

- 3. Schritt: Wir setzen uns sogenannten Provokationen aus, d. h. neuen Wahrnehmungen. Durch Eigenaufstellung externalisieren wir diffuse Wahrnehmungen und können sie so, vielleicht sogar erstmals, wirklich wahrnehmen.
- 4. Schritt: Wir nutzen das Phänomen der stellvertretenden Aufstellungen als neuen Lerninput. Wir aktivieren die mentale, psychische und somatische Ebene.

Der Souveränitäts-Code ist eine Methode, um emotionale und soziale Feststellungen, also mental in uns festgeschriebene Empfindungen zu erkennen und daraufhin gezielt neue (Handlungs-)Impulse zu finden – Erfolgsimpulse für Souveränität.

8.2.4 Das Phänomen der Informationsgewinnung in der Aufstellung – der Körper als Medium

Seit vielen Jahren und in vielfachen Varianten konnte ich Strukturaufstellungen als wirkungsvolles Instrument einsetzen. Meine Begeisterung dafür war mir jedoch nicht genug. So habe ich mich auf die Suche nach theoretischen Erklärungsmodellen gemacht.

Der Ablauf von Strukturaufstellungen ist in den in seiner praktischen Anwendung in Kap. 6 bereits geschildert. Doch wie lässt sich dieses Phänomen der repräsentativen Wahrnehmung erklären, also die immer wieder erlebte Tatsache, dass durch Körperempfindungen auch für uns fremde Situationen wahrgenommen werden können? Dieses Phänomen tritt ja besonders deutlich zutage, wenn Personen sich als Stellvertreter für Elemente einer Aufstellung zur Verfügung stellen. Wer etwas Übung hat, nimmt die veränderten Körperreaktionen ebenso bei Selbstaufstellungen wahr. Für Neulinge erscheint es suspekt bis spooky und selbst erfahrene Aufstellerinnen lässt diese Erfahrung nach vielen Jahren immer noch staunen. Offensichtlich ermöglichen Strukturaufstellungen, seien sie für innere Anteile von Einzelpersonen oder für Organisationen, die Wahrnehmung der Dynamiken, die wir als körperliche oder mentale Repräsentation nachempfinden können. Dieses Phänomen taucht auch bzw. gerade dann auf, wenn wir über die Ausgangssituation des Systems nicht informiert sind, also von dem »Fall« und seinen Hintergründen nichts wissen. Matthias Varga von Kibéd hat zusammen mit seiner Frau Isa Sparrer dafür den Begriff der »repräsentierenden Wahrnehmung« geprägt. Repräsentierend, da die Veränderungen in der Körperempfindung nur in einer Aufstellung auftreten und sich auflösen, sobald man bewusst aus dem räumlichen Feld der Aufstellung heraustritt. Gleichzeitig ist sie für jemanden außerhalb der Aufstellung nicht zugänglich.

Die Aufstellungsarbeit ist eine interdisziplinäre Methode, daher kommen die Erklärungsansätze auch aus verschiedenen Wissensgebieten und stellen den Zusammenfluss der Erkenntnisse aus der Quantenphysik, der Systemtheorie und der Skulpturarbeit sowie der Logik und Sprachforschung dar. Die Forschung hat sich dieses Phänomens intensiv angenommen. Eine abschließende Erklärung gibt es jedoch bislang noch nicht.

Es scheint tatsächlich sehr gewagt, Erkenntnisse aus der Quantenphysik in alltagstaugliche, verständliche Sprache zu bringen, und es kann auch nur stark vereinfachend geschehen. Die Quantenphysik ist der Teilbereich der Physik, dessen Forschungsgegenstand Quanten und die damit zusammenhängenden Erscheinungen sind. Die Grundlagen dieses Physikbereiches sind für Laien zum einen schwer zu verstehen, zum anderen führen sie selbst in Forscherkreisen zu interessanten Diskussionen und Kontroversen. Trotzdem hier ein Versuch, das Unerklärbare erklärbar zu machen.

Die Quantenphysik beobachtet das Erscheinen, Vorhandensein und Verhalten der kleinsten Teilchen und Systeme und sucht Erklärungen. Glaubte man einstmals, mit dem Atom die kleinste Einheit gefunden zu haben, folgte später die Differenzierung in den Atomkern mit Neutronen, Elektronen und Positronen. Die Naturwissenschaft ging aber auch danach noch einen Schritt weiter und entdeckte die Quanten, den heute bekannten kleinstmöglichen Wert einer physikalischen Größe.

Die Quantenphysik hat uns Vorgänge in den Atomen verständlich gemacht. Daraus sind sehr viele Ableitungen und Wissensgebiete entstanden, beispielsweise die quantenphysikalischen Erklärungen für chemische Vorgänge und damit der Biologie, Erklärungen für das Verhältnis von Materie und Energie und für das Vorhandensein und die Übermittlung von Information als Schwingungseinheit.

Quantenphysik erklärt uns das Verhalten von Quantenteilchen und strapaziert damit unseren »gesunden Menschenverstand« nicht wenig. Als Laie kann man es hier mit der Aussage des amerikanischen Physikers Richard Feynmann halten: »Ich glaube, mit Sicherheit behaupten zu können, dass heute niemand die Quantenmechanik versteht.« Doch die Wissenschaft ist inzwischen weiter. Mit den Erkenntnissen der

Quantenphysik kommen wir an die Grenzen unserer bisherigen Weltanschauung. Wir sind wieder einmal dabei, uns vom Glauben, die Erde sei eine Scheibe, zu lösen. Das heißt konkret, dass wir uns von den bisherigen Vorstellungen, wie Informationen entstehen und wie sie weitergetragen und vermittelt werden, lösen. Mit der Quantenphysik entdecken wir sozusagen ein »neues Übertragungsmedium«.[50]

Quantenphysik hat unser landläufiges Verständnis von Materie verändert (Materie ist immer auch Energie und umgekehrt), unser Wissen über die Zusammensetzung der Atome atomisiert und das Verständnis von der Übertragung von Informationen zumindest für Nichtphysiker über den Rand des Verstehenkönnens geschoben.

Die zentralen Aussagen der Quantenphysik im Zusammenhang mit dem Phänomen der Körperwahrnehmung in Aufstellungen sind:
* Alle Informationen sind bereits im Raum, d. h., sie sind bereits gegeben.
* Ein Element »weiß«, wie es dem anderen geht. Die Wissenschaft hat entdeckt, dass die Elemente verbunden sind, ohne jedoch zu wissen, wie dieses Verbundensein zustande kommt.
* Informationen sind räumlich und zeitlich nicht lokal gebundene Quanteneffekte.
* Unsere Aufmerksamkeit lenkt die Information, relevant ist, dass wir und was wir suchen.
* Die Quanteninformation sucht sich ihren Weg zu der fokussierten Frage, die Intention ist ausschlaggebend.
* Das physikalische Sehen durch Photonenübertragung (Auge, Linse, Netzhaut, neuronale Verarbeitung etc.) ermöglicht Wahrnehmung.
* Die Informationsübertragung auf der Quantenebene wird, genauso wie das physische Sehen, über Aufmerksamkeit gelenkt.
* Das bedeutet: Wir können wahrnehmen, was noch an Information mitschwingt. Dies erzeugt ein »Bauchgefühl«.

Hier begegnet die Quantenphysik der Neurobiologie:
* Das Sehen über das Auge trifft auf unsere neuronalen Anlagen, die sich durch Erfahrung, als Prägung zu verstehen, gebildet haben.
* Die Wahrnehmung der Körperresonanz wird aus dem Quantenfeld aufgenommen und neuronal verarbeitet.

---

50   Zeilinger, Anton (2003)

- Unsere Intuition entspricht dem Ins-Bewusstsein-Treten von Informationen und macht sich als Gefühl oder mentales Bild bemerkbar.
- Unsere Gehirne leisten einen Gefühls- und Musterabgleich und gelangen so zu Erkenntnis.

Wir können Wahrnehmungen in Gefühle und emotionale Reaktionen übersetzen und sind damit in der Neuropsychologie angekommen. Damit sind Aufstellungen quantenphysikalische Instrumente der Wahrnehmung und unsere Körper das Mittel der Wahl.

Nicht zuletzt lässt sich daraus auch eine Erklärung für das ableiten, was C. G. Jung das kollektive Unbewusste nannte. Es ist das Wissen von Menschen, Gruppierungen und Kulturen und es ist als zeitlose, kollektive Information im Quantenfeld vorhanden. Es kann sich uns erschließen, wenn wir unsere Antennen dafür schärfen.

Ich verdanke diese Einsichten über die genannten Literaturquellen hinaus Dr. Thomas Gehlert. Sie sind entstanden auf der Basis seiner Dissertation, unseren Gesprächen und der Zusammenarbeit in der Forschungsgruppe für systemische Aufstellungen.[51] Die Forschungen von Gehlert zeigen, dass wir in unserem beruflichen wie privaten Leben viel intuitiver unterwegs sind, als es uns unser Anspruch an Rationalität und Logik glauben lässt. Wenn wir uns schmunzelnd eingestehen können, wie groß der Anteil unseres »Bauchgefühls« wirklich ist, dann fällt es uns leichter, auch intuitive Methoden für unseren Erkenntnisgewinn zu nutzen. Die Praktikerin in mir hat sich über viele Jahre von der Wirkung und den daraus entstehenden Auswirkungen überzeugt. Die Quantenphysik hat damit einen Erklärungsansatz für die repräsentative Wahrnehmung in Aufstellungen gefunden. Dieser trifft auf alle Aufstellungen zu und bezieht sich nicht nur auf den Souveränitäts-Code.

Es bleibt die Spannung, dass das Phänomen der Aufstellungen bislang wissenschaftlich noch nicht abschließend anerkannt ist. Mit der Arbeit von Gehlert scheint sich eine fundierte Erklärungsmöglichkeit gefunden zu haben, die vom Wissenschaftsapparat jetzt bestätigt werden muss. So sind auch die Ressentiments in Unternehmen

---

51 Herzlichen Dank an dieser Stelle an den Autor. Die Dissertation zum Thema »System-Aufstellungen und ihre naturwissenschaftliche Begründung – Grundlage für eine innovative Methode zur Entscheidungsfindung in der Unternehmensführung (Wiesbaden 2019) steht online zum Download zur Verfügung: https:// www.springer.com/de/book/9783658291662?wt_mc=ThirdParty.SpringerLink.3.EPR653.About_eBook#o therversion=9783658291679 (Abrufdatum: 09.06.2020)

noch nachvollziehbar, trägt doch die Methode der Aufstellung für manche noch das Label »suspekt«. Das ist schade, denn der Wert dieses Phänomens als Simulationsinstrument für den eigenen Zukunftsentwurf oder den Zukunftsentwurf einer Organisationseinheit kann nicht hoch genug eingeschätzt werden.[52]

8.2.5   Systemtheorie

An dieser Stelle geht es nicht darum, die Systemtheorie zu erklären, ich beschränke mich auf die Aspekte, die für den Souveränitäts-Code zum Tragen kommen. Wie kommt es zu der Reduzierung, die da lautet: »Persönlichkeitsentwicklung ist Souveränitätsentwicklung und diese stützen sich auf sieben Qualitäten«? Ist der Mensch nicht viel mehr? Und was soll das mit dem »System«?

Ludwig von Bertalanffy, ein Schweizer Biologe (1901–1971), gilt als einer der Gründerväter der Systemtheorie.[53] Seine Systemlehre definiert Systeme (offene und geschlossene) durch die Wechselbeziehungen zwischen den ihnen zugehörigen Elementen. Ein System besteht demnach aus definierten Teilen, die am Gesamten Anteil haben und sich gegenseitig beeinflussen. Ein offenes System hat zwar definierte Grenzen, steht aber mit angrenzenden Systemen wiederum in einem wechselseitigen Kontakt. Was die Grenzen eines Systems sind, das definieren wir willkürlich, um Komplexität zu reduzieren und die Aufmerksamkeit zu lenken. So können wir uns auf die Souveränität einer Person an und für sich oder auf die Souveränität dieser Person im Kontext einer beruflichen Situation konzentrieren. Wir können uns aber auch auf die Souveränität dieser Person fokussieren und zur beruflichen Situation auch noch die private Realität mit hinzunehmen. Spätestens ab hier wird es unübersichtlich. Wir ziehen willkürlich und legitimerweise Grenzen zugunsten der Komplexitätsreduzierung.

Somit nehmen wir eine Person als ein System und definieren die Elemente des Souveränitäts-Codes als die miteinander korrespondierenden Einheiten. Auch wenn wir hier eine sogenannte Systemgrenze ziehen, so korrespondiert das »System Person« weiterhin mit dem »System Familie« oder dem »System Team«, in dem diese Person arbeitet. Ein guter Aufsteller hat im Blick, wenn es sogenannte Systemvermischungen gibt.

---

52   Varga von Kibéd, Matthias: Unterschiede und tiefere Gemeinsamkeiten der Aufstellungsarbeit mit Organisationen und systemischen Familienaufstellungen; in: Weber (2000), S. 31

53   Siehe dazu: Diesner, Thomas (2015)

Der Souveränitäts-Code definiert die Persönlichkeit mit ihren sieben Anteilen als System und zieht hier eine Systemgrenze. Die Akzeptanz einer Grenze bestätigt automatisch, dass es darüber hinaus noch viele weitere Systeme gibt. Sie schwingen mit, liegen aber nicht im Fokus. Selbst das Benennen von sieben Qualitäten ist letztlich eine Reduzierung in der Beschreibung von Persönlichkeit.

An dieser Stelle möchte ich die Wirkung von Systemgrenzen anhand eines Ergebnisses aus meiner Forschungsarbeit verdeutlichen. Die Forschungsfrage war: »Gibt es eine tendenziell einheitliche Wahrnehmung für das archetypische Prinzip Königin/König, oder wie stark differenzieren die Wahrnehmungen bei unterschiedlichen Stellvertretern?« Dafür stellten sich 15 Kollegen gleichzeitig als Archetyp König/Königin im Raum auf. Anstatt eine große und damit vertiefende Vielfalt von Qualitäten zu erkennen, entstand große Verwirrung. Die Wahrnehmungen waren diffus. Die Gruppe blickte sich erstaunt an. Erst als die »Qualität Königin/König« einen Bezugsrahmen bekam, wurden die Wahrnehmungen differenzierter. Wir stellten die Qualität König in Unternehmen oder das Prinzip König im Rahmen der Souveränität einer bestimmten Person. Erst mit dieser Systemgrenze konnten sich die Wahrnehmungen konkretisieren. Übrigens, der Unterschied zwischen einer Königin und einem König war in all den Wahrnehmungen viel geringer als unsere sozialen Zuschreibungen von Frau und Mann. Dies auch ein Ergebnis meiner Studien zum Souveränitäts-Code.

Zur Systemtheorie darf Niklas Luhmann nicht fehlen. Es gibt eine große Anzahl an guter Literatur, die seine Theorie der sozialen Systeme für den Alltag übersetzt. Von ihm übernahm ich den Blick auf die Kommunikation zwischen den Elementen und den Strukturen, die daraus geschaffen werden. Eine der zentralen Aussagen Luhmanns ist, dass soziale Systeme durch Kommunikation entstehen, wobei Kommunikation im umfassenden Sinne von Information, Mitteilung und Verstehen gemeint ist. Die Übungen und Aufstellungen zum Souveränitäts-Code reflektieren daher, wie unsere Qualitäten, Fähigkeiten und Schatten miteinander agieren und dass wir uns dabei beobachten können. Auch dies ist nach Luhmann ein Kennzeichen von sozialen Systemen. Wir nutzen es explizit durch die Distanzierungsmöglichkeiten zu unseren eigenen Empfindungen, die während der Übungen entstehen.[54]

---

54   Luhmann, Niklas (1997)

»System« steht also für lebendige Einheit. Es ist ein aufgaben-, sinn- und zweckgebundenes Ganzes, das sich selbst organisieren kann und mit der Umwelt agiert. Jedes System strebt nach Ordnung. Die ist gegeben, wenn jedes seiner Teile einen »guten« Platz gefunden hat, d.h. eine bestmögliche Konstellation hergestellt ist. Der Sinn ist die Ordnungsform des menschlichen Erlebens, er ordnet unser Leben. Der Souveränitäts-Code bietet eine neue Ordnungshilfe für unser inneres Erleben an. Damit können wir den Sinn unseres Empfindens und Handelns überprüfen und gestalten.

Dabei geht es in der Arbeit mit dem Souveränitäts-Code nicht nur um die einzelnen Qualitäten und wie sie sich zeigen, sondern auch darum, wie diese Qualitäten aufeinander bezogen sind und wie sie zusammenspielen. In der Aufstellungsarbeit mit den sieben Qualitäten des Souveränität-Codes zeigt sich immer wieder die Sehnsucht des Lebens nach seiner vollen Lebendigkeit.

Ein geschlossenes System kommt nach solch einer Klärung zur Ruhe. Offene Systeme, und der Mensch ist ein solches, bekommen ständig neue Impulse von außen und sind zu ihrer Stabilisierung immer in Bewegung. Lernen, ausprobieren, die Impulse z.B. aus einer Aufstellung aufnehmen, zeichnet das offene System Mensch aus, zeichnet den offenen Menschen aus.

Auch soziale Systeme – kleine wie Teams, große wie ganze Gesellschaften – operieren und agieren auf der Basis von Sinn, wobei das, was als Sinn, als Wert, als wertvoll gesehen wird, sehr unterschiedlich und auch widersprechend sein kann. Der minimalste Sinn ist mindestens das Überleben des Systems.

In der Arbeit mit dem Souveränitäts-Code ist die Suche nach den sinngebenden Werten oft ganz zentral. Gute Handlungsoptionen entstehen erst, wenn das, was Souveränität bewirken kann und soll, einen Namen bekommt. Zugleich entsteht durch das ganz individuelle Ausleben der jeweiligen Qualitäten und Fähigkeiten die Persönlichkeitsstruktur eines Menschen.

8.3   Haltung in Aufstellungen – oder absichtsvolle Absichtslosigkeit

Ein paradoxes Phänomen begleitet jede Aufstellung: Einerseits braucht es eine Fragestellung und damit ein Ziel und eine implizite Absicht. Im Coaching ist das der Kontrakt, der Auftrag an den Coach. Diese Vereinbarung konkretisiert sich oft mit der Frage, an was der Coachee denn ein gutes Ergebnis erkennen würde. Diese Fokussierung taucht für jede einzelne Coachingsitzung auf und natürlich auch bei jeder Intervention mit einer Aufstellung. Gleichzeitig ist es elementar wichtig, ergebnisoffen in eine Aufstellung zu gehen und sich von der Überraschung überraschen zu lassen. Radikalerweise sollten wir nicht einmal eine Erkenntnis oder ein Ergebnis erwarten. Dies ist für den Beratungskontext natürlich ein Paradoxon und somit ist hier die Verführung groß, die eigene Vorstellung einer Lösung ins Feld zu führen oder zumindest zu einer Erkenntnis zu drängen. Die Kunst einer guten Aufstellungsleitung ist, absichtsvoll absichtslos zu sein, um einem Maximum an Informationen aus dem Quantenfeld Raum zu geben. Leer sein wie in einer Meditation und doch achtsam fokussiert auf das, was sich zeigt. Der Schlüssel ist Achtsamkeit sowie sich frei zu machen von Erwartungen, auch den eigenen, damit »ankommende Informationen« zugelassen und nicht von Meinungen und Vorannahmen überlagert werden. Durch Aufstellungsarbeit schulen wir unsere Wahrnehmungsfähigkeit, unsere Intuition und erhöhen damit unsere Handlungsfähigkeit. Wir konzentrieren uns radikal auf das, was beobachtet und über unsere Sinne wahrgenommen werden kann. Die Deutungsgebung obliegt der Fragestellerin, dem Kunden.

> *Die Grenzen meiner Sprache bedeuten die Grenzen meiner Welt.*
>
> Ludwig Wittgenstein

Mit Aufstellungen und ihren Erkenntnisgewinnen steht uns eine weitere Sprache zur Verfügung. Wir erweitern die Grenzen der verbalen Durchdringung der Welt mit einer neuen Qualität der intuitiven Wahrnehmung. Der Wert dieses Phänomens, bereits heute die eigene Zukunft zu spüren, mehr und mehr zu verstehen und dann ins konkrete Tun zu kommen, kann nicht hoch genug eingeschätzt werden.

Es gibt ein weiteres Spannungsfeld, das mit dem Ergebnis einer Aufstellung entsteht. Da gibt es auf der einen Seite sehr eindrückliche Wahrnehmungen, die den Fragesteller oft sehr berühren und ein Erkennen der wesentlichen Themen ermöglichen. Diese emotionale Stimmigkeit erzeugt oftmals so etwas wie »Lösen von Knoten«.

Wollen wir jedoch dieses emotionale Erkennen zu schnell rationalisieren, geht uns die Erkenntnis mit ihrer Präzision leicht verloren. Die Kunst ist, dem Erkennen Raum zu geben und trotzdem ins Handeln zu kommen. Was wir wahrnehmen und dann annehmen, wird zur Wirklichkeit, da es Wirkung erzeugt.

8.4 Das Arbeiten mit Metaphern und die Wirkung der Archetypen

Friedrich Glasl ist ein österreichischer Ökonom und Organisationsberater. Bekannt geworden ist er als Konfliktberater in Politik und Wirtschaft, richtiggehend berühmt ist sein Modell der neun Konfliktstufen. Er nutzt Metaphern und Archetypen als Bilder, die helfen, genauer auf bestimmte Fragestellungen zu blicken.[55] Für ihn sind Archetypen Träger von Qualitäten und Eigenschaften, die von den meisten Menschen eines Kulturkreises geteilt werden können. In der Organisationsberatung und Persönlichkeitsentwicklung entsteht damit eine gemeinsame Sprache, um sich über bestehende Herausforderungen auszutauschen und Lösungswege zu suchen. Mit einem archetypischen Begriff wie z. B. »Wald«, »Wüste«, »Berge« oder« Meer« wird ein ganzer Komplex von Bedeutungen aktiviert. Jeder kann aus seiner Begriffswelt Bezug darauf nehmen. So finden der Einzelne oder Teams, die miteinander arbeiten sollen, zu einer Ausdifferenzierung ihrer Realität, ohne sie zu reduzieren oder zu nivellieren.

Nutzen wir Begriffe wie Königin, Kriegerin etc., benutzen wir Metaphern, d. h. Bilder. Es sind Rahmen, in die wir unsere Erlebniswelt einfüllen. Diese besteht aus individuellen und kollektiven Empfindungen und Wissen. Es geht also nie um einen konkreten König, es geht nicht um eine reale Person aus der Historie und der Gegenwart. Sie dienen uns bestenfalls als eine Metapher. Haben Sie es registriert? Selbst der Begriff »Rahmen« ist eine Metapher.

Metaphern sind nicht bloß sprachliche Stilmittel, sondern, wie Lakoff und Johnson[56] darlegen, ein wichtiger Bestandteil unserer alltäglichen Sprache. Sie sind so allgegenwärtig, dass wir ihr Wirken meist nicht bemerken. Sie bestimmen unsere Wahrnehmung, unser Denken und Handeln. Im Gegenzug gestalten wir unsere Wirklichkeit

---

55 Glasl, Friedrich (2019): Über den Nutzen der Arbeit mit Archetypen. Online verfügbar unter: https://www.youtube.com/watch?v=tC5Y9RRw32k (Abrufdatum: 07.04.2020)
56 Lakoff, George/Johnson, Mark (2018)

wiederum durch Metaphern. Wenn wir das Bild einer Königin und ihres Hofs nehmen, gestalten wir in unserer Imagination die Führung eines Reiches, seine Verteidigung, den Umgang mit den Bedürfnissen des Volkes usw. Wir schaffen uns durch diese Metapher ein Bild, wie wir mit uns selbst umgehen wollen, und fangen an, anders zu handeln. Metaphern prägen unser Denken und Empfinden. Es sind sprachliche Konstrukte mit Wirkungskraft. Metaphern wirken handlungsleitend. Übertragen auf den Souveränitäts-Code heißt das: Metaphern sind der Reichtum des Souveränitäts-Codes. Der Souveränitäts-Code ist eine reiche und bereichernde Metapher.

Auch die sieben Archetypen des Souveränitäts-Codes sind Metaphern. Sie erzeugen diese Wirkung des Bezugnehmenkönnens. Sie sind sofort verständlich. Sie bieten einen Rahmen zur Selbsterkundung durch Einfühlung und ermöglichen eine tiefe Auseinandersetzung mit den Dimensionen der Persönlichkeit. Der Begriff Code ist ebenso eine Metapher. Man begibt sich auf die Suche nach einem Code. Ein Code ermöglicht einen Zugang zu etwas. Einen Code kam man knacken oder lösen. All diese Bilder geben inspirierende Orientierung für den eigenen Suchprozess. Diese Bilder laden ein, die reichen Facetten in sich selbst zu entdecken, ohne sich zu verlieren. Durch die Arbeit mit Archetypen erkennen wir unsere Lebensmuster und bekommen Hinweise für unseren Entwicklungsweg. Sie sind damit Erkenntnishilfe pur. Gleichzeitig ziehen wir aus altem Wissen neue Erkenntnisse und profitieren von Erfahrungen, die über uns hinausgehen und jedem Einzelnen zur Verfügung stehen.

Das Wichtigste jedoch ist: Ein Code wird entschlüsselt. Sie sind eingeladen, den Code Ihrer Souveränität zu entwickeln.

9 Von souveränen Menschen in Organisationen zum Souveränitäts-Code für Organisationen

In den vorangegangenen Kapiteln haben wir Souveränität aus der Perspektive und dem Erleben von uns als Individuen erkundet – spannend und komplex, tief und leicht zugleich. Die Fragestellungen standen in beruflich-persönlichen Zusammenhängen und wurden aus der Perspektive des Einzelnen gemeistert. Wenn wir in Unternehmen erfolgreich agieren, so ist das im Sinne der Souveränität immer ein Gewinn für beide Seiten, denn souveränes Handeln schließe die Wirkung auf ein Gegenüber mit ein und letztlich ist es immer die Summe der Handlungen einzelner eigenverantwortlicher Akteure, die ein Unternehmen in Bewegung hält.

Im Folgenden beleuchte ich die Bedeutung von souveränem Handeln in und für Organisationen. Den Begriff Organisation verwende ich übergreifend, für alle kleinen und großen Wirtschaftsunternehmen, für soziale Einrichtungen, Non-Profit-Organisationen, Vereine usw., denn in allen geht es um die Interaktion und Kooperation von Menschen.

9.1 Bilder von Organisationen[57]

Für das Bild einer integren, selbstbewussten und erfolgreichen Persönlichkeit haben wir die Metaphern der sieben Archetypen in ihrem Zusammenspiel genutzt. Doch welches Bild setzen wir implizit voraus, wenn wir über erfolgreiche Unternehmen sprechen? Bereits zu Beginn ist es entscheidend, wie wir auf eine Organisation blicken, welches Bild wir uns von ihr machen. Das beeinflusst, wie wir Probleme erkennen, deuten und wie wir zu Lösungen kommen wollen. Es beschreibt auch den Spielraum für souveränes Handeln. Sie erinnern sich: »Die Grenzen meines Denkens sind die Grenzen meines Handelns.« Hier möchte ich dieses Zitat übersetzten in: Die Muster meines Denkens bestimmen den Spielraum meines Handelns. Womit würden

---

57 Nach Morgan, Gareth (1997)

Sie Ihr Unternehmen, sei es Ihr eigenes oder das, in dem Sie arbeiten, am ehesten vergleichen?

- **Die Organisation als Maschine:** In dieser Metapher greifen alle Funktionen eines Unternehmens wie Planung, Forschung und Entwicklung, Produktion, Einkauf, Marketing, Vertrieb, Controlling, Personal und andere wie Zahnräder ineinander. Es ist ein Input-Output-Denken, das Ergebnis lässt sich berechnen und der Informationsfluss scheint steuerbar. Bei Problemen sucht man die Störung bei einzelnen Teilen bzw. Funktionen, repariert sie oder tauscht sie ggf. aus. Zugegeben, das ist ein ganz verkürztes Bild, verdeutlichen jedoch die jeweiligen Grundprinzipien der impliziten Annahmen.

- **Die Organisation als lebendiger Organismus:** Hier ist das Unternehmen ein lebendes System, das wie in einem vielfältigen Biotop mit anderen lebenden Systemen kooperiert. Es geht um den Austausch von Nährstoffen, die den Informationen in Unternehmen entsprechen. Es geht um Selbststeuerung und Anpassung an die jeweiligen Umweltbedingungen. Es geht um die jeweils besten Wachstumsbedingungen, die das Unternehmen schaffen will. Es geht um Wachstumszyklen, denen das Unternehmen ausgesetzt ist. Probleme und deren Lösungen werden eher in fehlenden »Nährstoffen«, in deren Austausch oder in der Anpassungsgeschwindigkeit gesehen.

- **Die Organisation als Gehirn:** Mit diesem Bild wird ein Unternehmen als der Ort der Informationsverarbeitung verstanden. Das Sammeln von Informationen und die hochkomplexe Verknüpfung von Erfahrungen führen zu Entscheidungen. Das Gehirn kooperiert mit dem Unternehmenskörper über komplexe Rückkopplungen, es kann lernen und das Lernen lernen und kooperiert mit teilautonomen Organen. Die Problemdefinition wird in fehlender, unzureichender oder falscher Informationsübermittlung gesehen. Gründe dafür können auch sein, dass die Teilautonomie der »Organe« nicht gelebt wird oder die Hauptsteuerung durch das Gehirns nicht funktioniert.

- **Die Organisation als politisches System:** In diesem Bild ist ein Unternehmen ein System aus politischen Instanzen und ihren Akteuren, verstanden als Polis, als gemeinschaftlich handelnde Personen. Es gibt so etwas wie ein Regierungssystem, in dem verschiedene Interessen verhandelt werden, Konflikte sich aus unterschiedlichen Bedürfnissen befeuern und unterschiedliche Entscheidungsbefugnisse auch unterschiedliche Machtbefugnisse entstehen lassen. Probleme werden aus der jeweiligen Perspektive der unterschiedlichen Instanzen definiert und es wird um Definitionen und Entscheidungsgewalt gerungen. Lösungen entstehen durch Verhandlung oder Machtentscheid.

Wir haben in den Kapiteln zur Persönlichkeitsentwicklung gesehen, dass die Art und Weise, wie wir über uns selbst denken, sehr wohl entscheidenden Einfluss auf unsere Problemlösefähigkeit hat. Das Gleiche gilt auch für Organisationen.

Für die Steuerung ihrer Verantwortungsbereiche bauen Management und Führungskräfte in Organisationen auf ihre Erfahrung, auf Faktenwissen, auf aktualisierte Daten, die von den Fachbereichen erarbeitet werden, und die daraus resultierenden Konzepte, Hochrechnungen, Szenarien und Empfehlungen. Für viele Teilaspekte werden Berater zur solider Datenrecherche, oft ganze Beratungsgesellschaften, eingesetzt. Geht es um sogenannte »Soft Fakts«, also um Fragen der Unternehmenskultur, der Reflexion des Führungsstils, der Art der Kooperation und der Konfliktfähigkeit, betrifft das in der Regel ein Wissen, das eigentlich bereits im Unternehmen vorhanden ist. Wird hierfür eine Organisationsberatung hinzugezogen, geht es um die Fähigkeit, sich selbst als Organisation in seinem Miteinander zu diagnostizieren, die Wechselwirkung des Handelns zu erkennen und sich als »Organismus« gesund aufzustellen.

Zu Beginn einer Organisationsberatung ist der Anlass und der Vorlauf einer Beratungsanfrage bereits ein Indiz für die Art und Weise, wie das Unternehmen sich selbst wahrnimmt und in welchen Lösungskategorien gedacht wird. Hier ist besonders von Interesse, die bisherigen Grenzen des Denkens zu erkunden. Für eine systemische Organisationsberatung ist es zunächst wichtig zu eruieren, mit welchem Bild von Organisation der Kunde operiert. Wenn ein Unternehmen bei seinem Bemühen, sich souverän, erfolgreich und zukunftsorientiert im Markt zu behaupten in Schwierigkeiten ist, wirkt sich das unausgesprochene Bild von Organisation besonders stark auf die Definition der Herausforderungen, auf die Suche nach Lösungswegen und auf die Zielvorstellung aus.

Das Vorgehen im Rahmen einer Organisationsberatung ist vielschichtig. So kann es sich als sinnvoll erweisen, wenn zusätzlich zu gängigen Situationsanalysen eine Organisationsaufstellung für das Unternehmen gemacht wird. Herrscht in dem Unternehmen ein eher mechanistisches Bild vor, kann es sein, dass sich Beteiligte als eines der Zahlräder in einer Aufstellung wiederfinden und plötzlich erkennen, warum Kooperation funktioniert oder woran es hakt. Steht eher ein organisches Verständnis vom Unternehmen im Raum, kann es sein, dass Beteiligte in einer Aufstellung für ein Rückkopplungselement stehen und wahrnehmen, wie Impulse ankommen oder verloren gehen. Herrscht in dem Unternehmen eher die Gehirnmetapher vor, so werden Teilnehmende ggf. für kurze Zeit zum Stammhirn und können als Stellvertreter die Bedeutung der essenziellen Funktionen des Unternehmens spüren. Was sich hier etwas ungewohnt und vielleicht sogar skurril anhört, ist die Möglichkeit, mit einer systemischen Methode die Wahrnehmungsebene in Organisationen zu erweitern. Mit Organisationsaufstellungen in unterschiedlichen Formaten finden sich eine Sprache und eine Ausdrucksmöglichkeit für bislang diffuse Wahrnehmungen. Das, was als intuitives, systemimmanentes Wissen im Raum ist, kann in Begriffe gefasst werden und lässt sich damit begreifen. Es ergänzt das Wissen um Zahlen und Fakten, Meinungen und Bewertungen. Eine zusätzliche, ganz wesentliche Wirkung entsteht durch das gemeinsame Erkennen der Wirkfaktoren im Team, wenn die Teammitglieder z. B. eines Managementteams auf diese Weise auf das eigene Unternehmen blicken.

Doch egal, welche Bilder von Organisation in einem Unternehmen oder sogar in verschiedenen Bereichen ein und derselben Organisation vorherrschen, immer taucht »Information« als eine Wirkgröße auf. Anthony Stafford Beer (1926–2002), Betriebswirt und Kybernetiker, betonte die Bedeutung des Informationsflusses in und für Unternehmen. Er gilt als Begründer der Managementkybernetik und war als Professor an mehreren Universitäten tätig.[58] Er beschrieb Unternehmen als lebendige Systeme und verglich sie mit Biotopen.

Mit seinem »Viable System Model« erforschte er das Gesetz für die Lebensfähigkeit komplexer, produktiver, sozialer Systeme. Eine wichtige Voraussetzung, damit ein System lebensfähig ist, sieht Beer in der äußeren und inneren Anpassungsfähigkeit. Dazu muss ein Unternehmen lernen, sich selbst wahrzunehmen. Das ist mehr, als Informationen zu generieren und zu verarbeiten. Es ist das Lernen der Selbstwahrnehmung als Unternehmen. Dazu gehört auch die Fähigkeit, komplexe Wechselwirkungen zu erfassen und sich selbst als Teil der ständigen Veränderungen im Biotop der Gesellschaft zu verstehen. Es ist die Kunst, die eigene Identität zu bewahren und weiterzuentwickeln.

Diese Aufgabe obliegt nach Beer dem Management, einer Einheit, die in jedem Unternehmen eingeführt ist und in seinem Modell nach systemischen Regeln agiert. Damit sind vorrangig Regeln der Wahrnehmung und der Rückkopplung gemeint. Beer differenzierte Kybernetik und Management folgendermaßen: »Cybernetic is

---

58   Beer, Stefford (1972)

the science of control, management is the profession of control – in a certain kind of system«[59]. Somit bekommen die Wahrnehmungsfähigkeit in und für komplexe Gegebenheiten und der Umgang damit eine zentrale Bedeutung. Organisationsaufstellungen, genutzt als »Wahrnehmungsorgane« für Unternehmen, bieten sich somit als hocheffizientes »Tool« an.

Stellen Sie sich vor, Sie stellen Ihr Unternehmen oder einen Ausschnitt daraus mit den sieben Qualitäten des Souveränitäts-Codes auf. Die Fragestellung könnte z. B. lauten: »Was müssen wir beachten, wenn wir YX erreichen wollen?« Sie werden mit Erstaunen feststellen, dass diese Organisationseinheit wie ein souveräner Organismus mit seinen Stärken und Schwächen reagiert.

9.2   Die aktuelle Situation von Unternehmen fordert die Souveränität aller Akteure

Unser Bild von Organisationen und wie wir Unternehmen tatsächlich konstruieren, wie wir uns in ihnen bewegen und ihre Steuerbarkeit sehen, ist, verbunden mit den gesellschaftlichen und wirtschaftlichen Entwicklungen, einem starkem Wandel unterworfen. Betrachten wir heute die Arbeitswelt, dann lösen sich immer mehr Firmen von dem bisher bewährten hierarchischen Aufbau, der in der Maschinenmetapher am stärksten vertreten ist. In wohl keinem Unternehmen laufen die Informationen klassisch von unten nach oben, damit dort oben die richtigen Entscheidungen getroffen und von dort wieder nach unten gegeben werden können. Die Lebendigkeit der Start-up-Szene, an der in der Sprache des Souveränitäts-Codes die Energie der freien Wilden einen hohen Anteil hat, fasziniert Traditionsunternehmen. Firmenausgründungen auf der viel zitierten grünen Wiese wurde zum gängigen Modell struktureller Innovation. Die Digitalisierung mit all ihren technischen Möglichkeiten braucht bzw. diktiert eine höhere Geschwindigkeit in der Umsetzung. Die Globalisierung, die weltweite Vernetzung der Volkswirtschaften, hat Chancen und Bedrohungen in eine nicht mehr nachvollziehbare Komplexität katapultiert. Von Umweltfragen bis zur prekären Situation von Arbeitnehmern in Billiglohnländern entstehen massive Herausforderungen und Umbrüche. Bei Mitarbeiterinnen in Industrieländern zeigt sich ein ständig wachsendes Bedürfnis nach einer sinnerfüllten Arbeit. In

---

59   Beer, Stefford (1966), S. 239

der Summe vervielfachen sich die unterschiedlichen Einflussgrößen, die nach einer agilen Arbeitswelt auf den verschiedensten Ebenen verlangen. Führungskräfte und Management stellen sich diesen Veränderungen und suchen neue Formate für ihre Organisation, denn:

- Durch die Globalisierung haben sich Unternehmen weltweit aufgestellt, mit allen Folgen.
- Wertschöpfungsketten verändern sich und müssen neu aufgebaut und organisiert werden.
- Arbeitsabläufe und eingespielte Kooperationen lösen sich auf und werden ständig neu definiert.
- Beständigkeit von Produkten und Dienstleistungen weicht den beständigen Veränderungen derselben.
- Neue Geschäftsmodelle beeinträchtigen oder beflügeln.
- Rasch voranschreitende Automatisierung verändert Arbeitsabläufe und lässt ganze Berufsfelder verschwinden.
- Wissen kann nicht mehr an der Spitze kumulieren und muss in Unternehmen neu organisiert werden.
- Feste Arbeitszeiten lösen sich auf.
- Digitale Kollaborationstools definieren die Arbeitsbedingungen neu, sie werden implementiert und der Umgang damit wird erlernt.
- Vorstellungen von Karrierewegen verändern sich mit der Auflösung von Hierarchien.
- Geschwindigkeit und Druck stehen in Konkurrenz zu kreativen Freiräumen.
- ...

Je agiler und lauter die Welt um uns herum, desto mehr brauchen wir die Verankerung in uns selbst. Wir nennen es Souveränität.

Nicht zuletzt hat COVID-19 mit dem durch die Pandemie erzwungenen Shutdown nicht mehr wahrgenommene Routinen von jetzt auf gleich unmöglich gemacht. Der Kampf um die Bewilligung von nur einem Homeoffice-Tag in der Woche wurde über Nacht zu einer Anordnung von Homeoffice an fünf Tagen, wobei Homeoffice nur als Synonym für ganz verschiedene grundlegende Veränderungen steht. Egal, wie man diese Veränderungen bewertet, wichtig ist, wie sie wahrgenommen, wie sie zum Thema der gemeinsamen Verantwortung in Unternehmen werden und was es für deren souveräne Handhabung durch die Unternehmen bedeutet.

9.3   Agile Organisationen, agile Arbeitsformen und der Sinn von Souveränität

Es ist viel die Rede von agilen Arbeitsformen. Gemeint ist nicht nur die schnelle Anpassung an Veränderungen von ganzen Organisationen durch beschleunigte Handlungsfähigkeit, sondern auch eine konsequente Ausrichtung auf einen erkennbaren Sinn. Agiles Arbeiten gilt als Antwort auf die erlebte Komplexität. Entwickelt wurden erste Ansätze dazu bereits Anfang der 2000er-Jahre in der Softwareentwicklung, der Trend hat sich jedoch längst auf alle Branchen und Betriebe ausgeweitet. Es geht dabei um die Bereitschaft, innovativ, also auf bisher ungewohnte Weise an Herausforderungen heranzugehen. Dabei werden indirekt die Qualitäten der Wilden, der Künstler und der Krieger beschrieben. Eine besondere Bedeutung bekommt aber auch der visionäre Anteil, als die Fähigkeit hat, Orientierung und Ausrichtung zu ermöglichen.

Zum einen muss die Bereitschaft zu agilen Arbeitsweisen sowohl bei den Führungskräften als auch bei den Mitarbeitern vorhanden sein, es braucht aber ebenso die Unterstützung und die strukturellen Möglichkeiten vonseiten des Unternehmens. Das Management ist dabei gefordert, die Rahmenbedingungen für agiles Arbeiten zu schaffen, seine Bedeutung und Dynamik zu verstehen und diese zu vermitteln und gleichzeitig die Veränderung der eigenen Rolle zu realisieren. Denn um eine agile Organisation zu schaffen, ist mehr notwendig, als agile Teams zusammenzustellen, mehr Eigenverantwortung von ihnen zu fordern und ihnen eine Reihe von damit verbundenen Tools an die Hand zu geben. Wenn mehr als nur ein schnelleres Arbeiten mit möglichst mehr Leistung gemeint ist, sind vom Management größere Stellhebel zu betätigen. Kennzeichen einer agilen Organisation sind:

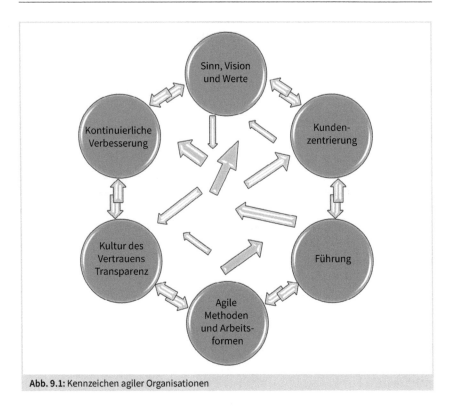

Abb. 9.1: Kennzeichen agiler Organisationen

- **Sinngebung, Vision mit Wertgehalt:** Traditionelle Unternehmen identifizieren sich meist über das, was sie produzieren, und sind stolz auf ihre anerkannte Leistung. In agilen Unternehmen kommt eine andere Blickrichtung hinzu. Sie fragen, welcher Nutzen mit dem eigenen Produkt oder Service beim Kunden geschaffen wird und ob die eigene Leistung sogar einen gesellschaftlichen Sinn erfüllt. Dieser Sinn wird ggf. mit der gesamten Belegschaft erarbeitet oder zumindest intensiv diskutiert und nachvollziehbar gemacht.
- **Auf den Kunden ausgerichtet:** Kundenzentrierung ist keine neue Erfindung, jedoch die radikale Konsequenz, mit der der Kunden wirklich einbezogen wird, ist ein Kennzeichen der agilen Organisationen. Kunden sind in die Produktentwicklung involviert, sie bekommen im Rahmen des Entwicklungsprozesses sehr früh den Prototypen eines Produktes zu Gesicht und werden systematisch um Feedback gebeten. In manchen Meetings wird symbolisch ein Stuhl für sie freigehalten, damit das Team ständig im Blick behält, um wen es wirklich geht. In

Organisationsaufstellungen steht meistens eine Stellvertreterin für den Kunden. Damit sind dessen Belange im Raum.

- **Führung in agilen Arbeitswelten:** Führung löst sich von Kontrolle und Mikromanagement und schafft das Umfeld, damit Teams autonom und selbstorganisiert arbeiten können. Dafür ist die lebendige und konkrete Vermittlung des Sinns eine zentrale Aufgabe. Führung heißt, den Rahmen und die Regeln für agiles Arbeiten zu setzen sowie Mitarbeiter zu ermutigen, Selbstverantwortung zu übernehmen und Entscheidungsspielräume innerhalb des gesetzten Rahmens zu füllen. An dieser Stelle sind souveränes Handeln und Förderung desselben gefragt.

- **Agile Methoden einüben:** Größere Formate wie das Scrum-Framework oder Design Thinking brauchen methodisches Wissen, Übung und Erfahrung. Sie helfen die Arbeitsweisen zu strukturieren, konsequent die Kundenbedürfnisse im Arbeitsablauf im Blick zu behalten. Mit der Methode der Objectives and Key Results (OKR), oft auch »Golden Circle« genannt, werden mit kleinformatigen Schritten das Warum, Wie und Was des wöchentlichen Tuns im Team reflektiert.

- **Kultur des Vertrauens und der Transparenz:** In agilen Organisationen arbeitet jeder so, dass ein Klima von hoher Verbindlichkeit und Vertrauen entstehen kann. Im Alltag trägt die Überzeugung, dass jede Kollegin und jeder Kollege in bester Absicht handelt. Die Kommunikation läuft auf Augenhöhe, Fehler sind Teil des Lernprozesses und helfen dabei, immer besser zu werden. Dies ist ein besonderer Lernweg in und für Unternehmen bzw. für jeden Einzelnen.

- **Kontinuierliche Verbesserung als Selbstverständnis:** Systematische kurze Puls-Checks sind in agilen Organisationen selbstverständlich. Kurz getaktete Reflexionsschleifen ermöglichen schnelle Einschätzungen zu Erfolg oder notwendigen Korrekturen. Man möchte frühzeitig nicht zielführende Wege erkennen, um später nicht langwierige, kostspielige Korrekturen vornehmen zu müssen. Frühe Feedbacks von Kunden sind maßgeblich für schnelle Anpassungen. Je mehr das spielerische Element der freien Wilden Raum bekommt, desto leichter werden Änderungen möglich.

Eines ist klar: Solche Arbeitsformate entstehen nicht von heute auf morgen, sie entstehen nicht von alleine und eignen sich auch nicht für jedes Unternehmen oder jeden Bereich im Unternehmen.

So gilt es immer zunächst zu entscheiden, für welche Bereiche einer Firma sich agile Arbeitsformen anbieten und für welche Fragestellung und Situation sie eine Lösung sein können. Hierfür kann die Stacey-Matrix genutzt werden, auf der der Grad an Komplexität einerseits und der zeitliche Ablauf andererseits dargestellt werden kann.

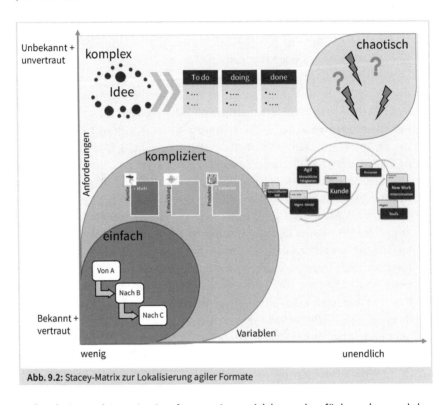

Abb. 9.2: Stacey-Matrix zur Lokalisierung agiler Formate

Agile Arbeits- und Organisationsformen eignen sich besonders für komplexe und chaotische Gegebenheiten. Von Dave Snowden, einem britischen Wissenschaftler und Unternehmensberater, stammt die hilfreiche Typologie des Cynefin-Frameworks, die Anhaltspunkte für die Art der möglichen Organisationsformen und Interventionen gibt.[60] Diese kann in eine Stacey-Matrix von einfach bis komplex übertragen werden.

Einfach sind bei ihm Systeme, bei denen Ursache und Wirkung von Handlungen nachvollziehbar sind. Beispielsweise stecken wir eine Geldkarte in einen Automaten, wählen eine Taste, holen unser gewähltes Produkt aus dem Ausgabefach und im

---

60   Siehe dazu: https://youtu.be/N7oz366X0-8 (Abrufdatum: 01.05.2020)

Hintergrund läuft ein exakt durchdeklinierter Rechenweg, der den Betrag von unserem Konto abbucht. Zumindest der vordergründige Teil ist für uns eine einsichtige »Wenn-dann-Handlung«. Im Hintergrund ist ein exakt abgestimmter Workflow angelegt. Es ist ein bewährter, stabiler Ablauf.

Mit kompliziert beschreibt Snowden Abläufe und Situationen, die ebenfalls eine Ursache-Wirkung-Beziehung haben, jedoch ist diese nicht so offensichtlich. Es braucht schon Fachwissen oder auch eine vertiefte Analyse der jeweiligen Gegebenheit, um die verschiedenen Wirkungszusammenhänge zu verstehen. Zudem gibt es mehrere effektive Wege, um Aufgaben zu lösen. Bekommen Sie von einer Fachfrau auf eine Frage eine »Das kommt darauf an«-Antwort, haben Sie es mit einem komplizierten System zu tun. Sie wird verschiedene Bedingungen in Relation setzen und Ihnen erläutern, auf welchen verschiedenen Wegen Lösungen möglich werden. Die besagte Spezialistin wird Ihnen »Good Practices«, also das, was sich bewährt hat, empfehlen. In der gesamten Wirtschaft gibt es ausgefeilte Produktionsabläufe, die nach diesem Prinzip funktionieren und erfolgreich sind. Weder bei einfachen noch bei komplizierten Aufgaben helfen agile Ansätze. Hier greifen analytisches Denken, Fachwissen und der Rat der Experten.

Erst wenn wir in komplexe Situationen und Herausforderungen vordringen, kann eine agile Herangehensweise eine adäquate Antwort sein. Gemeint sind Situationen, deren beteiligte Größen wie Personen, Material, Produkte, Dynamik des Marktes, Kooperationspartner usw. in ihren Zusammenhängen nicht erkennbar bzw. mehrdeutig sind und die sich in ihrer Dynamik verändern. Oftmals würden eine Analyse und die Berechnung von Prognosen zu lange dauern, um rechtzeitig handeln zu können. Hier spricht Snowden von der »Emergent Practice«, also Versuch und Irrtum, jedoch mit genauer Beobachtung der Dinge, die sich zeigen. Hier greift das schnelle Lernen durch systematisches Beobachten, Reflektieren und erneutes Ausprobieren. Als besonders förderlich hat es sich erwiesen, wenn verschiedenes Fachwissen und verschiedene Personen in ein solches Projektteam integriert werden. Dies erklärt den hohen Nutzen von bereichsübergreifenden Teams und der sehr frühen Integration der Kunden bzw. Nutzer.

Nach meiner Erfahrung eignet sich der Einsatz von systemischen Strukturaufstellungen zur Wahrnehmung und Analyse dieser komplexen Situationen besonders gut. Diese Erfahrung teile ich inzwischen mit vielen Firmen und systemischen Organisationsberaterinnen. Auf diesem Level der Komplexität wird deutlich, wie stark ein Unternehmen sein kann, wenn hier souveräne Mitarbeiter engagiert sind. Es entwickelt sich eine eigene Dynamik, wenn viele Personen nicht nur ihre Meinung vertreten, sondern auch Haltung zeigen, wenn viele mit Standing und Selbstverpflichtung an eine Aufgabe herangehen und einer gemeinsamen Ausrichtung folgen.

In der vierten Kategorie, d. h., wenn es sich um chaotische Zustände handelt, haben wir keinen Überblick mehr über Ursache und Wirkung, nichts ist mehr steuerbar. Meist sind es Krisensituationen, wobei nicht alle Bereiche eines Unternehmens gleichermaßen betroffen sein müssen, was zusätzlich zum Chaos beitragen kann. In solchen Situationen gilt es, sich auf die Gefahr zu konzentrieren, zu handeln und schnellstmöglich Boden unter den Füßen zu bekommen, also Schritt für Schritt vorzugehen. Hier geht es meist um kurzfristiges Handeln und darum zu beobachten, was welche Wirkung hat, gefolgt von der nächsten Reaktion. Snowden bezeichnet dies als »Novel Practice«.

In chaotischen Situationen ist es im wahrsten Sinne des Wortes notwendig, dass souveräne Menschen in Aktion sind, dass Führung schnell und souverän handelt. Handlungsanweisungen in einer chaotischen Phase hören sich nach »wenn, dann« an, wir machen A und dann B. Dies ist nicht mit dem logisch-linearen Vorgehen einer einfachen Situation zu verwechseln, in der die Abläufe und die Bezüge vertraut sind. Das wäre eine fatale Fehleinschätzung. Die Frage ist, wie eine ganze Organisation zu einem adäquaten Verhalten in der jeweiligen Entwicklungs- oder Bedrohungsphase eines Unternehmens finden kann.

In dieser Situation richtet sich die Aufmerksamkeit wieder auf die einzelne Person, die sich in dieser Welt bewegen will und muss. Souverän agieren zu können ist zwar nichts Neues, jedoch eine besondere Herausforderung und Anforderung in agilen Zeiten.

9.3.1   Agile Organisationen fordern eine neue Souveränität von Führung

Eines vorweg: Agile Organisationen aufzubauen ist mehr als die Transformation eines Unternehmens oder eines Unternehmensbereiches. Es ist in seiner Wirkung eine Transition, ein Wechsel des Systems und seiner Grundprinzipien. In der Entwicklungspsychologie beschreibt Transition bedeutende Übergänge im Leben eines Menschen. Ebenso ist die Einführung von agilen Organisationen ein bedeutender Übergang in der Entwicklungsgeschichte einer Firma. Das, was mit dem Anspruch, agil zu sein, ins Leben gerufen wird, lässt sich nicht mehr zurückführen, nicht mehr ungeschehen machen. Daher braucht es sehr verantwortungsbewusste Führungskräfte, die erleben, dass sie Teil dieser Transition sind und dass sie selbst ihre Rolle und ihr Selbstverständnis damit wandeln.

Agile Organisationen gehen an die Grundfeste eines lange funktionierenden Führungsverständnisses. Es braucht einen klaren und souveränen Umgang damit.

Wie bereits ausgeführt, möchte man mit agilen Arbeitsformen eine Antwort auf die komplexen Gegebenheiten in und für Unternehmen finden und die Reaktionsfähigkeit erhöhen. Hier greift das Motto der Evolutionstheorie »Survival of the fittest«: Es meint ja nicht, wie oft missverstanden wird, das Überleben des Stärksten, sondern das Überleben desjenigen, der sich am schnellsten und geschicktesten den Veränderungen anpassen kann.

Agile Arbeitsformen fordern in erster Linie bewegliche und schnell veränderbare Organisationsformen. Abteilungen werden durchlässiger, der Entwicklungsbereich eines Unternehmens spricht nicht nur frühzeitig mit dem Kunden, der Produktion und denjenigen, die Produktion planen, sondern es gibt von Beginn an bereichsübergreifende Arbeitsgruppen. Abgrenzungen wie »ach, die anderen« werden aufgegeben. Damit geht auch ein Teil der Bereichsidentifikation verloren.

Führungskräfte sind schnell auch für Mitarbeitende anderer Bereiche zuständig oder geben eigene Mitarbeitende an Projekte ab. Das ist nicht immer leicht, besonders wenn die alten Kriterien von Erfolg und Leistung noch nicht abgelöst sind. Mitarbeitende an andere Bereiche oder für Projekte abzugeben bedeutet dann, seinen Beitrag für das größere Ganze zu leisten, ohne dass es direkt auf die Leistung des eigenen Bereiches einzahlt. In manchen Fällen sind Führungskräfte gar nicht mehr für Leistung und Ergebnis der Arbeitsgruppen verantwortlich, denn diese Verantwortung ist in genau diese Gruppen gewandert. Die Grenzen des bisherigen Bereichs weichen auf. Was ist dann noch die Rolle und Aufgabe von Führung?

Der Wandel für Führung ist bedeutend. Einerseits wandert viel Verantwortung in die operativen Teams. Manche Unternehmen verzichten auf die sogenannten Steuerkreise, jene hierarchischen Einrichtungen, welche in den verschiedene Projektfortschritten bisher die endgültigen Entscheidungen trafen. Stattdessen werden regelmäßig die Arbeitsfortschritte berichtet. Der Anspruch an Transparenz schließt Fehler und Erkenntnisse mit ein. Empfehlungen und Entscheidungen des Teams werden mit Erfahrungen und Rückschritten inklusive der Begründung der Erfolgsaussichten geliefert.

Souveränität agiler Führungskräfte spiegelt sich in folgenden Aspekten:

- Wenn Führungskräfte darauf vertrauen, dass Teammitglieder ihre Fähigkeiten einbringen und diese integriert werden; wenn sie die Balance in einem interdisziplinären Team im Auge behalten und den Blick auf Arbeitslast, Aufteilung von Verantwortung und Kompetenzen halten; wenn sie auf die Konfliktfähigkeit eines Teams achten und die Selbstorganisation durch eine beratende Haltung unterstützen – *dann ist der Heiler einer agilen Führungskraft aktiv.*

- Wenn Führungskräfte dafür sorgen, dass für alle Beteiligten Richtung und Ziele des unternehmerischen Vorhabens klar sind und ein tiefes Verständnis dazu das Team verbindet; wenn sie zur Verfügung stehen, um im Alltag die Sinnhaftigkeit der Richtung mit den eintretenden Veränderungen abzugleichen und Ziele Bodenhaftung behalten – *dann ist die Visionärin einer agilen Führungskraft aktiv.*

- Wenn Führungskräfte dafür sorgen, dass Mitarbeitenden die nötigen Arbeitsmittel zur Verfügung stehen; wenn Reglements mit anderen Bereichen, die über die Kompetenz des Teams hinausgehen, zügig von der Führung verhandelt werden; wenn Konflikte fair moderiert werden und für eine sichere Umgebung und die Kalkulierbarkeit der Risiken gesorgt wird – *dann ist der Krieger in seiner Rolle als Feldmarschall einer agilen Führungskraft aktiv.*

- Wenn Führungskräfte dafür sorgen, dass alte Denkmuster aufgebrochen werden und Querdenken willkommen ist; wenn trotz Leistungsdruck Raum für Erkundungen geschaffen wird; wenn innovationsfördernde Methoden, z.B. Design Thinking, etabliert werden; wenn eine gänzlich neue Idee Zeit zum Reifen bekommt und trotzdem der Nutzen für den Kunden das Maß bleibt – *dann ist die Künstlerin einer agilen Führungskraft aktiv.*

- Wenn Führungskräfte dafür sorgen, dass Multiperspektive nicht nur ein Schlagwort ist und die unterschiedlichen Perspektiven strukturell, d.h. prinzipiell ermöglicht werden; wenn Zugang zu Wissen und Erfahrung gefördert wird, z.B. Wissensdatenbanken ermöglicht werden; wenn sie um die Prinzipien der agilen Organisation wissen und diese pflegen, einfordern und verteidigen – *dann ist der Weise einer agilen Führungskraft aktiv.*

- Wenn die Führungskraft trotz und wegen ihrer Erfahrung Freude an ihrer Arbeit hat und die eigenen Beweggründe für ihr Engagement gut kennt; wenn sie das Spannungsfeld zwischen Verantwortung und Prozess austarieren kann; wenn sie auf sich selbst vertraut und aus dieser Kraft auf das Geschehen blickt – *dann ist die freie Kraft der Wilden einer agilen Führungskraft aktiv.*

- Wenn die Führungskraft Loslassen und Zulassen als bewusste Veränderung ihrer Führungstätigkeit erlebt; wenn sie Entscheidungen abgeben kann und ihre Verantwortlichkeit neu definiert; wenn sie trotz weniger Zugriffsmöglichkeiten Vertrauen geben kann; wenn sie die Stärkung der Mitarbeitenden vor das Arbeitsergebnis stellt und damit vertrauensvolle Beziehungen aufbaut; wenn solch eine Führungskraft Macht abgeben kann und sich aktiv eine neue Rolle sucht; wenn sie sensibel für die Anforderungen solch einer agilen Haltung ist und darin eine sinnvolle Aufgabe sieht, der sie sich gänzlich widmet – *dann zeigt sich die wahre Qualität des Königs in einer agilen Führungskraft.*

Das alles erfordert viel Mut, den Mut sich als erfahrene Führungskraft radikal infrage zu stellen und eine neue Art der Führung zu finden, mit allen Unsicherheiten ob ihrer Wirksamkeit. Wann, wenn nicht hier, wird deutlich, wie viel Souveränität von Führungskräften gefordert ist. Von allen ist gefordert: Don't play – meine es wirklich!

Hier sind wir wieder bei der Möglichkeit für jede und jeden Einzelnen, die Aspekte und Qualitäten der eigenen Souveränität mithilfe des Souveränitäts-Codes zu erforschen. Das *Wie* ist in den vorangegangenen Kapiteln beschrieben.

Doch Führungskräfte agieren nicht nur als »lonesome fighters«. Sie stellen sich als systemrelevante Funktion gemeinsam die Fragen nach den Herausforderungen, den Umbrüchen und den neuen Inhalten ihrer Rolle. Denn agile Organisationen brauchen mehr als agile Strukturen und agile Skills – in erster Linie brauchen sie souveräne Menschen.

9.3.2 Wie agile Arbeitsformen die Souveränität von Mitarbeitenden befördert und fordert

Wenn Sie sich mit agilen Organisationen beschäftigen oder bereits in einem Scrum-Team oder einer Swarm-Organisation arbeiten, dann wissen Sie um die Kräfte, die solche offenen Arbeitsformen freisetzen können. Sie wissen ebenso, dass mehr denn je Souveränität von Ihnen gefordert ist.

Für Mitarbeiter ist agiles Arbeiten nicht die große Freiheit von, sondern für etwas. Agiles Arbeiten bedeutet, Verantwortung in weit größerem Maße als gewohnt zu übernehmen. Das ist mehr, als etwas gut zu bearbeiten. Jede Mitarbeiterin ist nicht nur in ihrer Fachlichkeit gefragt, sondern in einer unternehmerischen Verantwortung. Souveränes Handeln ist gefordert. Agiles Arbeiten heißt, sich für eine größere Aufgabe zu verpflichten, sich voll in einem Projekt zu engagieren, über den berühmten Tellerrand zu blicken und die Auswirkungen seines Tuns auf andere mit zu bedenken. Agile Arbeitsweise bedeutet meist, in wechselnden Teams zu arbeiten, mit neuen Kollegen aus anderen Fachbereichen, deren Expertise und Begrifflichkeiten einem oft nicht vertraut sind. Es gibt globale Teams mit Kollegen auf verschiedenen Kontinenten mit anderen Zeitrhythmen und Arbeitsweisen. Es muss immer wieder in den Kontakt und das Netzwerk investiert werden. Um wirklich gut miteinander arbeiten zu können, müssen Arbeitsschritte und Zwischenergebnisse transparent sein. Hinterfragt zu werden, ist nicht für jeden und zu jeder Zeit leicht auszuhalten.

Die Fragen dazu lauten:»Wie muss ich mich organisieren?«,»Was brauche ich an Informationen, damit ich sinnvoll mitarbeiten kann?«,»Wie nutze ich die Kollaborationsplattformen?«,»Wie setzen wir die verschiedenen agilen Tools ein?«,»Wie kann ich die laufenden Veränderungen auf den verschiedenen Ebenen für mich registrieren und verarbeiten?«. All das liegt in der Verantwortung der Mitarbeitenden und erfordert die Fähigkeit, sich souveränes in diesem Umfeld zu bewegen. Mitarbeitende agieren wie Selbstständige innerhalb ihres Unternehmens.

Stellen Sie sich vor, welche Ruhe und Tatkraft von Ihnen ausgeht, wenn Sie
- wissen, wohin Sie beruflich wollen und was Ihnen daran wichtig ist, nach welchen Prinzipien Sie handeln und welche Werte Sie dabei lenken. – Dann ist der Visionär in Ihnen aktiv.
- wissen, wofür Sie kämpfen, wofür Sie sich einsetzen wollen und wie Sie vorgehen können. Sie haben die Turbulenzen und Hindernisse klar im Blick und können sie realistisch einschätzen. – Dann ist die Kriegerin in Ihnen aktiv.
- um Ihre Erfahrung und Ihr Know-how wissen, wenn Sie es in Bezug zu den Fragestellungen setzen können. Sie wissen, an welchen Themen Sie weiterlernen. – Dann ist der Weise in Ihnen aktiv.
- Ihre Netzwerke pflegen, sich gezielt austauschen, wenn Sie sich darum bemühen, wie es anderen geht und wo es Hilfe und Unterstützung braucht. Sie können diese in die Wege leiten oder selbst hilfreicher Sparringspartner für andere sein. Sie analysieren Problemfelder und erarbeiten ggf. gemeinsam Lösungen. – Dann ist die Heilerin in Ihnen aktiv.
- kreativ sind, sich Querdenken, Versuche und Irrtümer erlauben, für sich und andere Kollegen Räume schaffen, in denen Zukunftsvisionen entwickelt werden können und aus Fehlern gelernt wird. – Dann ist der Künstler in Ihnen unterwegs.

- sich selbst definieren, wenn Sie transparent sind und für Ihre Interessen einstehen, wenn Sie Allianzen schmieden und sich hinter gemeinsam verbrieften Zielen versammeln. – Dann ist die Königin in Ihnen aktiv.
- ein Selbstvertrauen aus sich selbst heraus leben und mit voller Freude arbeiten können. – Dann ist der Wilde in Ihnen aktiv.

Und jetzt stellen Sie sich vor, Ihre Kollegen agieren ebenso. Sie erleben sich gegenseitig in Ihrer Souveränität, Sie sehen gegenseitig Ihre Fähigkeiten und respektieren Ihre Grenzen. Das ist nicht die Beschreibung einer schönen neuen Welt. Die Vielfalt der Perspektiven, unterschiedliche Einschätzungen zu Ausgangssituationen, Lösungswegen und Zielvorstellungen wird es immer geben. Das Ringen darum, wer was als gültig definiert, das Ringen um Gestaltungsspielräume, das Ringen um Anerkennung durch Leistung wird es weiterhin geben. Nur die Chancen, dass wir mit offenem Visier, nach einem Ehrenkodex und gemeinsamen Regeln miteinander kämpfen, werden größer. Das entsteht aus der Summe der klaren Positionierungen vieler souverän handelnder Kollegen.

Gleichzeitig greift hier die Verantwortung von Führung. Sie fördert und fordert Eigenverantwortung, schafft den Rahmen für Reflexion und Lernen. Führung sorgt für die Anbindung an starke und tragfähige Zielbilder.

9.4   Der Souveränitäts-Code für Unternehmen

Wenn so viel von Komplexität und Aufbruch in agile Welten die Rede ist, kann der Souveränitäts-Code dann auch für ganze Teams, Organisationseinheiten oder Unternehmen als Analyse- und Entwicklungsinstrument eingesetzt werden? Kann das souveräne Agieren eines Unternehmens mit all seinen Dynamiken sichtbar gemacht werden? Und schließlich: Wie wird der Souveränitäts-Code zum hilfreichen Instrument für Unternehmen auf ihrem Weg in die agile Welt?

Ganz gleich, ob es sich eher um ein traditionell-hierarchisches Unternehmen oder um eine agile Organisation handelt, immer gibt es eine Dynamik, Fragestellungen und Entwicklungen, die nicht offensichtlich sind und deren Wirkungen mit gängigen Analysen nicht erkennbar sind. Es sind Ahnungen, Einschätzungen oder auch Tabuthemen einer Organisation, das Nicht-Wissen von unterschiedlichen Bewertungsperspektiven, hoffnungsfrohe, aber noch unklare Zukunftsbilder und auch nicht greifbare, aber latent vorhandene Informationen, die ihre Wirkung entfalten. In solchen diffusen Situationen eröffnen Organisationsaufstellungen eine ergänzende Perspektive und einen komplementären Beratungsansatz. Ganz besonders eignen sie sich aber auch für komplexe und für chaotische Zustände.

Organisationsaufstellungen und damit auch der Souveränitäts-Code sind immer dann ein Wahrnehmungsorgan für komplexe Fragestellungen, wenn unser implizites Wissen gefordert ist. So wie er Metaphern für die Persönlichkeitsstruktur und ihre Dynamik für Individuen zur Verfügung stellt, so lässt sich mit seinen sieben Qualitäten auch eine Organisationseinheit betrachten, erforschen, aufstellen und analysieren.

Blicken wir durch die Brille der archetypischen Kategorien auf eine Organisation, sehen wir die wirkenden Kräfte auf eine andere und oftmals ganz neue Weise. Es ist ein sogenanntes syntaktisches Vorgehen, wie es Insa Sparrer[61] nennt. Es wird das gesamte System in den Blick genommen, um Muster und Strukturen zu erfassen und neue Möglichkeiten für Lösungen zu erfahren.

Setzen wir den Souveränitäts-Code auf der Team-Ebene oder für eine Organisationseinheit an, wird eine erweiterte Wahrnehmungsfähigkeit für dieses komplexes Konstrukt möglich. Diese Wahrnehmungsfähigkeit innerhalb von sozialen Systemen begründet die Wirksamkeit des Souveränitäts-Codes. Die sieben Aspekte sind Metaphern, die der Komplexität eines Teams, einer Abteilung oder auch einer gesamten Organisation zum Ausdruck verhelfen. Der Code ist ein Rahmen, in dem sich auch der höhere Komplexitätslevel funktionaler Einheiten zeigt.

In der Lösungsgeschichte »Das Chaos klärt sich« im Kap. 6.6 ist ein Beispiel für eine Teamaufstellung mit dem Souveränitäts-Code beschrieben. Zwar tauchen hier ebenso Wahrnehmungen zu den sieben Qualitäten für das Team auf, wie dies auch bei der Aufstellungsarbeit für Individuen der Fall ist, das Abstraktionslevel ist jedoch ein anderes und die Übersetzung in konkrete Aktionen muss vom gesamten beteiligten Team geleistet werden.

---

61   Sparrer, Insa (2002)

Erscheinungsformen der Souveränität von Organisationen

Angenommen, ein Unternehmen, eine Abteilung oder ein Team nimmt seine eigene Dynamik wahr, erkennt seine eigenen Stärken und Schwächen und teilt diese Wahrnehmungen als eine gemeinsame Realität, dann entsteht …

- … ein angemessenes Verständnis von Führung und Steuerung, orientiert an den Belangen des Marktes und den Belangen der Mitarbeitenden, mit dem vorrangigen Bestreben, den Nutzen für beide zu mehren – dann gibt es die Instanz des Königs als Qualität im Unternehmen.

- … eine klare Ausrichtung, ein Purpose, der Akzeptanz findet und Kraft entwickelt, da jede einzelne Mitarbeiterin eigenständig überprüfen kann, ob ihr Beitrag auf diesen Sinn einzahlt – dann lebt die Qualität der Visionärin.

- … ein wirksamer Weg, mit Kunden und für den Nutzer zu arbeiten, schnelle Rückmeldungen vom Markt in die eigenen Entwicklungen einfließen zu lassen, Angriffe von Mitbewerbern und Marktentwicklungen rechtzeitig zu erkennen und sich wappnen zu können – dann ist die Qualität des Kriegers im Unternehmen.

- … eine wertschätzenden Streitkultur, in der unterschiedliche Wissensstände zu Informationsaustausch führen, unterschiedliche Perspektiven als Bereicherung gesehen, Fakten von Meinungen getrennt werden und beides genutzt wird – dann ist die Qualität der Heilerin im Unternehmen.

- … die Möglichkeit, systematisch Erfahrungswissen zu nutzen und Experten den Vorrang vor politischen Erwägungen zu geben mit gleichzeitiger Offenheit für neue Entwicklungen und dem Wissen um das »Nicht-wissen-Können« – dann ist die Qualität der Weisen im Unternehmen.

- … ein Weg, Innovationen immer wieder Raum zu geben, Versuch und Irrtum und damit eine Fehlerkultur zuzulassen – dann ist die Qualität des Künstlers im Unternehmen.

- … die Möglichkeit, Leistung als Lust und Lebensausdruck jedes Einzelnen und des gesamten Unternehmens in die Konstellation von Purpose, Lenkung und Nutzen für den Kunden zu integrieren – dann ist die Power des freien Wilden mit im Unternehmen.

Welch ein Unternehmen haben Sie jetzt vor Augen?

Dieses Bild mit seinen sieben Qualitäten zeichnet den Souveränitäts-Code für Unternehmen. Die Wahrnehmungen und der Austausch zu den dahinterliegenden komplexen Themen lassen ein gemeinsames Verständnis entstehen. Das Ringen um Deutungshoheiten löst sich umgehend auf. Es steht eine weitere Wahrnehmungsebene zur Verfügung, welche die analytische Datenerhebung ergänzt und bereichert. Der wesentliche Unterschied ist, dass sich die gemeinsame Wahrnehmung der Abteilung oder eines Teams zeigt. Das Bild, das damit entsteht, findet regelmäßig breite Akzeptanz, da es aus der eigenen Mitte kommt. Die Reaktionen der Stellvertreter zeigen sich in Strukturaufstellungen für Organisationen auf die gleiche Weise, wie sie für Individuen in Kap. 6 beschrieben sind.

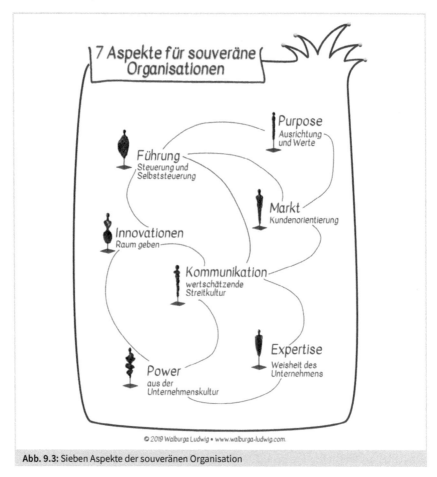

Abb. 9.3: Sieben Aspekte der souveränen Organisation

Wenn sich Unternehmen immer schneller verändern wollen und müssen, geht es immer wieder um die Regelung dieser sieben Faktoren. Als Organisationsberaterin setze ich an dieser Stelle oftmals den Souveränitäts-Code für Unternehmen ein. Ich verstehe Organisationen als sich selbst entwickelnde und systemisch vernetzte Organismen. In den überwiegenden Fällen tragen sie ihre Selbstheilungskräfte in sich, die es zu aktivieren gilt. Auf innovative und zugleich fundierte Art und Weise entsteht innerhalb kürzester Zeit eine Situationsanalyse mit zugleich hundertprozentiger Akzeptanz. Die Zeitersparnis für wesentliche Arbeitsergebnisse ist frappierend. Ich habe dies in der Praxis immer wieder erlebt: Statt zum Beispiel sechs Monate auf eine wichtige Marktanalyse zu warten, konnten durch die Organisationsaufstellung relevante Impulse innerhalb eines halben Workshoptages deutlich gemacht werden. Ein bereits jahrelang schwelender Konflikt mit einem Nachbarbereich löste sich nach einem Workshoptag auf. In einer Aufstellung im Zusammenhang mit einem laufenden Projekt zeigte sich der blinde Fleck und konnte als kritisches Item in den nächsten Sprint aufgenommen werden.

Aspekte, die durch eine Aufstellung im Organisationskontext zutage treten, werden im Nachgang entschlüsselt und Schritt für Schritt in konkrete Aktionen überführt. Im besten Fall geschieht auch dies in einem gemeinsamen Klärungsprozess. Somit ist Organisationsberatung eine zieldienliche Prozessbegleitung, in der zeitgleich Ressourcen und Potenziale aktiviert werden, und zwar die der Organisation und ihrer Menschen.

Selbstredend gibt es verschiedene Modelle und Aufstellungsformate, die in der Organisationsberatung zum Einsatz kommen. Hier muss das Werkzeug zum Ziel und zum Auftrag passen. Doch gehen Sie davon aus, dass jedes Thema einer Organisation durch eine Aufstellung bearbeitbar gemacht werden kann. Dabei geht es nicht vorrangig um die Beziehung von Menschen oder Teams. Es können Projekte, Abläufe und die Chancen eines Produkts ebenso aufgestellt werden wie die Frage: »Was müssen wir beachten, um mit unserer agilen Organisation erfolgreich zu sein?«. Bei vielen Fragen erlebe ich, dass im Vorfeld bereits viel und heftig darüber diskutiert wurde und die Fakten sehr wohl bekannt sind. Dennoch kam es zu keiner Lösung oder Entscheidung. Es ist die Form der Herangehensweise und eine andere Art der Wahrnehmung, die neue Erkenntnisse in erstaunlich kurzer Zeit ermöglichen.

Unterschiedliche Aufstellungsformate können beispielsweise bei diesen Fragestellungen eingesetzt werden:

- Unternehmensgründungen, um Chancen und Hindernisse auszuloten
- Unternehmensnachfolge, um die wirklich tragenden Kräfte zu erkennen
- Marktanalysen, die analytischen Untersuchungen vorausgehen oder diese ergänzen können
- Lieferantenauswahl, um die Tragfähigkeit der Kooperation zu prüfen
- Innovationsmanagement, um den Absichten eine »Seele« zu geben
- Stakeholderanalysen, um Interessen und Motive zu klären
- Umweltschutz, um diese Belange sinnvoll zu integrieren
- Kundenzufriedenheit, um Tendenzen zu erkunden
- Strategische Prozesse, um verschiedene Varianten auf Erfolgswahrscheinlichkeit zu prüfen
- Kulturanalysen, um wesentliche Stellgrößen für Veränderungen zu verstehen
- Einführung von agilen Arbeitsweisen, um Voraussetzungen, Bedingungen und Chancen erkennbar zu machen

Sich selbst diagnostizieren zu können, ist eine entscheidende Kompetenz in agilen Arbeitskontexten. Es geht immer wieder darum, Ressourcen ausfindig zu machen und Interventionen auszutesten. Es geht um beschleunigtes Lernen und die schnelle Umsetzung der Erkenntnisse.

Strukturaufstellungen ermöglichen es außerdem, Zukunftsentwürfe auf ihre Wirksamkeit und Attraktivität hin zu überprüfen. Jede Veränderung verursacht Widerstände, das ist ein Grundgesetz. Insofern geht es auch darum, einen konstruktiven Umgang mit sogenannten Widerstandskräften zu entwickeln. Widerstände, die bereits benannt werden können, können auch beachtet werden. Oft geht es allerdings auch um das nicht Benennbare, das, »um was es auch noch geht«, und das, was noch nicht sichtbar ist.

Entdecken Sie diesen reichen Schatz für Ihr Unternehmen. Für diese Erkundungen empfehle ich Ihnen eine professionelle Begleitung durch eine systemische Organisationsberatung mit soliden Erfahrungen in der Methodik der Strukturaufstellungen.

Ich wünsche Ihnen viel Entdeckerfreude für Ihre eigene Souveränität und die Ihres Unternehmens.

10 Literatur

Bär, Martina/Krumm, Rainer/Wiehle, Hartmut (2008): Unternehmen verstehen, gestalten, verändern. Wiesbaden

Bauchmüller, Michael/Lipkowski, Clara (05.03.2020): Gelassenheit alleine reicht nicht. SZ online. https://www.sueddeutsche.de/politik/lammert-bundestag-afd-interview-1.4831450?reduced=true (Abrufdatum: 03.06.2020)

Beer, Stafford (1966): Decision and Control. 8. Aufl. New York

Beer, Stafford (1972): Brain of the Firm. 2. Aufl. Llandybie

Bents, Richard/Blank, Reiner (2005): Typisch Mensch – Einführung in die Typentheorie. 3. Aufl. Göttingen

Branden, Nathaniel (2019): Die 6 Säulen des Selbstwertgefühls – Erfolgreich und zufrieden durch ein starkes Selbst. 11. Aufl. München

Buber, Martin (1997): Ich und Du. 13. Aufl. Gerlingen

Cheung, Theresa (2018): Achtsamkeits-Rituale – Wege zu einem glücklicheren Leben. Köln

Ciompi, Luc (1998): Affektlogik – Über die Struktur der Psyche und ihre Entwicklung. Ein Beitrag zur Schizophrenieforschung. Stuttgart

Covey, Stephen R. (1999): Der Weg zum Wesentlichen – Zeitmanagement in der vierten Generation. 3. Aufl. Frankfurt/Main

Diesner, Thomas (2015) Die allgemeine Systemtheorie bei Bertalanffy: Eine Begründung interdisziplinärer Wissenschaftspraxis. Berlin

Essen, Siegfried (2016): Selbstliebe als Lebenskunst – Ein systemisch-spiritueller Übungsweg. 3. Aufl. Heidelberg

Etrillard, Stéphane (2014): Prinzip Souveränität. 3. Aufl. Zürich

Fink, Franziska/Moeller, Michael (2018): Purpose Driven Organisations – Sinn – Selbstorganisation – Agilität. Stuttgart

Gehlert, Thomas (2019): System-Aufstellungen und ihre naturwissenschaftliche Begründung – Grundlage für eine innovative Methode zur Entscheidungsfindung in der Unternehmensführung. Dissertation. Wiesbaden. https://www.springer.com/de/book/9783658291662?wt_mc=ThirdParty.SpringerLink.3.EPR653.About_eBook#otherversion=9783658291679 (Abrufdatum: 09.06.2020)

Glasl, Friedrich (2019): Über den Nutzen der Arbeit mit Archetypen. https://www.youtube.com/watch?v=tC5Y9RRw32k (Abrufdatum: 07.04.2020)

Glasersfeld, Ernst v. (1997): Wege des Wissens – Konstruktivistische Erkundungen durch unser Denken. Heidelberg

Grün, Anselm/Jarosch, Linda (2011): Königin und wilde Frau. 4. Aufl. München

Heinz, Jürgen Ulrich (1999–2010): Seminarunterlagen zu Cluster Medizin, Cluster-Logik, ClusterCoach. Horb am Neckar

Hüther, Gerald (2005): Biologie der Angst – Wie aus Stress Gefühle werden. 7. Aufl. Göttingen

Initiative D21 (16.05.2019): Denkimpuls Innovativer Staat: Datensouveränität – Datenschutz neu verstehen. https://initiatived21.de/app/uploads/2019/05/denkimpuls_datenschutz_neu_verstehen.pdf (Abrufdatum: 03.06.2020).

Jochims, Inke (1995): NLP für Profis: Glaubenssätze und Sprachmodelle. Paderborn

Jung, Carl Gustav (1995): Typologie. 4. Aufl. München

Jung, Carl Gustav (2011): Die Archetypen und das kollektive Unbewusste. 5. Aufl. Ostfildern

Kratzmeier, Peter (2008): Das große Weltlexikon, Band 14. Mannheim

Kroschel, Evelin (2008): Die Weisheit des Erfolges – Von der Kunst, mit natürlicher Autorität zu führen. München

Kroschel-Lobodda, Evelin (2017): Warum ich tue, was ich tue – Eine universale Motivationstheorie. Grevelsberg

Lakoff, Georg/Johnson, Mark (2018): Leben in Metaphern – Konstruktion und Gebrauch von Sprachbildern. 9. Aufl. Heidelberg

Laloux, Frederic (2015): Reinventing Organisations – Ein Leitfaden zur Gestaltung sinnstiftender Formen der Zusammenarbeit. München

Luhmann, Niklas (1987): Soziale Systeme. Frankfurt

Luhmann, Niklas (1997): Die Gesellschaft der Gesellschaft. Frankfurt a. M.

Marti, Urs (2003): Souveränität und Globalisierung. In: Marti, Urs/Kohler, Georg (Hrsg.), Konturen der neuen Welt(un)ordnung: Beiträge zu einer Theorie der normativen Prinzipien internationaler Politik. Berlin/New York

Mittermair, Sonja (2019): Der Tanz der Archetypen. Wasserburg am Inn

Morgan, Gareth (1997): Bilder der Organisation. Stuttgart

Mücke, Klaus (2001): Probleme sind Lösungen – Systemische Beratung und Psychotherapie – ein pragmatischer Ansatz. Lehr- und Lernbuch. 2. Aufl. Potsdam

Nagel, Reinhard/Wimmer, Rudolf (2006): Systemische Strategieentwicklung. Stuttgart

Nauwald, Nana (2010): Feuerfrau und Windgesang – Schamanische Rituale für Schutz und Stärkung. München

Nelles, Wilfried/Gessner, Thomas (2014): Die Sehnsucht des Lebens nach sich selbst – Der Lebensintegrations-Prozess in der Praxis. Köln

Perler, Dominik (2006) René Descartes. 2. Aufl. München

Schmidt, Gunther/ Müller-Kalthoff, Björn/Dollinger, Anna (Hrsg.) (2010): Gut beraten in der Krise. Bonn

Schmitt-Roschmann, Verena (28.03.2020): Corona-Krise: Von der Leyen warnt vor neuer Kluft in der EU. Stimme.de. https://www.stimme.de/deutschland-welt/politik/dw/Corona-Krise-Von-der-Leyen-warnt-vor-neuer-Kluft-in-der-EU;art295,4339335 (Abrufdatum: 30.03.2020)

Schreyögg, Astrid (1998): Coaching – Eine Einführung für Praxis und Ausbildung. 3. Aufl. Frankfurt/Main

Shazer, Steve de (2012): Der Dreh – Überraschende Wendungen und Lösungen in der Kurzzeittherapie. 12. Aufl. Heidelberg

Solms, Mark (2004): Das Gehirn und die innere Welt – Neurowissenschaft und Psychoanalyse. Düsseldorf

Sparrer, Insa (2014): Wunder, Lösungen und Systeme. 6. Aufl. Heidelberg

Sparrer, Insa/Varga von Kibéd, Matthias (2000): Ganz im Gegenteil – Tetralemmaarbeit und andere Grundformen Systemischer Strukturaufstellungen. 2. Aufl. Heidelberg

Storch, Johannes/Storch, Maja (2016): So können starke Männer starke Frauen lieben. Freiburg i. Br.

Sun Tsu (2011): Über die Kriegskunst. 4. Aufl. Wiesbaden

Sunzi (2001): Die Kunst des Krieges. München

Taz am Wochenende (07./08.03.2020): Wir träumen in Geschichten. https://taz.de/Medienexperte-ueber-Krisen-Erzaehlungen/!5665993/ (Abrufdatum: 26.06.2020)

Tolle, Eckhart (2004): Jetzt. 9. Aufl. Bielefeld

Urban, Martin (2002): Wie die Welt im Kopf entsteht – Von der Kunst, sich eine Illusion zu machen. Frankfurt a. M.

Varga von Kibéd, Matthias (2000): Unterschiede und tiefere Gemeinsamkeiten der Aufstellungsarbeit mit Organisationen und systemischen Familienaufstellungen. In: Weber, Gunthard (Hrsg.), Praxis der Organisationsaufstellungen. Heidelberg, S. 11–33

Vogelauer, Werner (2007): Methoden-ABC im Coaching – Praktisches Handwerkszeug für den erfolgreichen Coach. 5. Aufl. Köln

Warnke, Ulrich (2017): Quantenphilosophie und Spiritualität – Wie unser Wille Gesundheit und Wohlbefinden steuert. 2. Aufl. München

Weber, Gunthard (2000): Praxis der Organisationsaufstellungen – Grundlagen, Prinzipien, Anwendungsbereiche. Heidelberg

Wittgenstein, Ludwig (1990): Tractatus logico-philosophicus, Werkausgabe. Frankfurt

Zeilinger, Anton (2003): Einsteins Schleier – Die neue Welt der Quantenphysik. München

Zimbardo, Philip/Gerrig, Richard (2014): Psychologie – Biologische und evolutionäre Grundlagen des Verhaltens. 18. Aufl. Hallbergmoos

Die Autorin

Walburga Ludwig arbeitet seit mehr als 30 Jahren als interne und selbständige Organisationsberaterin in verschiedenen Funktionen. Dabei berät sie Unternehmen und Menschen, die in Unternehmen wirksam, erfolgreich und souverän handeln wollen. Als systemische Beraterin, Coach und Gruppentherapeutin sind ihr die Wechselwirkungen von Strukturen in Organisationen und der in ihnen wirksamen Individuen zum Mittelpunkt ihrer Arbeit geworden. Sie hat eine eigenständige Methode zur Entwicklung von Souveränität begründet. Sie nennt sie »Der Souveränitäts-Code«. Sie ist Vorstand der Genossenschaft, die-unternehmerberater eG, die sie mit Kollegen gründete. Walburga Ludwig lebt damit ihre Leidenschaft, wirklich etwas bewegen zu können.

Kontakt: https://walburgaludwig.de/

Dieses Danke ist mir wichtig!

So wie das gesamte Konzept des Souveränitäts-Codes nicht nur durch mich allein entstanden ist, so auch nicht dieses Buch. Darum möchte ich mich bei all meinen Kunden und Seminarteilnehmern bedanken für die inspirierenden Begegnungen, das Vertrauen, sich auf den Souveränitäts-Code einzulassen und gemeinsam tolle Entdeckungen zu machen. Sehr viel profitierte ich von meiner Forschergruppe für Aufstellungsformate, ihrem kritischen Blick und der Bereitschaft, die verschiedensten Fragestellungen zu prüfen.

Auf diesem Reifungsweg sind mit der Künstlerin Marie-Luise Blaschke, Malu-Art, die wunderbaren Figuren entstanden, die von meinem Fotografen, Stefan Brandstetter so gut ins Licht gesetzt wurden.

Ein dickes Dankeschön an Prof. Hartmut Walz, der nachfragte, warum es denn noch kein Buch über den Souveränitäts-Code gäbe und mir bei der Frage nach dem richtigen Verlag die entscheidende Tür öffnete. Mein Dank geht damit an Jürgen Fischer vom Haufe Verlag, München, für die reibungslose Begleitung bei der Planung und Erstellung des Buches sowie an Barbara Buchter für das professionelle Lektorat des Manuskripts und ihre Geduld.

Und dann ist da noch mein Partner Michael, der mir in all den Monaten intensiven Arbeitens gänzlich den Rücken freigehalten, Stress, Zweifel und Freude mit mir geteilt hat und mein Büro in ein dauerhaftes Drei-Sterne-Lokal verwandelte.

So wünsche ich allen Leserinnen und Lesern eine intensive Zeit und anregende Entdeckungen mit dem Souveränitäts-Code.

Stichwortverzeichnis

NOTIZEN

NOTIZEN

NOTIZEN

NOTIZEN

NOTIZEN

NOTIZEN

NOTIZEN